辽宁大学工商管理学系列丛书
辽宁省“双一流”学科建设资助项目

企业高质量发展路径：品牌导向视角

The Path to High-Quality Enterprise Development: A Brand-Oriented Perspective

袁少锋 高英 著

中国财经出版传媒集团
经济科学出版社
Economic Science Press
·北京·

图书在版编目（CIP）数据

企业高质量发展路径：品牌导向视角 / 袁少锋，高英著. --北京：经济科学出版社，2024.10
ISBN 978-7-5218-4838-0

Ⅰ.①企… Ⅱ.①袁… ②高… Ⅲ.①企业发展-研究-中国 Ⅳ.①F279.2

中国国家版本馆 CIP 数据核字(2023)第 107196号

责任编辑：杨　洋　赵　岩
责任校对：齐　杰
责任印制：范　艳

企业高质量发展路径：品牌导向视角
QIYE GAOZHILIANG FAZHAN LUJING：PINPAI DAOXIANG SHIJIAO
袁少锋　高　英　著
经济科学出版社出版、发行　新华书店经销
社址：北京市海淀区阜成路甲 28 号　邮编：100142
总编部电话：010-88191217　发行部电话：010-88191522
网址：www.esp.com.cn
电子邮箱：esp@esp.com.cn
天猫网店：经济科学出版社旗舰店
网址：http://jjkxcbs.tmall.com
北京季蜂印刷有限公司印装
710×1000　16 开　22.25 印张　300000 字
2024 年 10 月第 1 版　2024 年 10 月第 1 次印刷
ISBN 978-7-5218-4838-0　定价：86.00 元

编委会

总 序

辽宁大学商学院前身是东北商业专科学校（1948 年成立）的工业经济教研室和会计学教研室。辽宁大学于 1990 年获得企业管理专业博士学位授予权，是全国较早获得企业管理专业博士点的单位之一。1995 年 9 月，辽宁大学经济管理学院的工商管理系、财会系和市场营销专业组建成立辽宁大学工商管理学院。2010 年 3 月，辽宁大学工商管理学院更名为辽宁大学商学院。经过 70 多年的发展，在几代工商人的不懈努力下，目前学院拥有工商管理一级学科博士学位授权点和工商管理博士后流动站，覆盖企业管理、会计学、技术经济及管理和旅游管理四个二级学科博士学位授权点，拥有企业管理、会计学、技术经济及管理、旅游管理和管理科学与工程五个学术硕士学位授权点，拥有 MBA、EMBA、MPAcc、MAud、MV 和 MTA 六个专业硕士学位授权点，拥有工商管理、人力资源管理和市场营销三个国家一流本科专业建设点，会计学省级一流本科专业建设点和住建部认证的工程管理本科专业建设点。辽宁大学工商管理学科在教育部第四轮学科评估中取得“B +”位次，并且是辽宁大学“应用经济学”世界一流学科的主要支撑学科之一。

改革开放以来，辽大工商人一直怀揣推动中国工商管理学发展的坚定信念，一直肩负推动中国工商管理学发展的使命担当，在以人工智能、区块链、云计算、大数据和边缘计算等（AI、Blockchain、Cloud Computing、Big Data、Edge Computing）为代表的新技术推动下，我们正在从数字经济时代迈向智能经济时代。新技术及其催生的新物种、新商业、新模式，正带领我们开启新增长，迈向新未来。智能经济时代产生的一系列管理现象需要我们去清晰刻画，一系列管理问题需要我们去系统解答，一系列管理机制需要我们去深入探索，一系列管理理论需要我们去大胆创新。与此同时，智能经济时代对管理教育也带来了机遇和挑战，需要我们抓住机遇，从容应对挑战。在智能经济背景下，新一代辽大工商人担负起工商管理学科建设发展重担，积极投身于相关前沿领域研究，并取得了一些具有较高价值的科研和教学成果。本套系列丛书的陆续出版，就是对近年来辽大工商人学术思考和教育改革成果的集中呈现。

本套系列丛书主要聚焦工商管理学领域，划分为三个子系列，分别是学术专著、精品教材和青年学者系列。学术专著系列重点支持出版国家级项目和其他省部级重大重点项目成果，精品教材系列重点支持出版一流本科专业建设相关教材，青年学者系列重点支持出版优秀博士学位论文成果。希望本套系列丛书的出版能够得到社会各界，尤其是学界同仁和企业界朋友的关注。

本套丛书的出版得到了辽宁省双一流学科建设项目资助和经济科学出版社的鼎力支持。本套丛书得到了学界专家的充分肯定和鼓励，他们欣然担任本套丛书的学术顾问。在此，我代表辽宁大学商学院向大家致以诚挚的感谢！

张广胜

2024 年 3 月

前　言

“高质量发展”是“两个一百年”奋斗目标历史交汇期中国经济社会发展的重要主题。《中华人民共和国国民经济和社会发展第十四个五年规划和二〇三五年远景目标纲要》明确提出“我国已转向高质量发展阶段”，要“以推动高质量发展为主题”，通过“创新驱动、高质量供给引领和创造新需求”，从而强大国内市场，构建新发展格局。经济社会的高质量发展，最终要落脚到企业高质量发展上来。只有各行各业的企业追求并实现高质量发展，宏观层面的经济高质量发展目标才能实现。

为此，本书聚焦企业高质量发展议题。企业高质量发展的最重要标志是具有强势品牌。一个国家经济高质量发展的标志，是具有一批有国际影响力的强势品牌。知名品牌研究学者库马尔（Nirmalya Kumar）和斯廷坎普（Jan-Benedict E. M. Steenkamp）在他们的著作《品牌突围》中指出：“从历史上看，一个没有多个全球品牌的国家是无法发展成为发达经济体的”。另外，仅靠产品开发和创新来摆脱竞争对手的做法，已经越来越难；现在企业越来越意识到，品牌的重要性不仅仅体现在作为产品的营销工具上，品牌本身可以是企业的关键战略资产。因此，本书从品牌导向的视角探讨企业如何实现高质量发展。

品牌导向是企业在与目标顾客持续互动的过程中，围绕品牌识别的建立、发展与保护来开展管理活动，最终帮助企业以品牌的形式实现竞争优势的一种发展模式。品牌导向是学者们在发展“基于公司品牌观”的过程中，于20世纪90年代末期被提出来的。基于公司的品牌观认为：

品牌不仅仅是一个市场营销问题，而是一个企业战略问题，品牌应该是企业战略资产的一部分。实际上，业界自20世纪80年代，便开始了将品牌资产纳入企业资产负债表的行为，一些公司因为品牌资产而收购其他公司。

品牌导向反映了基于公司的品牌观。贯彻品牌导向的目的，是要创造一个将品牌作为战略平台的企业发展模式。贯彻品牌导向的公司被称作品牌导向型公司，这类公司运营的核心，是围绕品牌识别（或品牌身份）的创造和维护而展开，将品牌建设作为企业整体活动的重要构成部分。通过强势品牌塑造来创造卓越价值，提升企业竞争力。品牌导向还强调，品牌管理的决策应由企业高层而不是中层管理者负责，品牌资产的创建和维护是高层管理者的首要任务。

具体地，本书先是阐述了“企业高质量发展”的内涵（第1章），“品牌导向发展模式”的内涵（第2章），贯彻品牌导向促进企业高质量发展的作用机制（第3章），以及相比传统的竞争导向和顾客导向，品牌导向在促进企业绩效上的“优越性”（第4章）。从第5章开始，本书探讨了企业贯彻品牌导向的具体问题，第5章深入探讨了中国企业（尤其是中小企业）贯彻品牌导向面临的关键障碍；第6章基于企业战略视角，探讨企业战略领导能力对品牌导向及企业绩效的影响，提出培育战略领导能力是贯彻品牌导向首要任务的观点；第7章探讨了各类企业贯彻品牌导向的第一项共性工作：品牌命名问题；接下来的第8至第11章，分别针对“老字号”企业、“原字号”B2B企业、“原字号”地理标志产品，以及“新字号”企业贯彻品牌导向的具体路径和策略展开探讨；第12章基于“浙江案例”，探讨了企业贯彻品牌导向过程中，地方政府如何助力的问题；本书的第13章，从完善声誉机制、培育品牌导向战略思维和战略领导能力、破解中小企业品牌化障碍，以及宏观政策方面，提出了促进企业贯彻品牌导向的对策建议；并专门针对辽宁企业“突破思想观念短板，塑造辽宁强势品牌”提出建议。本书对中国企业（尤其是中小企业）贯彻品牌导向，塑造强势品牌具有参考价值。

本书的写作始于2017年，其间，笔者指导的多名研究生参与了相关研究工作。具体如下：孙清涛参与了第2章和第4章的研究与写作，刘慧参与了第5.1节的研究与写作，高永美参与了第8章的研究与写作，韩译萱（现北京科技大学研究生）参与了第12章的研究与写作，谢玉玲参与了第11.5节的写作；高永美、马艳杰、孙清涛、李金苹、谢玉玲还参与了书稿校对。

另外，辽宁大学副校长霍春辉教授为第5.2节和第6章的研究提供了数据支持，还对第13章的内容给予了指导，在此衷心感谢。本书写作过程中，诸多观点和思想受到华东师范大学何佳讯教授启发，感谢何教授2019年亲手赠予的大作《品牌的逻辑》。本书还受到清华大学郑毓煌教授与中山大学王海忠教授的思想启迪，在此表示衷心感谢。

此外，本书在写作过程中，精读了卢泰宏教授的大作《品牌思想简史》；在此基础上，进一步精读了戴维·阿克等的《品牌大师》、库马尔与斯廷坎普的《品牌突围》、帕克等的《品牌崇拜》、卡普费雷尔的《战略品牌管理》、凯勒的《战略品牌管理》、拉弗雷的《现代品牌管理》等。感谢卢泰宏教授对品牌管理“武林各派”思想的详细梳理。本书还参阅了大量国内外专家学者的专著和论文，在此一并表示感谢！

袁少锋负责本书第2章、第4章、第5章、第6章、第8章、第10章、第11章、第13章的写作，以及全书的整理和校对工作；高英负责第1章、第3章、第7章、第9章、第12章的写作工作。虽然我们秉承严谨态度开展研究、写作与校对，但纰漏在所难免，请同行学者和其他各类读者批评指正。第一作者邮箱：ysflnu@126.com。

袁少锋　高　英

2024年10月于辽宁沈阳

目录

CONTENTS

第1章

何谓企业高质量发展

1.1 高质量发展提出的宏观背景

在探讨何谓企业高质量发展之前，有必要先分析一下高质量发展提出的经济社会背景。宏观环境方面，我国的质量强国战略已经上升为国家战略，国家层面已经出台了很多的文件、政策来说明这个问题。比如《质量发展纲要（2011—2020年）》，2017年中共中央和国务院联合颁布《关于开展质量提升行动的指导意见》等，突出强调了“质量强国战略”的突出地位。在2020年的5月11日，中共中央、国务院又发布了《关于新时代加快完善社会主义市场经济体制的意见》，在引言中再一次明确“经济已由高速增长阶段转向高质量发展阶段”，再一次突出强调了“高质量发展”的战略意义。

为什么我们现在如此强调高质量发展？如图1-1所示。

图1-1是2021年财富世界500强企业中，各国拥有的企业数量。看到这个榜单，很多国人感觉很自豪，中国排第一，有143家企业进入了世界500强。美国只有122家。这个榜单在国内很流行，很多企业都非常重视这个榜单，他们认为这意味着企业的一种身份、一种成功或者一种地位。

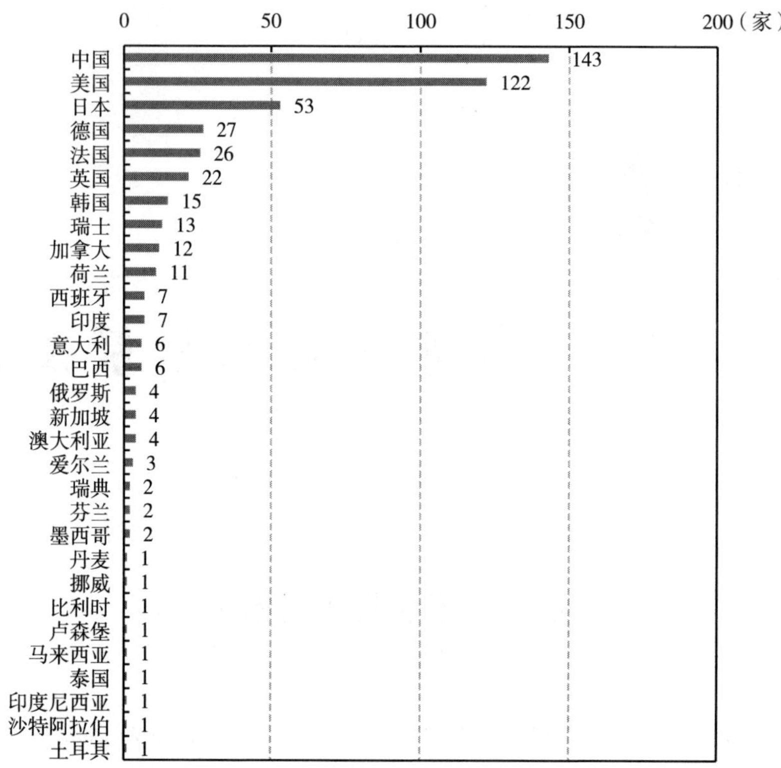

图 1－1　2021 年财富世界 500 强企业各国数量构成

资料来源：笔者根据各类公开资料整理。

然而，再来看看另外一个图 1－2。

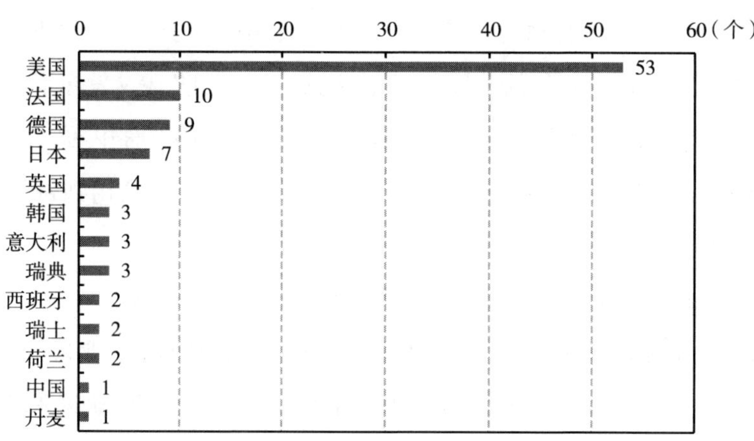

图 1－2　Interbrand2021 年全球品牌百强来源国构成

资料来源：笔者根据《Interbrand：2021 年度全球最具价值 100 大品牌榜》整理绘制。

图 1 – 2 的数据来源于世界著名咨询公司——品牌国际（Interbrand），所做的全球品牌百强排行榜。图 1 – 2 显示了这 100 个世界百强品牌的来源国情况。2021 年，全球最具价值的 100 强品牌，美国有 53 个。而中国仍然只有“华为”一个品牌进入到了这个榜单。2015 年“联想”也进去过，后来又掉出了这个榜单。

为什么要比较这两个榜单？因为这两个榜单的不同，反映了我们国家的企业，在高质量发展上存在的突出问题。

图 1 – 1 对应的榜单，财富世界 500 强榜单，很多中国企业已经进去了。然而，不知读者是否有仔细、深入地分析一下这个榜单的具体评价指标。这个榜单的评价指标其实很简单，只有一个评价指标：企业的营业收入。这么来看，其实这个榜单的名称翻译是有问题的。严格意义上不能叫“世界 500 强”，而应该叫“世界 500 大”（英文单词的大是“largest”）。因为它主要衡量的就是企业的规模。但是，企业规模大，企业就强吗，显然不一定。

图 1 – 2 对应的榜单，才是一个真正地反映企业强不强的重要榜单。因为这个榜单的评价指标由多个方面构成。它评价一个企业的品牌强不强，不是看类似营业收入这样一个简单的指标。它评价一个品牌的市场影响力，能够在财务上带来的回报。另外非常重要的，它还评价这个品牌在消费者、特别是在国际市场的消费者心中的声誉、形象、影响力等方面。就是说，在国际市场范围内，这个品牌能否具有重大的影响力，是否能够为企业赢得顾客和超越行业平均水平的超额利润。图 1 – 2 对应的榜单才是真正意义上衡量一个企业强不强的重要榜单。但在这个榜单中，中国的企业和品牌太少了。

综合这两个榜单来看，我们国家的企业，现在面临的状况是：规模大，但不够强。所以，这也是为什么国家层面现在开始高度重视高质量发展的主要原因。

宏观层面的经济高质量发展，需要靠中观层面的各个产业高质量发展来支撑，而中观层面每个产业的高质量发展，需要微观层面企业的高质量与产品高质量来支撑。三者逻辑关系如图 1－3 所示。

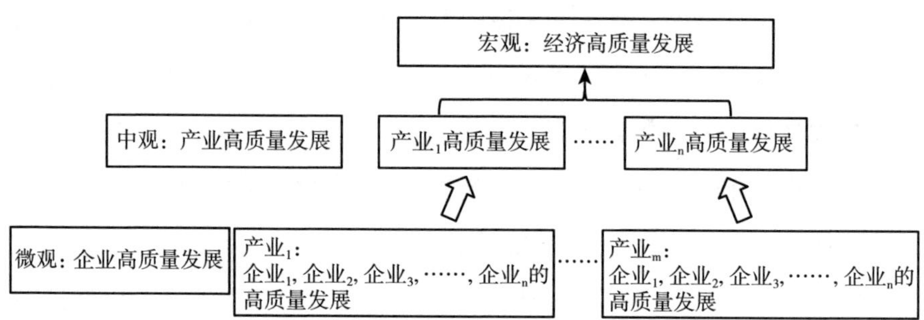

图 1－3　微观—中观—宏观高质量发展逻辑关系

资料来源：黄速建，肖红军，王欣．论国有企业高质量发展［J］．中国工业经济，2018（10）：19－41.

1.2　企业为何要追求高质量发展

在国家实施高质量发展战略的大环境下，广大企业要追求高质量发展。主要原因如下。

第一，积极响应国家高质量发展的号召，这是从企业行为上更好地响应政府呼吁。这在企业发展战略上，称之为非市场战略（刘力钢，2020）。通俗地讲，企业顺应政府的呼吁，企业更有可能从发展机遇、政策扶持、资源供给等方面获得支持。

第二，从微观层面，企业追求高质量发展，追求向市场供应高质量的产品和服务，可以更好地迎合消费升级背景下的顾客需要。这个对消费品生产和经营企业尤为明显。

第三，追求高质量发展，通过不断地提升产品与服务质量，还有助于企业跳出当前很多行业的同质化竞争旋涡。就是说，不是一味地靠价格去竞争，而是不断地思考，企业如何提供更好的产品和服务，如何围绕产品和服务去创造一些差异化，打造一些顾客偏好的差异化属性，借此更好地赢得顾客。

不断地围绕产品和服务质量的提升，以及新的产品功能与属性打造，去开拓和开发一些新的市场，在本质上，这不是传统的“红海竞争”，而是一种新的发展思路，可以理解为“蓝海战略”发展模式。从长远来看，追求高质量发展，是企业打造长期竞争优势的一种重要的途径。

1.3 企业高质量发展的关键特质

落脚到微观企业，何谓企业高质量发展？黄速建等（2018）总结企业高质量发展的七大核心特质：（1）社会价值驱动；（2）资源能力突出；（3）产品服务一流；（4）透明开放运营；（5）管理机制有效；（6）综合绩效卓越；（7）社会声誉良好。

这七个方面概括体现在三个维度：一是“五好”的企业发展系统，即企业“想做好”“能做好”“行动好”“持续好”“成效好”；二是三层次价值实现，即企业具有强大的价值创造能力、价值沟通能力、赢得价值认同的能力；三是全视域价值服务对象，即为企业、利益相关者、整个社会创造卓越价值。

结合黄速建等（2018）的观点和当代市场营销学的精髓：深刻理解顾客需求，为目标顾客创造、沟通、传递卓越价值；再结合“投入—过程—产出”视角，在当前阶段，“企业高质量发展系统”如图1－4所示。

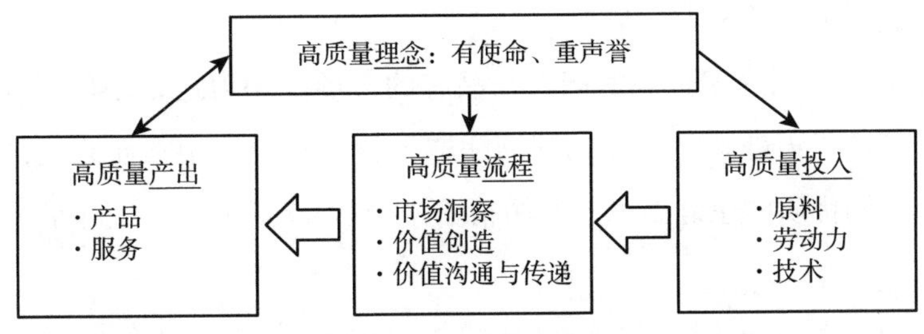

图1－4 企业高质量发展系统

1.3.1 高质量理念（concept）

希望高质量发展的企业，首先要有“高质量”的理念。理念主要体现在要有明确的社会使命感，重视企业的社会与市场声誉。

（1）有使命。企业的社会使命感指具有为社会（人民）解决具体问题的使命感。具有明确的社会使命感，是企业高质量发展的首要特征。这个使命感可以是为社会解决某个重大问题（比如华为引领中国5G建设），也可以是为某一部分消费者群体解决某一个特定的小问题，比如在一个没有奶茶店的校园里开一家高品质奶茶店，以解决学生喝不上奶茶的问题。

企业是社会的器官；任何的组织机构都是为了某种特殊的目的、使命或某种社会职能而存在（德鲁克，1954）。也就是说任何企业组织的存在，都要为社会解决某一方面的问题，要对社会有价值。比如沈阳的企业新松机器人公司，它的使命是引领行业发展、推动产业进步、提升生活品质。虽然现代营销倡导站在顾客的角度来定义使命，“新松”是站在自身的角度阐述了自己的使命，但它通过自动化机器人的研发与创造，在推动整个工业智能化与自动化方面，做出了积极的贡献。这就是它的社会使命，这就是它存在于这个社会的非常重要的价值①。

还有辽宁本溪的一家啤酒生产企业——龙山泉啤酒②。笔者所在的团队2021年10月份对他们进行了实地调研，他的老板有非常强烈的使命——酿造中国最好的啤酒。虽然这句口号从广告传播的角度可能不合规，但老板强烈地秉承着这个使命，推动着这家企业在酿造中国最好的啤酒方面，做出不懈的努力。

2010年，当这家企业的产品与品牌的市场影响力还很小的时候，就从国外花巨资买进国际领先的啤酒酿造设备，然后采用本溪当地的优质泉水、采购优质的东北大米、遵循精酿（全程45天发酵，竞争者一般只

---

① 新松机器人：在自主创新的道路上加速奔跑［EB/OL］. 求是网，2023-5-31.

② 【辽宁相册】品牌的力量——龙山泉啤酒［EB/OL］. 新华网，2020-7-30.

有7～8天发酵）的原则，努力践行“酿造中国最好的啤酒”这一使命。持续地努力，终于在2019年开始获得回报。2019年，在社交媒体上逐渐开始出现一些关于龙山泉啤酒积极口碑的“帖子”。2020年，大量的积极口碑内容出现在各类社交媒体。现在，龙山泉啤酒已经供不应求①。

“新松机器人”在为社会解决“工业生产智能化、自动化”方面发挥积极作用，“龙山泉”在帮助人民解决“喝优质啤酒”方面发挥积极作用。秉承为社会解决某一个或者几个问题的强烈社会使命感，为人民解决某种尚未被很好满足的需要，这个企业的存在，对于社会就有重要价值。因此，使命感是企业高质量发展的首要特征。

（2）重声誉。企业声誉是指社会公众对某个企业的整体性认知和情感性评价（Ravasi et al.，2018）。高质量发展的企业，重视自己在市场以及整个社会中的声誉，期望通过良好的管理、高质量的产品与服务，赢得社会公众的积极认知和评价。如同一位品质良好的人重视自己在社会群体中的声誉一样，一家高质量发展的企业必然重视自己的社会声誉，尤其是产品与服务的市场声誉。

重声誉的具体内涵逻辑如图1－5所示。传统的企业经营，主要重视“企业—顾客”之间的交换关系：企业提供顾客需要的产品和服务，满足顾客需要和欲望，顾客支付必要的“价格”，满足企业的利润需求。基于这一逻辑，企业重视产品与服务的市场声誉即可。

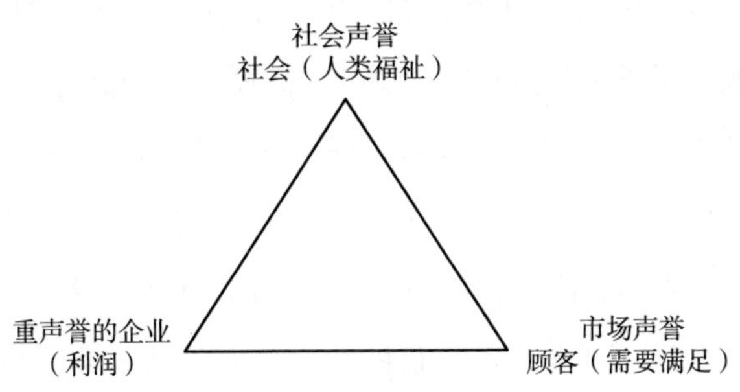

图1－5 重声誉的内涵逻辑

---

① 资料来源：笔者一手访谈获得。

随着经济的快速发展，只关注“企业—顾客”两方交易关系的发展范式，给另一方即整个社会，造成了诸多负面效应，比如环境污染。因此，关注“企业—顾客—社会”三方需要的发展模式呼之欲出。这也是当前全球管理学界强调“负责任的管理”的重要内涵。企业不仅要通过高质量的产品与服务满足顾客的需要，实现自己的利润目标，还要通过负责任的管理，促进整个人类社会福祉的增长。

据此，在当前的市场环境下，重声誉的企业，一方面要重视顾客和潜在顾客对本企业产品、服务、品牌的认知和评价，期望获得良好的供给市场声誉。另一方面，需要重视社会公众对企业负责任形象的认知和评价，即重视社会声誉。

前者要求企业以顾客需求为导向，根据顾客需要开展研究与设计，提供契合顾客需要的高质量产品与服务，赢得顾客积极评价。后者要求企业在追求顾客需要满足和自身利润的同时，做出负责任的管理行为：做出环境友好型行为（至少不能破坏自然环境、损害社会生态），重视员工权益，进行力所能及的慈善或社会责任活动。

1.3.2　高质量产出（output）：产品与服务

在高质量发展的理念（有使命 + 重声誉）引领下，以结果为导向，要求企业向顾客提供：契合顾客需要的、高质量的产品与服务。

契合顾客需要，是现代市场营销学“顾客导向”的核心要求，也是满足人民美好生活需要的客观要求。好的产品与服务，一定要是顾客需要的、能够帮助顾客解决某种问题、提高效用、增强福祉的产品和服务。

契合顾客需要，要求避免盲目的技术创新，避免盲目的倡导高质量与高品质。技术创新、高品质或高质量，要以顾客需求为先导。这是现在很多企业，尤其是技术导向型企业所缺乏的，也是追求高质量发展的企业，应该重视的理念。

以顾客需求为先导，深刻地理解顾客的需要和欲望之后，然后再开展技术创新，提升产品和服务品质。真正的高质量产出应该遵循这样的逻辑。

1.3.3　高质量流程（process）

为了向市场提供高质量的产品和服务，需要企业有高质量的管理流程。具体包括：市场洞察力，价值创造力、价值沟通力与价值传递力。

（1）市场洞察力。这是企业对自己所处的市场环境中的机会和威胁的一种洞察能力。高质量发展的企业，它的战略领导者应该能够对未来三五年、甚至未来10或20年的一些主要市场趋势、市场机会、威胁等，有较强的洞察力和前瞻性。因为企业所处的市场环境总是在快速变化，尤其是在当前的移动互联时代，新技术、新事物层出不穷，给企业的经营和发展带来诸多不确定和挑战。高质量发展的企业，能够对环境保持敏感和前瞻性，能够抓住环境中的一些发展机会、规避风险与挑战。

以当前中国突出的人口老龄化为例，人口的老龄化对国家的养老体系是一个严峻的挑战，但是对很多企业或行业，则意味着机会。比如说老年护理、保健品、公寓、老年人用品等一些行业，都意味着巨大的市场机会。比如，最近比较火的足力健老人鞋，很好地利用了当下人口老龄化赋予的市场机会。

第一，市场洞察力要体现前瞻性。因为等到一些行业的趋势或机会已经很明朗的时候，大家都能看到的时候，潜在的竞争者也会进来试图“分得一杯羹”。具有前瞻性的洞察力，会保障先进入者有“先行者优势”。比如足力健老人鞋，很早就看到了老年人这块市场，然后开始布局、进军老年人专用鞋市场。专门针对老年人进行研发，设计适合老年人的鞋。“深入研究老人脚型变化，足力健老人鞋在产品外观、鞋底、鞋垫等方面，先后荣获实用新型、外观设计等 273 项专利”[①]。并且辅之以适合老人的名人代言、广告传播等，牢牢地占据了这个市场。

当然，看着“足力健”打开了老年人专用鞋市场，一些潜在的新进入者，比如“足间道”“百步健”等，也开始进入这个市场。但是大家一说到老人鞋，心里首先想到的还是“足力健”，这就是先行者优势。具备前瞻性的市场洞察力，让企业最早进入一个特定的领域、抓住特定的市场机会，会让企业获得先行者优势。

里斯和特劳特（2019）的“定位理论”也指出，成为一个特定市场中的“第一名”，是进入顾客大脑的最有效的捷径，这也是最有效的定位策略。因为人们很容易记住第一名、但很难记住第二或者第三名。

第二，市场洞察力要专注挖掘顾客的隐性需求。顾客的隐性需求好比“冰山”隐藏于水下的部分（见图 1 – 6）。隐性需求，更多是尚未被竞争者有效发掘的需求。

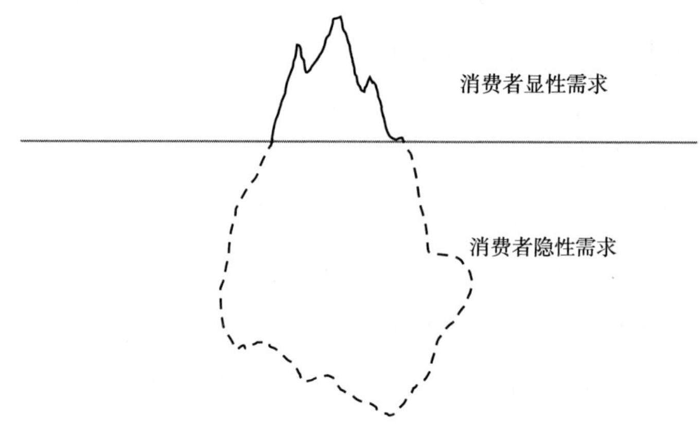

图 1 – 6　消费者显性/隐性需求示意

以鲜花行业为例，以前人们一般只有在节假日（比如情人节），特定的场合（比如求婚）才会购买鲜花。不同的鲜花，满足的是人们在特定的时节或场合表达情感的需要。鲜花电商品牌“花点时间”发现，其实

---

① 足力健老人鞋创始人：品牌要有价值观，战略要有用户思维［EB/OL］. 金融界，2023 – 5 – 26.

消费者（尤其是女性）平时没事的时候，也喜欢买点花，来装饰装点自己的生活空间。

2015 年 8 月才上线运营的“花点时间”，将鲜花重新定义为满足人们“每周一花的小幸福”；深度挖掘人们对鲜花的隐性需求：通过每周一束花，提升生活情调，增添一点小幸福；最终赢得了人们的喜欢。到 2021 年初，花点时间“鲜花的累积销售量多达 5 亿枝，线下门店覆盖超过 300 个城市，累积关注用户超过 1500 万”①。

第三，市场洞察力还是提升企业“供给”与消费者“需求”适配性的重要桥梁。内在逻辑关系如图 1 –7 所示。

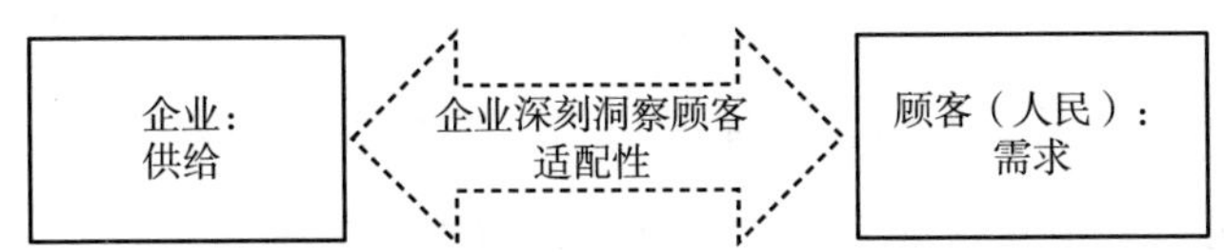

图 1 –7　企业市场洞察力促进“供给—需求”的适配性

中共中央关于“十四五”时期经济社会发展的战略导向，明确提出“必须坚持深化供给侧结构性改革，以创新驱动、高质量供给引领和创造新需求，提升供给体系的韧性和对国内需求的适配性”。深化供给侧结构性改革，要求企业提升产品与服务供给质量，提升供给和需求的适配性（即增加有效供给），“以创新驱动、高质量供给引领和创造新需求”。最终实现扩大内需、培育完整内需体系，构建以国内大循环为主体、国内国际双循环相互促进的新发展格局。

具备较强市场洞察力的企业，以目标顾客（人民）的需求为引领，开展创新活动、创造卓越价值，向人民提供高质量的产品和服务（优质供给）来获得可持续发展的机会。如果微观层面的企业，都具有较强的市场洞察力，以顾客（人民）需求为引领，将促进宏观层面的供给与需求之间的适配性。

① 花点时间：让一切美好从现在开始［EB/OL］. 齐鲁晚报网，2021 –4 –21.

举个微观的例子。在竞争激烈的智能手机市场，vivo 手机一直以年轻女性消费者为目标群体，秉承“照亮你的美”（最近改为“照亮我的美”）这一核心价值理念，来满足女性通过手机“美颜”，向外界呈现“理想中的自我”的这一根本需要，从而赢得了年轻女性消费者的喜爱和购买。

企业具备较强的市场洞察力，就是对顾客需求，特别是顾客的隐性需求具备深刻洞察能力。有了这个能力，企业就会持续向市场，向目标顾客提供其喜爱的“有效供给”，最终提升供给与需求的适配性或匹配性。

当然，企业为了具备较强的市场洞察力，应该重视市场调查与研究，重视市场相关数据的收集、管理与利用。重视市场调查与研究、培育大数据管理能力，有助于企业洞察市场，洞察顾客需求。

（2）价值创造力。通过具有前瞻性的市场洞察力，发掘市场机遇后，还需要企业具备现代品牌理念，具有整合资源与技术开展创新，创造卓越产品价值的能力。具体的产品价值包括独特的功能价值和感性价值。价值创造力的构成如图 1－8 所示。

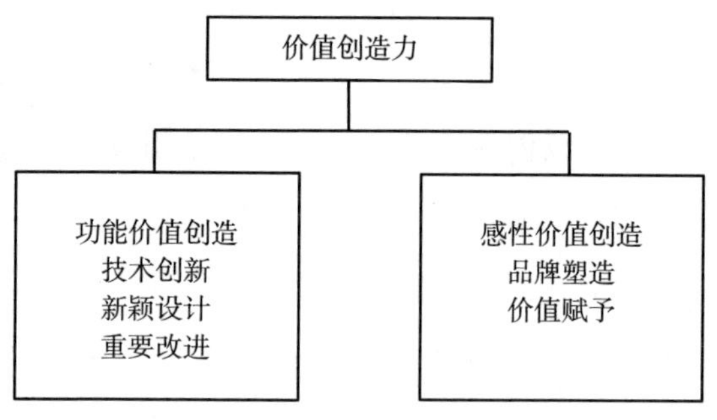

图 1－8　企业价值创造力构成

所谓功能价值，指产品在功能属性的一个或几个方面，通过创新，比竞争者更为优秀。还以 vivo 智能手机为例，洞察力了解女性消费者的“拍照更美”、进行积极自我呈现的根本需要之后，还需要在拍照技术上进行研发创新，从技术上实现消费者“拍照更美”的需要。这种洞察顾客需要之后，从技术上满足需要的能力，就是企业的功能价值创造力。

再比如“乐纯”酸奶，通过用户调研发现，较多消费者有想喝榴莲酸奶的需要。于是基于顾客价值共创的模式开展榴莲酸奶的研发。这款榴莲酸奶，从研发到正式上市，从各类社交媒体招募了50位美食达人，组织了10次以上的试吃，不断地改进产品①。最终开发了爆款产品——乐纯榴莲酸奶。

除了功能价值，高质量发展的企业还需要具备依托品牌打造感性价值的能力。感性价值的核心，就是产品依托品牌所承载的象征与情感价值（阿克，2019）。品牌管理的欧洲学派代表人物卡普费雷尔（2020）认为，品牌由两条腿走路：一条是它的独特功能价值，另一条是它的独特感性价值。并且明确提出：没有感性价值，品牌只是优质的代名词。

说到品牌的感性价值，笔者经常举的一个例子是“水中贵族”的百岁山。通过优质水源地，以及品牌广告宣传（以数学家笛卡尔和瑞典公主克里斯汀的凄美爱情故事为原型），打造一种高贵的象征，支撑“水中贵族”的形象定位。让消费者产生联想，喝百岁山矿泉水，不仅是在喝高品质的矿泉水，更是在享受一种高端或高贵的生活方式。这种感情价值对消费者的影响是潜移默化的、也是巨大的。笔者经常在工商管理硕士（MBA）课堂，分析“百岁山”这个例子。

还有2021年底，凉茶品牌“王老吉”推出的百家姓定制款凉茶。通过推出“陈老吉”“张老吉”“李老吉”“袁老吉”“欧阳老吉”……让不同姓氏的消费者感知到基于姓氏的身份认同、个性展示，从而赢得消费者的喜爱。百家姓凉茶推出之后，即使价格是普通“王老吉”凉茶的两倍多（12罐99元），在“王老吉淘宝旗舰店”仍屡屡卖断货。这就是品牌承载的感性价值对顾客的影响，对企业高质量发展的积极促进作用。

感性价值比功能价值更能打动人。功能价值并不一定是实现劝说和

---

① 从一盒酸奶到食品王国：乐纯的精益创业之路［EB/OL］. 参考网，2021-7-19.

营销最有效的方式，能够俘获人心的是品牌的感性价值：情感利益、自我表达利益和社会利益（阿克和王宁子，2019）。对于功能价值的关注，是基于我们设想消费者是理性的，会因为功能性利益而动摇。

比如你询问顾客，为什么选择你的品牌而不选择其他品牌？他们给出的理由是功能方面的，因为这是他们大脑中涌现的唯一内容。然而，由此会产生对产品功能属性过于关注的陷阱，并对战略产生过多的影响。消费者是理性的这种观点，理由充分，但通常是错误的，因为消费者通常是不够理性的（阿克，2019）。

比如对有关卡车的研究显示，一些理性的功能属性，比如耐用度、安全性能、配置、动力等，对消费者来说是重要的。但另外一些抽象的属性（感性价益），比如酷酷的外形、驾驶愉悦、感觉有力量，可能在更大程度上影响着消费者的购买决定。尽管消费者并不承认这一点。对于B2C的品牌塑造尤其如此。

感性价值强化了消费者的品牌体验，强化了“消费者—品牌”关系。然而，国内品牌大多基于功能价值来进行定位，这样做的结果是，不能长期持久地区别于竞争品牌。比如很多智能手机，如“小米”曾经强调1亿像素，拍照更清晰。功能层面的属性，迟早会被竞争对手模仿。而基于感性价值：情感利益和社会表达利益进行定位，更难以被模仿，更容易形成独特品牌识别和品牌联想。

（3）价值沟通力。价值沟通力指使企业善于利用现代媒介，如官方微信公众号、微博、抖音号、快手等，向潜在的顾客沟通产品和品牌独特的功能和情感价值。在当前的市场经济环境下，是一个“酒香也怕巷子深”的时代，企业需要积极主动地利用现代媒介向潜在顾客沟通产品和品牌价值。

在传统市场环境下，企业具有一定的规模和财力时，价值沟通力表现为企业具有积极主动传播意识，善于科学利用各类营销沟通工具，如广告、公共关系传播、体育赞助，传播产品和品牌的独特价值。

在当前的社交媒体时代，更具“性价比”的企业价值沟通力主要体现在三个方面：①重视利用现代社交媒体的意识；②自主“吸粉”的能力；③维护运营粉丝的能力。

重视利用现代社交媒体的意识，体现在企业高层管理者重视社交媒体的利用。具体地，企业在运营中配备专业运营团队，专门负责社交媒体运营，设计有趣内容和有趣的活动，传播企业的产品与品牌的独特价值。根据《第51次中国互联网络发展状况统计报告》，截至2022年12月，我国网民规模达10.67亿人，互联网普及率达75.6%；手机网民规模达10.65亿人，网民使用手机上网的比例为99.8%；我国网络支付用户规模达9.11亿人，占网民整体的85.4%；网络购物用户规模达8.45亿人，占网民整体的79.2%①。此外，“每天有10.9亿人打开微信，7.8亿人进入朋友圈”②。

这些数据说明，线上传播渠道是企业进行产品和品牌价值沟通的主要渠道，而线上分销渠道将是企业未来获取顾客的主要渠道。因为顾客主要活跃于互联网，活跃于各类社交媒体上。因此，企业传播价值，顾客获取的“主战场”，应该从传统的线下转移到线上，转移到社交媒体上。所以，企业管理者要有重视社交媒体的意识，要从意识上重视利用社交媒体，利用社交媒体进行价值传播和顾客获取。

比如，“小米公司”从创业伊始，一直都是利用“小米官网”以及“天猫商城”与“京东商城”等线上渠道传播价值，获取顾客。还有“花点时间”“乐纯酸奶”等，也主要是利用“微信公众号”，自己的“官方App”来传播价值，获取顾客。最近快速发展的零售品牌“名创优品”，更是打造了自己的“社交媒体矩阵”（木兰姐，2021）：微信公众号——对外沟通的第一窗口；微博——口碑塑造、用户互动；小红书——发布产品内容、打造“口碑”；抖音——娱乐性强，创意、内容、互动；

① 中国互联网络信息中心．第51次中国互联网络发展状况统计报告［R/OL］．2023-3-2.

② 微信：每天10.9亿人打开微信，7.8亿人进入朋友圈［EB/OL］．新浪科技，2021-1-19.

哔哩哔哩（Bilibili）——产品测评、口碑塑造与传播；豆瓣/知乎——品牌塑造、影响力扩散。

传统的传播渠道如广告，需要耗费企业大量的资金，一般的中小企业承担不起。在当前的社交媒体时代，社交媒体为企业提供了更具有性价比的传播方式。谁更重视社交媒体，更擅长利用社交媒体，谁就更有可能打造价值传播的能力。相比于传统的电视广告，注册并运行社交媒体账号是成本更小、企业更可控的传播渠道。但高效的社交媒体运营能力，对企业的管理者和运营团队有较高的要求。

自主“吸粉”能力。这是对企业一个非常高的要求，指企业有很高的自主吸粉能力，就是大家经常讨论的获取流量的问题。传统电视广告，企业依托电视节目的受众传播信息。在社交媒体时代，企业自主运营的社交媒体，需要积极主动地获取流量、获取粉丝，特别是潜在顾客粉丝，才能有传播的对象。

这又要求企业的社交媒体账号运营：（a）以顾客为导向；（b）要创造有趣的内容；（c）要创造有趣的活动吸引潜在顾客参与进来。

（4）价值传递力。价值传递力指企业利用现代线上线下整合渠道（O2O 模式）向顾客传递价值的能力。比如前面提到的小米公司，从创立开始主要就依靠线上渠道，也就是小米官网、天猫商城、京东商城，以及配套的物流合作伙伴，向顾客传递价值。还有鲜花电商企业“花点时间”，也主要利用自己的官方微信公众号和官方 App，以及配套物流合作伙伴（顺丰、京东物流），向顾客传递价值。

之所以要强调利用线上渠道传递价值的能力，是因为传统线下渠道的传递成本太高。传统的线下分销渠道，无论是直营店模式还是加盟店模式，在租金、劳动力、装修、运营等方面，都面临巨额成本。所以，利用现代线上渠道向顾客传递产品和服务的能力，代表着一种先进的价值传递力。高质量发展的企业，一定要具有利用现代线上渠道，向顾客传递产品和服务的价值传递力。

现代价值传递力打造的具体形式，包括以下几方面。

(1) 自建线上渠道，如官方线上商城＋第三方物流；小米公司、花点时间、乐纯酸奶等，都是采用这种模式；这种模式要求具备较高的线上商城建设和运营能力，另外要有较高的价值沟通能力作为基础前提。无论是小米公司、花点时间、还是乐纯酸奶，事实上都获得了各类资本的巨额投资。

(2) 依托“淘宝”“京东”等平台建设“官方旗舰店”；众多中小企业采用这种模式。企业自营的“旗舰店”（所有权归属企业），这种模式的优点是单品利润相对较高，缺点是要靠自己获得“流量”，商品销量取决于自己的价值沟通能力。

(3) 基于“企业”与“平台企业”共生的“平台自营旗舰店”模式，旗舰店所有权归属平台。比如“十月稻田”京东自营旗舰店，截至2022年6月17日，已有1509.8万名“粉丝”。因为所有权归属平台，平台有很强的动力为企业及其品牌引入流量。当然，平台为企业引流的前提是商品确实优质或独特，能为平台带来巨额利润。比如“十月稻田”大米为东北五常大米，深得消费者喜爱。这种模式的优点是，能够帮助企业（品牌）快速提升知名度和美誉度，线上知名度和美誉度的快速提升能够反哺品牌的线下销售，缺点是线上销售的大量利润让渡给了平台企业。

(4) 线上商城＋线下实体店相互促进模式。最近快速发展的“名创优品”就是采用这种模式，既有便捷的基于微信公众号的“线上商城”，也有京东旗舰店，还有遍布主要城市重点商圈的线下门店。线上、线下相得益彰。顾客（主要为年轻女性）可以在线上线下，非常便捷地获得想要的商品。线上渠道帮助名创优品在获取顾客、传递价值方面发挥巨大作用；线下渠道除了实体店的销售，在帮助线上积累流量（通过线下门店活动让顾客扫码关注微信公众号等），以及及时兑现交付线上订单等方面，亦发挥积极作用。

（5）线上商城+直播带货模式。基于企业原有的线上商城，越来越多的企业开始采用直播带货的模式进行线上销售。直播带货非常重要的就是主播。关于主播，一方面，非常重要的就是跟“网红”合作，依靠专业卖货网红进行销售；另一方面，企业可以自己培养员工主播。自己培育主播，打造自己的直播带货能力，可能是更具“高质量”特征的价值传递能力。

理解直播带货的本质后，企业也可以自己培育主播，开展有效的直播带货。有效的直播带货，关键取决于三个方面：一是主播的专业性与可靠性，学术上的来源可信度模型（source credibility model）可以予以解释；二是主播的自身吸引力，以及吸引力带来的积极互动；学术上的来源吸引力模型（source attractiveness model）可以予以解释；三是主播跟产品（品牌）的匹配度，学术上的产品匹配假设模型（product match-up hypothesis）可以予以解释（Keel & Nataraajan，2012）。

当然，对于习惯于传统线下渠道的企业而言，构建企业现代化的价值传递力，可能要伴随着整个企业的数字化转型。

这里，分享一个传统的服务类企业——荣昌洗衣连锁公司数字化转型案例。在很多人的眼里，传统洗衣连锁公司，可能跟互联网公司，跟数字化转型搭不上边，但是荣昌公司做到了。2014 年 7 月份，腾讯公司以 2000 万元作为天使人投资，投资了荣昌公司。2014 年 11 月该公司又获得了经纬和海纳亚洲创投基金（SIG）共计 2000 万美元的 A 轮投资。2015 年 8 月份完成由百度领投、经纬、海纳亚洲创投基金（SIG）跟投的 B 轮 1 亿美元的融资，公司的估值超过 5 亿美元①。

荣昌公司的数字化转型主要包括如下流程：

第一步：从重资产经营模式向轻资产经营转变。具体就是从传统的线下加盟门店连锁模式，转变为“1 带 4”+“联网卡”的经营模式。目的是提升资产利用率，节约成本。

---

① e 袋洗豆豆洗等互联网干洗平台深度分析，谁才是未来的领导者？［EB/OL］. 搜狐网，2018-12-7.

“1 带 4”模式，指 1 个传统门店带 4 个辅助店，这 1 个传统门店负责分拣、洗衣、配送以及配套管理工作，4 个辅助店只负责“揽件”（收衣服）和配送（配送洗好的衣服），辅助店只需具备收衣和配送基本功能即可，从业人员采用“外包”策略，类似“快递小哥”。“联网卡”就是荣昌公司通过推广和配售洗衣联网卡，将分布于全国的所有门店联网，以便控制所有门店现金流。这样 5 个店只需 1 套设备、1 个店长、1 组员工、1 个优质临街门店、走 1 套审批流程。由此提升资产利用率，降低成本。

第二步：搭建管理团队、设计 O2O 运营模式。主要是聘请了原百度的副总裁陆文勇担任新公司的 CEO，并基于互联网思维打造了新品牌——荣昌 e 袋洗。新公司的 O2O 经营模式如图 1-9 所示。

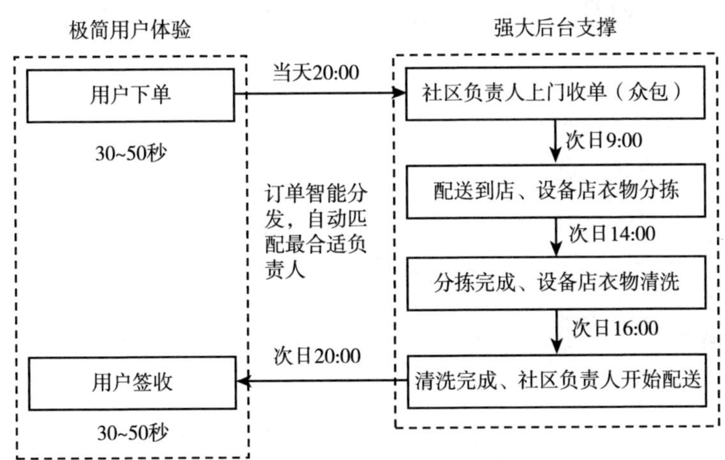

图 1-9　荣昌 e 袋洗的“O2O”经营模式

资料来源：笔者根据“一家传统洗衣店的互联网革命”［EB/OL］. 搜狐网，2015-11-23 整理而得。

第三步：价值沟通与传递能力塑造。价值沟通主要是体现在打造自己的微信公众号和官方 App。基于这两个线上渠道，传播企业产品和服务，获得流量。获取流量的能力是社交媒体时代价值沟通力至关重要的能力。

用户了解该公司的服务后，可以通过微信公众号或 App 下单，短时间内就会有人上门“取件”，然后再经过一天的分拣、清洗、配送，干净的衣服，就能到达顾客的手中。在顾客一边，只有“下单”和“签收”两个极其简单的操作。在荣昌公司这边，则有众包、分拣、清洗、配送等强大的后台业务作支撑。

通过不断的转型与变革，荣昌公司由一家传统的洗衣连锁企业，转型为依托互联网的新公司。新的“荣昌 e 袋洗”品牌，不仅仅在“线上”渠道寻找顾客，更是通过互联网完成了整个企业运营的根本改造。这样的转型升级，一方面，为顾客带来了更好的体验，提供了更好的洗衣服务；另一方面，也极大降低了企业的经营成本，提高了企业经营效率和效益（袁少锋，2020）。

1.3.4 高质量投入（input）

为了有契合顾客需求的高质量产出，除了高质量的管理流程，还需要高质量的原料、员工和技术。

第一，优质原料方面。比如一直强调天然矿泉水的“农夫山泉”，努力寻找最优质的水源地，给消费者提供优质的农夫山泉矿泉水。再如“农夫山泉 17.5°橙”，采用现代化、自动化分拣和筛选技术以及人工精选，严苛挑选江西赣南脐橙；“10 个里面选 2 个的严苛标准，果皮完整、果肉饱满，直径≥6.5 厘米，糖酸比在 12～20，每 10 个一级赣南橙，约只有两个入选 17.5°橙”[①]；从而保障消费者享用到口感优良的橙子。

第一，优秀员工方面。比如以员工服务著称的“海底捞”，它的员工的热情与专业，感动着大多数客户。所以我们经常能看到海底捞门店门口，有顾客等着排队消费的状况。当然，海底捞火锅的原材料也都经历过严苛挑选，保障顾客吃到的是优质的火锅原材料。

第二，优秀的技术方面。比如“农夫山泉 17.5°橙”，为了挑选出符合标准的优质脐橙，引入自动化清洗、分拣、挑选技术，比如“法国进

① 连续十年，他是怎么卖爆 17.5°橙的？[EB/OL]. 搜狐网，2019－12－20.

口光学分选流水线”“无损红外糖酸检测仪”“自动称重感应系统”等，基于先进技术提供优质供给。再如“华为手机”，绝非仅靠“爱国情怀”吸引顾客；华为手机在麒麟芯片、拍照、通信、手机系统等方面，都有着领先同行的技术优势①。

秉承高质量发展理念的企业，为了提供高质量的产出，在具备高质量管理流程的前提下，还需要在原料、员工、技术方面表现得更为优秀。

① 买华为就是爱国？回看华为智能手机的高端之路［EB/OL］. 搜狐网，2017－4－6.

何谓品牌导向发展模式

2.1 品牌导向发展模式的提出

2.1.1 品牌导向提出

20 世纪 80 年代后期，业界出现了将品牌资产纳入企业资产负债表的行为，如英国的兰克·霍维斯·麦克道格尔公司（RHM）。还有一些企业因为品牌而收购其他的公司，比如 1988 年雀巢以 6 倍于市值的价格收购郎利苹果公司，以获得该公司旗下的奇巧、花街、聪明豆等品牌（Urde，1999）。业界的上述行为，反映了企业将品牌作为公司战略资产的倾向。基于此，学者们展开相关研究，一些文献开始提出：品牌不仅仅是一个市场营销问题，而应该将其视为企业战略资产的一部分（Urde，1999）。

特别地，鲁宾斯坦（Rubinstein，1996）指出，不应该将品牌管理单独视作市场营销部门的任务之一，而应该将其嵌入到整个公司中。自此，基于公司的品牌观开始形成（Blackett，1993；Laforet，2012；Rubinstein，1996；Urde，1994，1999；Urde et al.，2013）。这种观念认为，品牌是企业的主要战略工具和驱动力，处于企业业务竞争的中心位置，并且是企业构建长期竞争优势的基础。

在发展基于公司品牌观的过程中，乌德等（Urde et al.，2013）等于1990～1993年对雀巢、杜邦、利乐（Tetra Pak）、沃尔沃、法玛西亚普强（Phamiacia Upiohn）等企业，进行了一系列实践案例研究，然后在1994年提出了品牌导向（brand orientation）的概念。但乌德等当时并没有给出一个明确的品牌导向定义；他只是暗示一家公司应该系统地将品牌建设与企业整体愿景相结合。

直到1999年，乌德等才提出了品牌导向的定义：指企业在与目标顾客持续互动的过程中，围绕品牌识别的建立、发展与保护来开展管理活动，最终帮助企业以品牌的形式实现竞争优势的一种发展模式①（Urde，1999；Urde et al.，2013）。其中品牌识别是品牌渴望创造和维持的一组独特的功能和心理联想（Laforet，2010），是品牌战略制定者期望创建或维持的目标（Aaker，2012）。

另外，布里德森和埃文斯（Bridson & Evans，2004）指出，品牌导向反映了组织在管理实践中对建立品牌化能力的重视程度。鲍姆加思（Baumgarth，2009）则认为，品牌导向可定义为一种特殊类型的市场导向，其主要特征在于企业高层管理者高度关注品牌化，期望借此向顾客持续一致地传递区别于竞争对手的、清晰的品牌信息。

品牌导向反映了基于公司的品牌观。品牌导向的提出，创造了一个将品牌作为战略平台的企业发展模式。品牌导向型公司，将品牌作为资源分配平台，借此创造价值和提高竞争力（Huang & Tsai，2013；Urde，1999）。公司的运营围绕品牌识别的创造和维护而展开，将品牌建设作为企业整体活动的重要构成部分。此外，品牌导向还强调，品牌管理的决策应由高层而不是中层管理者负责，品牌资产的创建和维护是高层管理者的首要任务。

---

① 基于这一定义，本书中“品牌导向”和“品牌导向发展模式”具有相同的含义；后续根据表达需要，交替使用两词。

2.1.2 战略视角的品牌导向内涵

品牌导向概念根源于战略意图（strategic intent，Hamel & Prahalad，1989）和远见型公司（visionary companies，Collins & Porras，1998）的概念，以及将品牌作为组织文化构成部分的理念（Alvesson & Berg，1992）。鉴于企业战略可以理解为一种观念，即指导一个组织运作的基本方式（Mintzberg et al.，2001），因而还可以将品牌导向理解为指导企业发展的一种战略（Lee et al.，2017；Urde et al.，2013）。

品牌导向战略不仅关注顾客需要与欲望，更是将品牌置于公司战略的核心位置（Urde et al.，2013），将品牌作为资源和战略的中心（Urde，1994；1999）。此外，乌德等（2013）还指出，品牌导向战略的核心主张是，基于品牌阐述企业核心价值观和承诺（品牌代表什么），并且让其指导企业的运营方式；将基于品牌的核心价值观和承诺转化为外在顾客价值（品牌能够提供什么、应该如何被感知）。

品牌导向战略的主要着眼点是建立强大的品牌（Urde et al.，2013），既要求企业“从外至内”（outside－in）看，即充分理解外部环境中的顾客需要和市场竞争；还要求企业“从内至外”（inside－out）发展，即依托企业内部一致性的品牌识别打造，向顾客传递卓越价值，构建竞争优势。品牌的核心价值与承诺（对应品牌识别）是这一战略的重点。而且，企业通过赋予品牌以情感和象征性价值，使品牌成为公司与顾客之间持续互动的平台，这样在经营过程中就能依托品牌为企业创造持续竞争优势。

2.2 品牌导向型企业的战略逻辑

乌德（1994；1999）等通过提出一个品牌六边形概念模型（见图2－1），

阐述品牌导向型企业①的战略逻辑。

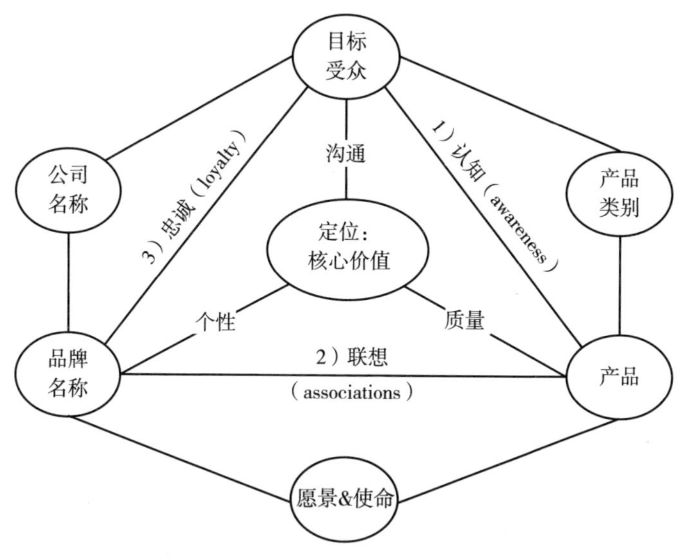

图2-1　品牌导向型企业与品牌识别的概念框架

资料来源：Urde M. Brand orientation：A mindset for building brands into strategic resources [J]. Journal of Marketing Management，1999，15（1-3）：125.

第一，确定品牌愿景和使命。品牌导向型企业的首要出发点是确定品牌的愿景和使命。愿景反映了品牌在未来渴望实现的状态。为了确定品牌愿景，需要回答：公司希望通过品牌实现什么目标？组织如何实现愿景？在品牌愿景的指引下，接下来需要明确品牌的使命，为此需要确定：品牌是什么？品牌代表什么？为什么而存在？要实现什么样的目标？回答这些问题有助于明确品牌存在的根本原因、品牌的核心价值、品牌识别、个性以及战略。

第二，编码品牌信息，制定品牌战略。在确定了品牌愿景和使命之后，需要通过产品、产品类别、定位与核心价值主张、品牌名称、公司名称等元素来进行品牌化编码，即基于这些元素向目标受众，即以顾客为代表的利益相关者，传达品牌的价值与含义。这些要素及其组合，是

① 品牌导向型企业指贯彻品牌导向发展模式的企业。

企业品牌战略和品牌识别构建的基础。需要指出的是，目标受众会基于某个品牌相关的各种要素信息，形成针对该品牌的一个整体印象，据此形成对该品牌识别的认知。

为此，企业的不同产品部门、职能部门，需要针对品牌相关的管理活动进行协调与沟通。譬如沃尔沃公司，就专门成立了品牌管理部，以协调公司各个分支机构、各个职能部门的品牌管理活动，最终努力向目标受众连续地传达一致、清晰、可信的品牌识别。这样的协调与沟通的过程，也是企业不断开发品牌核心价值的过程。

第三，传播品牌的功能与情感价值。图 2 –1 右侧涉及的产品和产品类别决定了目标受众的品牌认知（brand awareness），反映的是品牌的功能价值。图 2 –1 左侧的公司名称和品牌名称代表了品牌的情感价值，品牌的情感价值很大程度上决定了目标受众的品牌忠诚度。

区分功能和情感这两种价值非常重要，因为它们都能为顾客带来效用，但企业向顾客传播两种价值的策略是不同的。功能价值能够依托产品的物理属性来直观描述与传播。然而，情感价值很难被解释与描述，因为情感价值取决于顾客的情绪感受与象征性意义体验。企业为了向目标客户传播品牌的情感价值，应该依托品牌所代表的产品进行沟通，阐述产品的独特价值和象征含义。

譬如国内的“九牧王”男装，就存在两种明显不同的价值传播策略，一种是通过强调产品选材和制作工艺，如“50 道传统手工推归拔、46 个部位高温定型”的描述，来传达品牌的功能价值；另一种则是在此基础上，强调九牧王品牌对男性重新认知自我、改变自我（广告语：“睿变由我”）方面的支撑作用，来传达品牌的情感价值。

图 2 –1 的下面部分，体现的是公司对品牌愿景和使命的界定。上面部分，则反映的是目标受众对品牌的认知与理解。企业持续品牌建设的过程，也是目标受众对企业品牌识别不断认知与理解的动态过程。这一过程的中间基石，是图 2 –1 中间的“定位与核心价值”。

第四，理解品牌认知、联想与忠诚的互动过程。品牌认知、联想、忠诚三者之间的关系，构成了图2－1所示模型的内在关系基础。品牌认知是品牌建设工作的第一步，同时也是品牌资产的一个重要维度（Keller，2008）。在品牌认知的基础上，品牌还需要通过各种相关的品牌知识，来为受众创造积极联想，基于此打造差异化，并在目标受众中创造独特态度与情感。当目标受众对某个品牌有了一定的认知和联想之后，企业再不断地向目标受众传播品牌的核心价值主张，就有可能和受众建立起忠诚、承诺或伙伴似的长期关系。

第五，核心价值塑造是重中之重。构建品牌导向型企业的核心，是对产品和企业进行品牌化，产品和企业品牌化的关键，则是定位与核心价值塑造。定位是理解与塑造核心价值的过程或手段。

品牌定位，是在理解竞争对手的产品，在顾客心智中位置的基础上，为本企业产品设计品牌、打造差异化的品牌识别，借此在目标顾客的心智中占据独特价值地位的过程（Keller，2008）。通过定位，告诉顾客某个品牌能为他们的生活带来什么独特价值，进而说服他们选择该品牌而非竞争品牌；因而定位还可以理解为一种价值传递机制（Laforet，2010）。

例如，英国著名的面部肌肤与身体护理品牌（The Body Shop），通过产品选材理念（取自大自然）和持续一致的传播沟通，塑造了“自然之美”（nature's way to beautiful）的核心价值主张。这样，顾客一想到纯天然、自然的护理产品，首先会想到品牌（The Body Shop）。

在内容上，定位一般包含三个方面：价格、个性与传播。价格上的定位指定价的高低，人们一般会根据价格判定质量水平，因此需要根据品牌的定位确定定价的高低。个性是指品牌与人有关的一些人格特质。特定的个性塑造，一方面能够赋予品牌象征性含义，塑造品牌的情感价值；另一方面还能使其与竞争对手有效区分开来。定位还与传播密切关联，品牌传播信息的具体观点、风格、语调以及传播媒介的选择，都是品牌定位的内容（Urde，1999；Kapferer，1992）。在流程上，定位包含两个过程：一是探索、理解和描绘顾客心智，然后选择可以占据的位置（品牌识别的确立）；二是设计营销组合，通过整合营销沟通来实现选定的定位（Urde, 1999）。

如果企业通过定位和持续的营销沟通，塑造了清晰的品牌核心价值，则意味着企业已经开发了强势的品牌。目标受众对于强势品牌会有积极的认知和联想，在此基础上，就可能成为品牌的忠诚顾客。乌德等（1999）还强调，一个品牌导向型的企业，可以被视作企业与目标顾客群体之间的联系网络（an associative network）；在这一网络中，信息传播不是单向的，而是持续的、交互的；企业和顾客是品牌识别的共同缔造者。

第六，品牌识别是品牌导向型企业的核心概念，它是品牌持久的、内在价值的表征。品牌导向型的企业，需要持续地思考品牌识别：在特定的社会情境下，品牌象征着什么，具有什么样的含义。另外，还需要不断地思考：企业理解的品牌识别（internal brand identity）是怎样的，目标受众心中理想的品牌识别（external brand identity）又是怎样的，二者存在怎样的差距。基于这些思考，不断塑造品牌识别，提升企业品牌资产。

2.3 品牌导向发展模式的驱动因素与影响结果

2.3.1 品牌导向发展模式的驱动因素

（1）组织氛围。企业战略相关文献指出，企业战略决策或战略导向由企业既有的组织流程（organizational process）所决定，即现有组织结构决定企业战略决策或导向（Hall & Saias, 1980）。据此，组织氛围（organizational context）决定企业的战略导向（Huang & Tsai, 2013）。鉴于品牌导向是引领企业发展的战略导向，因而组织氛围可以决定企业品牌导向的程度。已有研究主要从品牌愿景、支持性的组织文化、跨部门的交流与合作等出发，探讨了组织氛围对品牌导向的影响。

品牌愿景。品牌导向的建立需要高层领导（Hankinson，2001）和组织成员具有共同的品牌愿景（Reid et al.，2005；Urde，1994，1999），需要将品牌核心价值主张和承诺运营于日常经营实践（Baumgarth，2010）。品牌导向型企业的长期目标是实现其品牌愿景，使品牌成为企业最重要的战略资产和竞争优势的来源（Urde et al.，2013）。如果企业高层管理者具有清晰的品牌愿景，员工高度认同品牌愿景和定位，他们在一定程度上将致力于品牌愿景和定位的实践，并将更加努力实现企业领导者所期望的品牌目标。芮德等（Reid et al.，2005）认为，品牌导向型企业应该让所有成员共享品牌愿景和定位，这样会带来员工的品牌赞同和支持行为，从而形成品牌认同与承诺。只有这样，才能创造一个品牌导向型的企业，并依托品牌实现企业愿景和目标。

企业高层管理者的品牌愿景，在中国情境下，与华东师范大学何佳讯教授经常提及的“企业品牌顶层战略”高度类似。“如果问一位成功的创业者，他一定不会认为是仅靠市场营销把品牌创立起来的”（何佳讯，2021）。因此高层的品牌愿景，或者通过品牌实现企业持续发展的战略思维，是企业贯彻品牌导向发展模式的第一决定要素。

支持性的组织文化。组织文化指组织成员共同的信念与期望。这样的信念与期望会衍生出面向个体和群体的一系列行为规范。共同的信念、价值观和行为规范，决定着员工个体和群体的行为，并因此创造一种共同的行为模式（Schwartz & Davis，1981）。为了打造品牌导向型企业，企业需要发展适宜品牌发展的文化（Wong & Merrilees，2005），让所有员工有效地为品牌创造价值。已有实证研究揭示，如果员工对企业有高度的认同感，这样的企业更可能发展成为品牌导向型企业（Huang & Tsai，2013）。另外，鉴于品牌导向的构建是一项长期任务（Urde et al.，2013），如果组织文化倡导长期导向的薪酬体系，即组织主要根据长期绩效支付报酬，企业更有可能会发展成为品牌导向型企业（Huang & Tsai，2013）。

跨部门的交流与整合。构建品牌导向型企业最重要的目标，是发展形成清晰的品牌定位和价值主张。一方面，这需要整合公司各部门人员的专业知识和技能，以形成品牌定位和价值主张（Urde et al.，2013）；同时跨部门的交流与整合，能够让不同部门的员工更好地理解品牌的定位与价值主张，并且有助于他们将对品牌定位和价值主张的理解，应用到日常工作中去。另一方面，品牌定位和价值主张还需要依托整合营销沟通传播出去，这需要企业内不同部门之间的沟通和协调。黄彦棕和蔡雅婷（2013）的实证研究揭示，跨部门交流与整合水平高的企业，更可能发展成为品牌导向型企业。

与之相对应，纪德－琼斯等（2013）以一家大型食品制造企业的品牌复兴与重新定位实践为对象，进行案例研究发现，当企业的不同职能部门未能实现有效交流与协作时，不同职能部门的“部门本位思想”会凸显出来，即各职能部门主要依据本部门面临的关键问题、主要任务、工作方式，而不是整个企业统一的品牌愿景与战略，来制定管理决策，作出管理行动，这样就会导致企业品牌导向实践的失败。

（2）企业能力与资源。乌德等（2013）指出，品牌导向型企业需要基于内部资源与能力的整合来进行价值创造，构建有意义的价值创造流程，借此打造强势品牌。另外，根据资源基础理论（Barney et al.，2001），强势品牌的打造，需要企业整合各种内部资源与能力，来为品牌开发附加值。因此，企业的品牌导向程度，还取决于企业内部资源与能力水平。已有研究考察了产品差异化能力、资源充足性等对企业品牌导向的影响。

产品差异化能力。是否具有突出的产品或服务差异化能力，是构建品牌导向型企业的基础条件。通过产品开发和营销传播活动，创造产品或服务的差异化，能为顾客创造品牌知识（Reid et al.，2005）和积极品牌联想（Keller，2008），同时能够帮助企业明晰自身品牌定位（Keller，2008），这些都是构建品牌导向型企业的重要基础要素（Bridson & Evans，2004；Urde，1994，1999）。一家具有优秀产品或服务差异化能力的企业，能够不断地推出创新、独特和优质的产品，为顾客创造独特附加值；还能够不断为顾客创造品牌知识（Reid et al.，2005），并在顾客头脑中留下强大、有利和独特的品牌联想（Keller，2008）。这有助于企业创建与其他竞争者不同的品牌识别，有利于企业明晰自身的品牌定位（Keller，2008）。因此，产品或服务的差异化能力，是企业创造独特品牌识别，从而塑造品牌导向的基础。

企业资源充足性。根据资源基础理论，塑造品牌导向，需要企业持续不断地在打造品牌识别的营销活动上投入资源（Urde et al.，2013）；并且在品牌识别上的投入属于长期投资，难以在短期内看到回报，因而相应的投入面临较大的不确定性和风险。因此，只有资源较为充足的企业，才更有可能发展成为品牌导向型企业。基于这一逻辑，黄彦棕和蔡雅婷（2013）以中国台湾地区制造企业为对象展开了实证检验，但实证分析结果并不支持资源充足性（resource abundance）显著正向影响品牌导向的假设。对此，他们的解释是，品牌导向是企业或运营层面的战略，企业可以在与目标客户持续互动的过程中，构建品牌识别和品牌资产；在这一过程中，如果企业的资源较为充足，则可以通过多种途径去实现品牌识别和品牌资产构建的目标；如果企业的资源不充足，他们也可以采取一些低成本的营销与沟通方式，如公共关系传播、顾客口碑效应、网络传播来打造品牌识别，构建品牌资产。

不过，黄和梅里斯（2008）的研究指出，如果管理者从观念上认为，资源的充足性是构建品牌导向型企业的前提，而企业资源并不充足时，管理者就会产生品牌障碍（brand barriers），譬如认为“品牌化的活动对本公司而言过于昂贵”“小公司谈品牌并不太合适”；他们的实证分析揭示，这一观念上的障碍会抑制品牌导向型企业的构建。另外，鲍姆加思（2010）基于德国 B2B 行业的管理者调查问卷，实证检验发现，小规模公司的品牌导向程度显著低于大公司。

（3）其他前因。雷琼斯等（Reijonen et al.，2012）还以芬兰的中小企业为对象，基于营业收入、市场份额、盈利能力和企业员工数量等指标，进行聚类分析，将企业划分为成长、稳定、衰退三个发展阶段，然后考察不同生命周期阶段企业品牌导向以及其他战略导向的差异；结果发现，相比稳定和衰退期的企业，处于成长期的企业有更高水平的品牌导向，以及更高的顾客导向和跨职能部门合作。他们还据此认为，对于中小企业而言，品牌导向是决定其成长的关键要素之一。

另外，还有一些研究基于非企业组织情境，探讨品牌导向的前因。譬如，汉金森（Hankinson，2012）以旅游目的地为对象的研究揭示品牌领导力（brand leadership），即高层管理团队对品牌化的理解程度、对品牌化的领导能力、围绕品牌设置愿景的能力、在组织外开展品牌化活动的能力等，是旅游目的地品牌导向的重要决定因素。汉金森（2001）还以慈善组织为对象进行了定性分析，认为管理者的个人愿景、品牌相关的教育与工作经历、支持性的组织文化以及影响组织目标的外部环境因素，会决定慈善组织的品牌导向程度。埃文斯等（Evans et al.，2012）对英国、美国和澳大利亚的知名博物馆进行多案例分析后指出，博物馆强烈的商业导向、创新与果断型的领导行为以及财务资源充足程度，会促进该类组织的品牌导向程度；而馆长支配整个博物馆组织的集权导向、组织结构、组织历史的复杂性，会阻碍博物馆的品牌导向程度。

2.3.2 品牌导向的影响结果

品牌导向对企业绩效影响的相关研究成果如表2－1所示。

表2－1 品牌导向对企业绩效影响的相关研究成果

主要发现	研究国家/地区	样本数据特征	来源
品牌导向对品牌绩效有显著正向影响，并进一步正向影响企业财务绩效；品牌导向通过品牌独特性的中介作用，正向影响品牌绩效	澳大利亚，昆士兰东南部地区	403份来自零售、服务、制造以及其他行业的企业样本	黄和梅里尔斯（2008）

续表

主要发现	研究国家/地区	样本数据特征	来源
品牌导向显著正向影响市场绩效，进而促进企业经济绩效（economic performance）的提升	德国	来自 B2B 行业的 261 份调查问卷	鲍姆加思（2010）
公司层面的品牌导向通过提升员工个体层面的品牌承诺、品牌知识水平和品牌卷入度，提升内部品牌资产，由此进一步促进基于顾客的品牌资产水平	德国	93 家 B2B 企业的高层管理者—普通员工配对样本	鲍姆加思和施密特（2010）
品牌导向显著正向影响财务绩效（营业利润率）；81 家品牌导向程度最高企业的营业利润率，是 53 家品牌导向程度最低企业的近 2 倍	瑞典	263 家来自“瑞典 500 强”企业样本	格罗马克和梅林（2011）
品牌导向显著正向影响品牌绩效	中国台湾地区	108 家有品牌化实践的制造企业	黄彦棕和蔡雅婷（2013）
品牌导向通过品牌识别的完全中介作用，正向影响品牌绩效	芬兰	255 份来自服务型小企业的调查问卷	希尔沃宁和劳卡宁（2014）
只有在变革型领导、跨职能部门协作程度都高的企业，品牌导向才对销售绩效具有显著促进效应	英联邦加勒比地区	108 份跨国公司的子公司样本	波索等（2016）
品牌导向程度高的企业积极向客户沟通其品牌，并且向员工积极进行内部品牌化，借此提升客户体验质量、促进正面口碑效应，最终促进客户积极品牌联想、提升品牌资产	中国大陆	258 份 B2B 行业企业及其客户企业的配对样本	张等（2016）
战略合作伙伴之间的品牌导向（指企业与合作伙伴积极沟通品牌定位，基于品牌开展合作等）显著正向影响企业市场绩效和财务绩效；并且品牌导向同合作伙伴间的市场导向（指企业与合作伙伴共同协作开展各种营销活动以创造顾客价值的倾向）显著交互促进市场和财务绩效	瑞士	169 份来自不同行业、开展跨国经营的、中小企业配对样本	塔吉迪尼和拉滕（2020）
B2B 行业供应商企业的品牌导向通过促进其产权型和知识型资源的投入，进而提升企业品牌绩效	中国大陆	B2B 行业的 178 家供应商企业	黄磊和吴朝彦（2017）

资料来源：根据相关文献整理。

品牌导向的影响结果主要反映在其对企业绩效的影响上。总体上，关于品牌导向对企业绩效影响的研究，尤其是内在影响机制的研究不足（Hankinson, 2012；Reijonen et al. , 2012；黄磊和吴朝彦, 2017）。为了较为具体地揭示已有相关研究成果，表 2 - 1 基于年份的先后顺序进行了整理。

另外，拉福雷（Laforet，2017）基于拥有多个品牌的消费品公司的问卷调查分析发现，贯彻品牌导向有助于公司的品牌聚焦和协调，促进公司对共享愿景和长期导向的重视。劳卡宁等（Laukkanen et al. , 2016）通过分析 328 位芬兰小公司创业者的调研数据揭示，只有当同步实施品牌导向时，市场导向才会通过改进品牌绩效来提升企业财务绩效。此外，汉金森（2012）基于 90 位旅游目的地营销组织 CEO 和董事的调查数据分析发现，旅游目的地的品牌导向程度，显著正向影响其品牌绩效（包括品牌联想、品牌形象和品牌满意度）。

还有研究基于非营利组织情境，探讨了品牌导向的影响结果。比如，刘等（2017）通过对来自非营利组织的 314 份调查问卷进行分析，发现品牌导向能够促进组织员工的角色内（in-role）品牌支持行为；当组织跨职能部门的沟通非常好时，品牌导向还能显著促进员工的角色外（extra-role）品牌支持行为。汉金森（2002）对来自慈善组织的 316 位筹资经理（fundraising managers）的研究发现，相比低品牌导向的筹资经理，高品牌导向的筹资经理能够吸引更多的自愿捐赠。

2.3.3 品牌导向影响企业绩效的作用机制

关于品牌导向影响企业绩效的内在作用机制，已有实证研究主要从内部品牌化（internal branding）的角度进行了初步探索。内部品牌化指企业通过一系列协调的项目培训，让员工掌握企业品牌相关的重要知识，并将品牌知识运用到具体工作实践的过程中（Aurand et al. , 2005）。

鉴于企业品牌资产的创造主要依赖两方面：一是员工对品牌定位与核心价值主张的认同；二是在认同的基础上，将品牌定位与核心价值主张运用于日常工作与决策的实践中去（Hankinson，2001）。因此，在企业品牌导向与绩效之间，员工发挥至关重要的传导作用（Laforet，2010）。一些品牌管理领域的权威学者（阿克，2019；帕克，2019），都强调了内部品牌化对企业贯彻品牌导向、塑造强势品牌的重要作用。

企业层面的品牌导向与相关战略，需要在员工中进行贯彻，才能落实为整个企业的品牌导向行动。企业层面的品牌导向在员工中进行贯彻的过程，就是内部品牌化。

针对服务行业的一些研究指出，内部品牌化对于服务企业实践品牌战略尤为重要，因为服务企业的员工直接面向顾客，他们向顾客传递品牌价值、品牌识别和形象（King & Grace，2006；Papasolomou & Vrontis，2006；Punjaisri et al.，2009）；顾客主要依据他们同企业员工的面对面互动，来感知和形成对品牌的看法（Papasolomou & Vrontis，2006）。然而，希沃宁和劳卡宁（2014）的研究并未发现内部品牌化在品牌导向与企业品牌识别以及品牌绩效之间的显著调节效应：他们原先的假设是，在内部品牌化水平高（vs. 低）的企业，品牌导向对品牌识别和品牌绩效有更显著的促进效应。这可能跟他们的测量工具选取［他们选取黄和梅里尔斯（2008）开发的量表］，以及样本选取（芬兰健身与理疗行业的小公司）有关。

但是，鲍姆加思和施密特（2010）基于B2B行业的实证研究揭示，公司品牌导向的贯彻，会通过提升员工的品牌承诺、品牌知识和品牌卷入度，来提升公司内部品牌资产（internal brand equity，即企业品牌化活动对员工品牌支持行为的促进效应）和基于顾客的品牌资产。张靖等（2016）基于中国B2B企业样本的实证研究也发现，品牌导向通过内部品牌化的中介作用，提升顾客体验质量，进而促进顾客品牌联想和整体品牌资产。

针对员工的品牌化，阿齐兹等（Azizi et al.，2012）还考察了一个类似的概念——内部营销（internal marketing），即通过培训和其他活动的开展，使员工认同和热爱公司品牌，进而积极向顾客传递品牌价值和品牌识别。他们发现，内部营销对品牌导向的贯彻有显著的促进效应，并且内部营销会通过促进品牌导向来提升企业的内部品牌资产。

黄磊等（2017）基于B2B行业供应商企业的样本数据分析发现，品牌导向通过促进供应商企业在产权型资源（指在生产设备、专利开发、分销渠道等方面的投入）和知识型资源（指在合作与创造性技能、知识和经验等方面的投入）上的投入，进而提升企业的品牌绩效。

梳理品牌导向的前因、对绩效的影响效应和作用机制的实证研究，可以发现相关研究主要以欧洲国家和地区为背景，近年来有中国学者也开始进行相关议题的研究。作为世界第一大经济体的美国，鲜有学者针对相关议题开展研究。这可能跟学者们对于品牌以及品牌战略相关议题研究的取向有关系。根据何佳讯（2016）的分析梳理，以凯勒（Keller）为代表的美国学者主要从顾客视角理解与研究品牌（核心构念是基于顾客的品牌资产，Keller，1993）；而以卡普费雷尔（Kapferer）为代表的欧洲学者则从企业视角研究品牌（核心构念是品牌识别，Kapferer，1992）。品牌导向属于企业视角的概念与议题，因此欧洲学者关注较多，而美国学者关注较少。不过，相比顾客视角的研究，企业取向、企业与顾客兼顾取向的研究相对较少，值得我们关注和拓展（何佳讯，2016）。

2.4 品牌导向程度测量

贯彻品牌导向发展模式，是企业塑造强势品牌，实现高质量发展的重要依托。那么如何衡量一个企业的品牌导向程度，自然成为一个重要的理论与实践问题。对此，学者们也进行了一些积极探索，本章节围绕

学界对企业品牌导向程度的量化测量，进行梳理分析，如表2－2所示。

表2－2 品牌导向程度测量

类型	测量题目	来源	信度
量表Ⅰ	（1）品牌化是我们公司发展战略的关键	黄和梅里尔斯，2007；2008	α＝0.94
	（2）品牌化贯穿我们公司所有的营销活动		
	（3）品牌化对我们公司的成功运行至关重要		
	（4）长期的品牌规划是公司未来成功的关键		
	（5）品牌是公司的重要资产		
量表Ⅱ	（1）品牌是我们公司使命和战略的核心	黄和蔡雅婷，2013	α＝0.91
	（2）我们公司的主要目标是通过品牌来打造竞争优势		
	（3）我们公司的所有人都掌握公司产品/服务的价值主张和定位，并且将所掌握的这些知识应用于工作中		
	（4）公司所有人都明白，本公司的品牌和竞争者的品牌有明显不同		
	（5）我们公司整合各种沟通渠道，来向顾客传递公司品牌定位和价值主张，为顾客打造卓越品牌		

资料来源：笔者根据相关文献整理。

基于营利性企业情境的实证研究中，黄和梅里尔斯（2007）首先进行了品牌导向测量量表开发的尝试。他们认为品牌导向的战略思维是企业营销战略认可品牌、具有品牌特色、支持品牌发展；品牌化（branding）是企业决策与战略方向制定的重大议题，是驱动企业发展的主要力量；据此开发了包含5个测量题项的量表，如表2－2中的量表Ⅰ所示。

后续的实证研究进一步验证了该量表的信度与效度（Wong & Merrilees，2008；Reijonen et al.，2012）。然而，正如汉金森等（2012）指出，该量表只是刻画了公司层面对品牌化的重视程度，对于指导企业如何实施品牌导向的具体内涵维度的体现不够。为此，鲍姆加思（2010）基于B2B企业情境，开发了包含价值观、规范、制度和行为四个维度的品牌导向量表。但是该量表在指导B2C行业的企业构建品牌导向上也存在明显局限。

为此，黄彦棕和蔡雅婷（2013）进一步根据乌德（1994；1999）以及芮德等（2005）关于品牌导向型企业的描述与界定，设计了新的品牌导向测量表（见表2－2中的量表Ⅱ），用来测量一个企业的品牌导向程度。具体地，第1题、第2题测量企业在多大程度上将品牌视为资源与战略的中心；第3题、第4题测量企业员工在多大程度上理解品牌的核心价值，并将这一理解应用到日常工作当中去；第5题刻画企业在多大程度上基于同目标顾客的持续互动，来塑造品牌定位与价值主张。该量表一方面较为简练，另一方面考虑了先前量表内涵体现不足的问题。

另外，黄和梅里尔斯（2005）还采用多案例研究方法，专门开发了用于识别中小企业品牌导向程度的分类方法（见表2－3）。他们根据中小企业是否重视营销、是否重视品牌化、是否有品牌化活动等，将中小企业的品牌导向程度划分为三个阶段：最低、早期和整合阶段。

表2－3　　中小企业品牌导向程度分类

类型	品牌化活动	品牌独特性	品牌导向程度	品牌绩效
最低品牌导向	管理层不重视营销、无品牌意识	低	低	低
早期品牌导向	公司重视营销，仅有一些非正式的品牌化活动，一般还被视为可有可无；促销手段有限，主要依靠口碑	低/中	中	中
整合品牌导向	公司重视营销和品牌化，有正式或非正式的品牌化活动，品牌化不再被视为可有可无；促销手段多样化	中/高	高	高

资料来源：Wong，H. Y. and Merrilees，B. A brand orientation typology for smes：A case research approach［J］. *Journal of Product & Brand Management*，2005，14（3）：159.

此外，黄和梅里尔斯（2005）基于非营利组织情境，提出了非营利组织品牌导向（nonprofit brand orientation）概念，即产生和维持一种共享品牌含义的组织流程，这一流程为利益相关者提供卓越价值，为组织带来卓越绩效。在此基础上，他们开发了非营利组织品牌导向测量表，具体包括互动（interaction，衡量组织在多大程度上与关键利益相关者开展对话、对环境变化作出反应）、协调（orchestration，衡量品牌资产组合与相关营销活动安排的合理程度，以及将相关安排有效地向内外部利益相关者传达的程度）、情感（affect，衡量组织在多大程度上了解——关键利益相关者在多大程度上喜欢/不喜欢该组织、喜欢/不喜欢该组织的什么方面、为什么喜欢/不喜欢）三个维度，共计12个题项。

品牌导向与企业高质量发展的逻辑关系

揭示高质量发展对企业当下和未来发展的重大意义以及企业品牌导向的内涵后，企业该如何追求高质量发展？其实，无论是国家政策层面，还是理论层面，都已经有了明确的方向。

3.1 政府的呼吁

国家层面，中央政府出台的系列政策文件，已经给出了明确的答案。比如，国务院办公厅于2016年6月份就发布了文件《关于发挥品牌引领作用推动供需结构升级的意见》。这个文件的标题，体现了它的政策含义，就是通过品牌引领，来推动企业升级。这个文件开头的第一句是："品牌是企业乃至国家竞争力的综合体现，代表着供给结构和需求结构的升级方向。"

《中华人民共和国国民经济和社会发展第十四个五年规划和2035年远景目标纲要》在第十二章"畅通国内大循环"部分，明确提出："开展中国品牌创建行动，保护发展中华老字号，提升自主品牌影响力和竞争

力，率先在化妆品、服装、家纺、电子产品等消费品领域培育一批高端品牌。”国家层面的政策文件明确表明：重视品牌，打造品牌，依托品牌构建竞争优势，是企业追求高质量发展的重要依托。

2021 年品牌国际（Interbrand）发布的《全球最佳品牌百强》榜单中，排行前 10 的品牌及其估值如表 3－1 所示。其中 7 个是美国品牌，前三大品牌占总榜价值的 1/3。排名第一的“苹果”，品牌的无形资产价值达到了 4082.51 亿美元。

表 3－1　　2021 年 Interbrand 全球最佳品牌榜十强及其估值

排名	品牌名称	品牌价值（亿美元）
1	苹果	4082.51
2	亚马逊	2492.49
3	微软	2101.91
4	谷歌	1968.11
5	三星	746.35
6	可口可乐	574.88
7	丰田	541.07
8	梅赛德斯奔驰	508.66
9	麦当劳	458.65
10	迪士尼	441.83

资料来源：笔者根据 Interbrand《2021 全球最佳品牌榜》整理。

这也是为什么国家层面现在高度重视品牌的原因之一。美国是世界第一大经济体，有一批非常强势的品牌。他们的品牌非常强势，所以在世界范围之内，他们很多产品和服务的市场占有率，利润率都非常高。举个具体的例子，即使本章写作时的 2022 年 2 月份，仍处于中美贸易摩擦的大背景下，在京东商城的手机销售排行榜上，“价格高昂”的苹果系列手机（iPhone13、iPhone12、iPhone13 Pro）仍处于销售量的前三名。

政府层面显然已经意识到了品牌的战略价值和意义，倡导我们的企业要重视品牌，依托品牌构建企业的可持续竞争优势。通过塑造强势品牌，去推动企业高质量发展。

3.2 微笑曲线的意指

“微笑曲线”理论（见图3-1）的内涵，也意指品牌对企业高质量发展的重要战略意义。该理论由中国台湾地区宏基集团创始人施振荣先生（1996）提出。先简要介绍一下微笑曲线的含义。

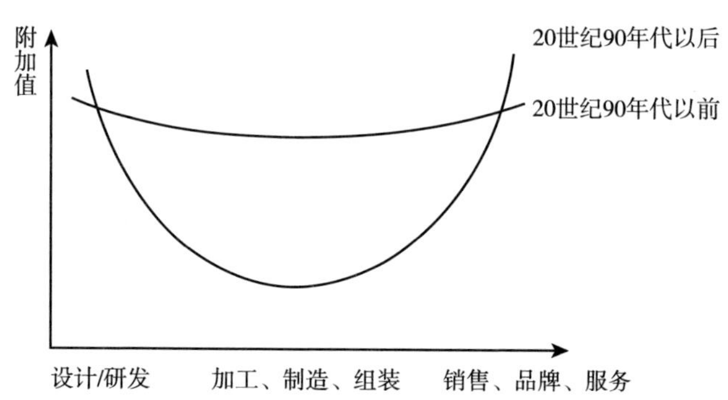

图3-1 微笑曲线

微笑曲线的横轴为“产业链”，代表一个行业从最初的设计与研发，到中期的原材料购买和加工、产品制造与组装，以及后期的品牌/营销整个过程。纵轴表示不同产业链环节对应的附加值高低。根据微笑曲线理论，在20世纪90年代以前，产业链的不同环节，所贡献的附加值差别不大。到了20世纪90年代以后，曲线左端的“设计/研发”环节，和右端的“品牌/营销”环节，所创造的附加值、不断高于中间的“加工、制造、组装”环节，也就是实体制造环节。两条曲线相交，看起来像一个微笑的笑脸，所以被命名为“微笑曲线”。

微笑曲线说明，20世纪90年代以后，前端的设计/研发，后端的品牌/营销环节所创造的附加值，远远高于中间的实体制造环节。

实践中大量的实例都支持了“微笑曲线”理论的有效性。比如辽宁葫芦岛的泳装、法库的瓷砖等，相关企业都是做“微笑曲线”的中间制

造环节，都是给一些品牌企业代工。品牌企业做微笑曲线的两端，做前期的设计/研发，后期的品牌/营销工作。葫芦岛的泳装厂商给欧洲品牌做贴牌，一套泳装卖给品牌企业5欧元，品牌企业拿到欧洲市场和国外市场，则售价达到50~200欧元不等。

事实上，一些优秀的，高质量发展的企业，B2C行业如苹果与华为，B2B行业如IBM与杜邦，都在微笑曲线的两端做得非常出色。所以，企业的高质量发展，意味着要在技术研发、品牌/营销两个大的方面都要非常出色。在国内，技术研发已经受到政府和众多企业的重视，但是品牌/营销还缺乏重视。

3.3　强势品牌的战略利益契合高质量发展内涵

谋求高质量发展的企业，必须重视品牌，贯彻品牌导向，实施品牌战略。培育强势品牌给企业带来的战略利益如表3－2所示。

表3－2　强势品牌的战略利益

视角	利益
企业发展视角	（1）品牌是企业实现可持续发展的根本依托 （2）品牌塑造是实现盈利增长的依托 （3）品牌是信任的关键来源 （4）强势品牌有助于企业在整个供应链上获取优势地位 （5）延伸强势品牌以支持新业务 （6）吸引与维系优秀员工队伍 （7）更强有力的商务合作和支持 （8）营销传播效果更强 （9）有机会进行特许经营
顾客视角	（1）更高的感知 （2）更高的忠诚度 （3）更不易受到竞争的影响 （4）更不易受到危机的影响 （5）涨价时顾客反应的弹性更小 （6）降价时顾客反应的弹性更大

3.3.1　企业发展视角的利益

（1）品牌是企业实现可持续发展的根本依托。对于想要可持续、高质量发展的企业，品牌是企业实现可持续和高质量的根本依托。核心观点是：产品是有生命周期的，而如果经营得好，品牌可以没有生命周期（卡普费雷尔，2020；拉弗雷，2012）。通过产品生命周期（见图3－2）和品牌生命周期（见图3－3）的对比，予以说明。

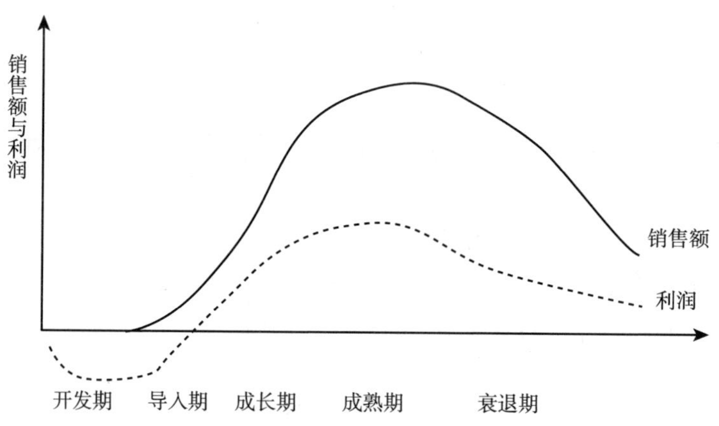

图3－2　经典的产品生命周期模型

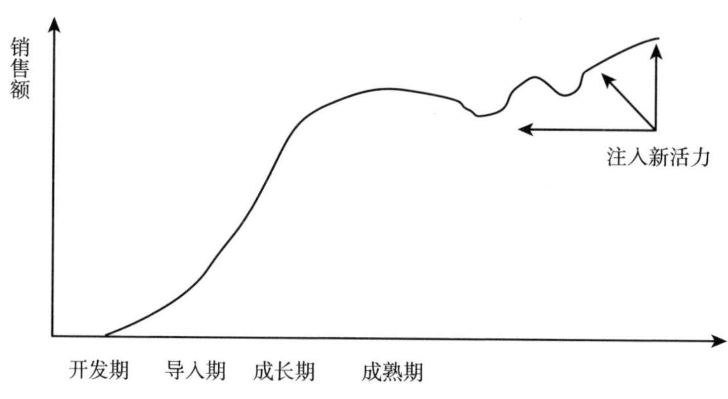

图3－3　品牌的生命周期

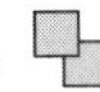

图3－2是经典的产品生命周期模型，分为开发期、导入期、成长期、成熟期和衰退期。绝大部分的产品，都遵循这个模式。图3－3是品牌生命周期的图示，如果品牌经营得好，在品牌发展的过程中，能够持续地为品牌注入新的活力和新的品牌联想，品牌可以没有生命周期，可以永续经营。

比如IBM（国际商业机器公司），在如下不同的年代，主营不同的产品：

20世纪三四十年代：钟表、穿孔卡片（早期电脑存储介质）；

20世纪50年代：打字机、电脑；

20世纪60年代：主机；

20世纪七八十年代：依托计算机飞速发展；

20世纪90年代以来：从硬件制造商转型为信息技术和业务解决方案公司。

纵观IBM 100多年的发展历程，不同的产品经历不同的生命周期阶段，产品不断迭代，然而它的品牌一直在稳步地发展。形成了IBM强大的品牌资产：人们关于IBM品牌竞争力的认同、对品牌的信任与尊重等。这些品牌资产一直在不同的产品之间传递与传承，不断支撑着IBM公司的持续与高质量发展。

全球制造的驱动、知识共享的强化、设计共享等，再加上企业越来越容易获得相同的财务资源、国际化的分销渠道，导致企业质量标准、生产成本越来越趋向一致（Ohnemus，2009）。对此，品牌对企业可持续发展显得日益重要。

对于市场而言，创新和时间都很重要，但是它们的战略价值正在逐渐丧失。因为竞争者同样能够在很短的时间之内模仿创新。丹麦艾法史密斯公司（FLSmidth）在水泥行业就遭遇了来自中国同行的巨大挑战。这意味着在当前的竞争环境下，品牌化成了公司获取持续竞争优势的唯一不多的法宝。良好定位的强大品牌，给公司提供了强有力的竞争壁垒，增加了信息效率，并有助于公司吸引顾客，因为品牌能够降低顾客购买的感知风险，有助于顾客感知购买决策的正确性，也有助于公司在分销渠道和定价上获得竞争优势。

企业品牌化（塑造强势品牌）是一个具有先行者优势的战略“游戏”，谁先建立强势品牌，就可能在竞争过程中建立竞争优势；当越来越多的企业构建品牌，没有强势品牌的企业将被慢慢边缘化（Ohnemus，2009）。慢慢地，品牌将成为重要的竞争壁垒（Leek & Christodoulides，2012）。

（2）品牌塑造是实现盈利增长的依托。企业品牌的声誉越好，企业越可能拥有竞争优势、获取超额利润。奥内默斯（Ohnemus，2009）的研究指出，从战略角度来看，采用平衡企业品牌战略的 B2B 公司，其股东的回报率通常会高出 5%～7%。莱希尼格和恩科（Leischnig & Enke，2011）的研究也表明，稳定的品牌识别，会促进降低感知风险，构建客户品牌忠诚，促进企业获得更高的溢价。另外，洪堡等（2010）的研究揭示，在 B2B 情境下，品牌知晓提升市场绩效，进而提升销售利润率；市场的产品同质性越高（vs. 低），技术动荡性越强，客户购买的时间压力越强时，品牌知晓对市场绩效的影响越大。

从现实的案例来看，不论是 B2C（企业面向消费者）还是 B2B（企业对企业）行业，品牌塑造都是企业实现盈利增长的重要依托。

比如扫地机，同样是“家卫士”生产的产品，以“家卫士”品牌进行销售，售价只有 300～500 元不等，如果是贴牌的“飞利浦”（家卫士代工），售价则为 2000～3000 元不等①。一个公司生产的扫地机，一样的品质，为国际大品牌做贴牌（比如飞利浦扫地机），在市场上的零售价是国产品牌的好几倍。这说明强势品牌意味着更高的利润率，塑造强势品牌是实现盈利增长的重要依托。

表 3－3 基于 2011 年的数据，比较了合同制造商（没有品牌只给国

① 销量 10 万＋的扫地机器人：贴上大牌卖 1 千多，摘了牌子无人问［EB/OL］. 搜狐网，2019－7－20.

际品牌做代工的企业）、拥有自有品牌的合同制造商、B2B 全球企业、全球消费类品牌企业从利润率差异（库马尔和斯廷坎普，2013）。拥有强势品牌的企业，经营利润率显著高于没有品牌（合同制造商）或者品牌有待提升的企业（HTC）。

表 3－3　　　　不同类型企业的财务指标比较（2011 年）

	合同制造商	拥有自有品牌的合同制造商	B2B 全球企业	全球消费类品牌企业	
	鸿海（富士康）	HTC	华为	苹果	宝洁
销售收入（10 亿美元）	117	16	29	108	83
毛利润率（%）	7	28	40	41	51
研发支出（%）	1	3	9	2.5	3
经营利润率（%）	2	15	14	31	19

资料来源：尼尔马利亚·库马尔，扬－本尼迪克特·斯廷坎普．品牌突围［M］．北京：中国财富出版社，2013：52.

（3）品牌是信任的关键来源。品牌承载了产品质量、持续跟进服务，以及附加情感和象征利益的承诺（卡普费雷尔，2020）。因而强势品牌是信任的关键来源。在现代的商业社会，企业经营中最稀缺的就是信任。

这里讲一个小案例故事。2013 年，沈阳一家代理霍曼门业的老板找笔者去做咨询，他主要的业务是绿色农业。他在辽宁和吉林的农村，承包了很多的农地和山地，开展绿色农业种植和养殖。比如绿色花生、鸡蛋、猪肉，等等。通过开展绿色农业业务，进一步拓展他们公司的业务领域。绿色农产品生产出来之后，最难解决的问题就是销售。如何把生产出来的绿色产品销售出去呢？他们发现：最大的挑战就是顾客的信任。

因为是绿色产品，所以他们产品的零售价都很高。比如一个绿色的鸡蛋要卖 3 元/个，市面上的其他普通的鸡蛋只需要几毛钱。面对这样的情况，最大挑战的就是信任问题。事实上，如果有绿色需求的顾客，相信他们的产品是绿色，就会愿意以相对高的价格去购买他们的产品。然而现实是，由于信任的缺乏，他们生产出来了很多绿色的产品，只能在老板的有限“朋友圈”中进行销售。面向更广大的消费者就卖不动了，因为缺乏信任。

那么如何解决信任的问题呢？想一想，为什么消费者愿意花 1 万元去买新款的 iPhone 手机，愿意花 7000 ~ 8000 元买华为手机？因为人们信任“苹果”“华为”品牌的产品质量、质量承诺、售后服务，以及品牌所承载的情感和象征利益。所以，在当前的商业社会，品牌塑造是解决信任问题的重要途径。

（4）强势品牌有助于企业在整个供应链上获取优势地位。比如英特尔在电脑行业，可口可乐在软饮料行业，都因为具有强势品牌在整个供应链上处于主导地位。

这里再分析一个小案例：格兰仕。格兰仕的简要发展历程如下（库马尔和斯廷坎普，2013）：

—1978 年，在广东顺德桂洲镇，政府管理人员梁庆德创办桂洲羽绒公司，加工鸭毛和鹅绒；

—20 世纪 90 年代早期，该厂年销售额大约 1900 万美元；

—1992 年改弦易辙，王庆德与日本东芝签订协议，为对方生产 1 万台东芝品牌的微波炉；

—企业改名为广东格兰仕集团，最终收购了东芝的微波炉部门；

—在扩大合同制造业务的同时，格兰仕设法向上海销售其自有品牌的微波炉；

—1995 年格兰仕已获得国内市场 25% 的份额；

—1998 年，占据中国市场一半的份额；

—1998 年，启动全球营销战略，开始重视品牌塑造；

—2006 年，确立“百年企业 世界品牌”愿景；开始从世界工厂向世界品牌转型。

—2017 年，格兰仕首批入选“新时代品牌强国计划”；

—2021 年，控股“惠而浦中国”①。

① 资料来源：格兰仕官网。

以上历程，反映了格兰仕从“合同制造商”向“B2C 全球品牌商”的根本转变。随着“格兰仕”品牌的逐渐发展提升，格兰仕从一个小厂，成为微波炉乃至家电行业供应链上的一个核心角色。2021 年，格兰仕甚至成了国际品牌“惠而浦”的控股股东。当然，整个过程需要：投资打造研发能力、让创新成为世界级职能、培养品牌塑造、推广和营销能力。

（5）延伸强势品牌以支持新业务。延伸强势品牌以支持新业务，是很多企业希望打造“强势品牌”的另一个重要动机。比如，华为在 B2B 市场上赢得了积极品牌声誉和市场影响力之后，进军 B2C 市场开展手机、电脑、手表等消费品业务，就变得更为容易。人们关于华为品牌声誉、影响力的积极认知，能够很容易转移到新的消费品上来。再如“格兰仕”在微波炉领域成为最具影响力的品牌之后，再进军洗碗机、电饭煲、电烤箱等产品领域，就更容易赢得消费者的认可和购买。

（6）吸引与维系优秀员工队伍。优秀的员工希望去优秀的企业工作，那如何判断一个企业是否优秀呢？企业是否有强势的品牌就是一个明显的标志。比如，优秀的大学毕业生都希望去“华为”这样的企业工作。所以，拥有强势品牌，有助于企业吸引与维系优秀的员工队伍。优秀的员工队伍，是企业高质量发展的智力保障。

（7）更强有力的商务合作和支持。拥有强势品牌的企业，更容易获得强有力的商务合作与支持。比如更容易从金融机构获得融资，更容易获得上游供应商的合作与支持，也更容易获得下游渠道商的合作与支持。

（8）营销传播效果更强。强势品牌的营销传播，更可能引起社会公众、社交媒体以及传统媒体的注意。同时需要注意的是，强势品牌的负面事件也更容易引发负面舆论。这要求强势品牌需要以更高的要求和规范，比如更高的质量标准与伦理道德标准，引导自己的行为。

（9）有机会进行特许经营。企业如果拥有强势品牌，还有机会进行特许经营。这在一些 B2C 的行业尤其明显。比如“赛百味”，在中国就有众多的“特许加盟店”。赛百味的母公司，每年都能从众多的特许加盟店中，获得巨额的特许加盟费。

3.3.2 顾客视角的利益

（1）更高的顾客感知。拥有强势品牌，会带来更高的顾客感知。比如消费者一看到耐克的“对号”和“Nike”英文字符，脑海中可能就会联想到：国际大牌、顶尖运动品牌，以及它的口号“Just do it”（勇敢去做）。这些积极的认知，是促进顾客购买的非常重要的因素。因为这些积极感知，强势品牌更容易赢得顾客的信任与喜爱。

（2）更高的忠诚度。无论是 B2C 还是 B2B 行业，强势的品牌，会更容易让顾客从情感上、态度上以及行为上忠诚于品牌，忠诚于企业。比如，虽然当前中国和美国经济贸易关系比较紧张，但“苹果”手机在中国大陆仍然卖得很好，仍然有很多中国消费者喜欢它。这就是强势品牌对顾客忠诚度的贡献。对品牌忠诚的顾客，从认知、情感和行为上，都表现出对品牌的支持。而这正是品牌和企业所渴望的结果。

（3）更不易受到竞争的影响。强势品牌能给顾客带来更积极的认知和联想，带来更高的顾客忠诚。所以，拥有强势品牌的企业，更能经受住竞争者的挑战。如果企业有强势品牌，竞争者很难将其顾客抢走。

（4）更不易受到危机的影响。如果企业拥有强势的品牌，更不易受到经营危机的影响。在企业经营的过程中，一旦发生了经营危机，如果有强势品牌，企业会更容易度过危机。比如 2018 年“海底捞”在北京，被爆出后厨有老鼠，卫生不合格的事件之后，形成了很大的“舆论危机”，但海底捞在及时回应、诚挚道歉、积极配合政府监管部门的整改之后，很快就度过了“危机”①。可以试想一下，如果没有强大的品牌，换

---

① 海底捞承认后厨有老鼠，网友炸锅了［EB/OL］. 搜狐网，2017－8－28.

作另外一家餐饮企业，爆出来如此负面的事情，后果会是怎样？没有强势品牌的加持，一般企业很难经受得住类似舆论危机的影响。

再如2021年12月份，知名咖啡品牌“星巴克”在无锡的两家门店被曝光使用过期食材、篡改生产日期的负面事件后①，虽然在短期内对星巴克造成很大的冲击。但随着时间的推移，人们更相信那只是无锡那两家门店的“个案”问题，而不是星巴克的普遍问题。强势品牌，有助于企业抵御经营危机。

（5）涨价时顾客反应的弹性更小。针对强势品牌，涨价的时候，顾客的反应弹性更小。就是说针对强势品牌，客户更看重的是品牌本身，看重的是品牌产品和服务的功能和感性价值。顾客在作购买决策的时候，主要的注意力不在价格上面，而在品牌与品质上面。所以对于强势品牌，产品涨价的时候，顾客的需求不会出现显著的下降。

（6）降价时顾客反应的弹性更大。强势品牌降价，对顾客需求的激发效果更显著。比如，“苹果”手机降价1000元，“特斯拉”电动汽车降价2万元，对这些品牌的偏好者而言，会显著激发他们的购买欲望。当然，从品牌塑造的角度而言，降价或打折对品牌塑造并不利。经常的折扣对品牌的塑造是有显著负面影响的。一是折扣破坏了品牌高端的形象；二是折扣会将消费者的注意引导到价格上来，而价格不是强势品牌产品吸引顾客的优势。

3.3.3 强势品牌支撑中国企业由大到强

前文的分析表明，培育强势品牌，会有很多的战略利益，尤其是持续传承企业的品牌资产，赢得更高的利润率，获得品牌延伸的机会，获得更强的商务合作与支持，等等。此外，企业一旦拥有强势品牌，上述

---

① 星巴克无锡两门店因篡改标签、使用过期食材被罚超百万元［EB/OL］. 央广网，2022-2-10.

战略利益会是长期的、持久的。所以实践界人士常说：企业竞争到最后，是品牌的竞争。拥有强势品牌的企业才能获得竞争优势，才能可持续高质量发展。

虽然强势品牌依托产品和服务，但品牌的主要附加价值，形成于顾客的心理。品牌很大程度上是“活”在顾客心里的，是基于顾客“心智”打造出来的，而顾客的心智是不会轻易改变的。所以说，拥有强势品牌有几点优势。

（1）让企业从小到大。拥有强势品牌能帮助企业扩张市场，积累资金，获得“从小发展到大”的宝贵资源。

（2）让企业由大到强。仅仅建立在“营业收入”上的强大，不是真正的强大，只有建立在强势品牌基础上的强大，才是真正的强大。

（3）让企业由强到久。品牌，能够让强大的公司从优秀到卓越！

所以，希望中国的企业和企业家，树立“品牌导向意识”，重视品牌和品牌战略，走上依托品牌构建竞争优势，实现高质量发展的康庄大道！

3.4 品牌导向发展模式与高质量发展

高质量发展的核心目标是围绕各行业与各领域的质量提升，加速推进供给侧结构性改革，促进“中国制造”由低端迈向中高端，最终培育中国经济增长的新动力，同时满足人民不断升级的消费需要（“制造质量强国战略研究”课题组，2015；中国社会科学院工业经济研究所“质量强国”研究课题组，2017）。

在企业层面贯彻品牌导向发展模式，是宏观层面实现高质量发展目标的重要路径。贯彻品牌导向发展模式，支撑高质量发展目标实现的逻辑如图 3 – 4 所示。

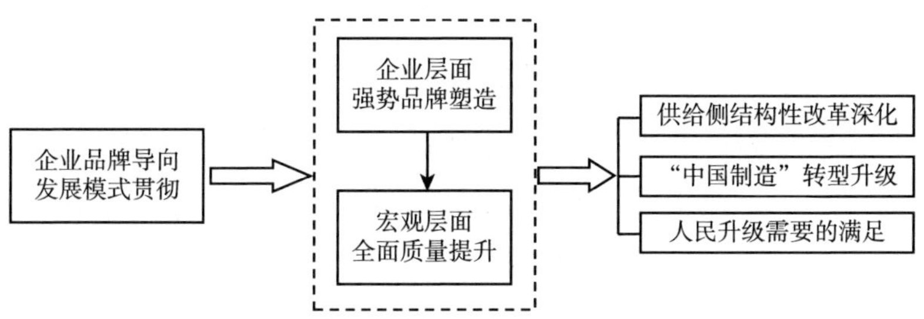

图3-4 贯彻品牌导向发展模式对高质量发展目标的支撑逻辑

3.4.1 对全面质量提升的支撑

品牌是比产品和服务质量更高阶的事物，高水平的产品和服务质量，是企业塑造强势品牌的前提与基础（Keller，2008；拉弗雷，2012）。一个不遵守严苛产品与服务质量标准的企业，是不可能塑造品牌的。凯勒（Keller，2008）基于顾客的品牌资产模型中，品牌资产的重要构成维度之一，就是“感知质量”。因此，贯彻品牌导向发展模式的企业，必然要重视产品和服务质量的提升。如果中国企业都贯彻实施品牌导向发展模式，势必带动宏观层面产品和服务供给质量的全面提升。

以消费者常用的“电饭煲”为例。国内一些企业受到中国消费者“赴海外”抢购国外品牌“电饭煲”的刺激，纷纷开始强化品牌塑造，打造国产品牌的高品质电饭煲，借此吸引国人购买。国内企业重视品牌塑造的意识和行动，客观上提高了中国国产“电饭煲”产品的质量水平。比如“苏泊尔”“美的”“格力”“小米”“九阳”等品牌，近几年在强化品牌塑造的同时，向市场推出了多个系列的高质量电饭煲产品。

3.4.2 对深化供给侧结构性改革的支撑

供给侧结构性改革的关键是要“矫正要素配置扭曲，扩大有效供给，提高供给结构对需求变化的适应性和灵活性”（陈世清，2016）。贯彻品牌导向，既要求企业深刻理解外部顾客需要和市场竞争，又要求其依托内部品牌塑造满足顾客需要并打造竞争优势（Urde，1994，1999；Urde et al.，2013）。深刻理解外部顾客需要和市场竞争，就是要求企业结合自身行业和产品特点，深刻洞察顾客对本企业产品或服务的核心需要，依托产品和服务向顾客提供卓越价值。依托内部品牌识别塑造满足顾客需要，就是结合企业自身优势和产品独特特点，依托品牌打造独特的价值主张，比竞争者更好地满足顾客核心需要和欲望。

因此，贯彻品牌导向发展模式的企业，一方面，将更好地根据顾客需要来开展产品研发与生产；另一方面，不断思考如何结合自身特点和优势，向顾客传递独特的品牌价值主张。这在逻辑上有助于企业矫正要素配置，扩大有效市场供给。

3.4.3 对“中国制造”转型升级的支撑

根据“微笑曲线”理论（施振荣，1996），“中国制造”从低端的“加工、组装、制造”向中高端转型，除了技术研发，还必须依靠强势品牌的培育（施振荣，1996；中国社会科学院工业经济研究所“质量强国”研究课题组，2017）。贯彻品牌导向发展模式是企业培育强势品牌的可靠路径（Boso & Carter，2016；Laukkanen et al.，2016；Lee et al.，2017；Urde et al.，2013），因而是促进中国制造转型升级的重要支撑。

3.4.4 对满足消费者升级需要的支撑

消费升级背景下，品牌成为人们购买决策时最具决定性的因素；品牌也是消费新时代满足人们升级需求最重要的载体（何佳讯，2016，2017）。以品牌为导向的企业，通过塑造品牌引领顾客需要，更可能促进中国消费者升级需要的满足（Urde，1999；Urde et al.，2013）。

3.4.5　避免质量盲目

品牌导向发展模式的贯彻，还可能避免一味强调高质量造成的潜在负面效应，即一味地强调产品高质量，可能会使企业盲目追求技术先进和高质量，忽视对消费者需要的深刻洞察（郑毓煌，2016）；最终导致企业生产出高质量、高技术的产品，但并不是消费者真正需要的产品。

技术先进的产品，可能并不是顾客真正需要的产品。比如20世纪90年代的“铱星手机”，依托遍布全球的卫星网络，能够实现全球无死角的高质量通信。然而，这样先进的手机，由于成本高昂，因而手机的销售价格也非常高，导致顾客不能接受。实际上，铱星手机“全球无死角通信”这一“优越功能”，并不能为绝大部分的顾客带来价值感知。绝大部分的普通居民，平常不会去大海航行，不会去沙漠等人烟稀少的地方旅行，因而铱星手机“全球无死角通信”对他们并无价值。更何况，当时的铱星手机价格还是普通手机的3~5倍（郑毓煌，2016）。

因而贯彻品牌导向发展模式，会促使企业基于顾客的需要，去追求高质量产品研发与供给，避免盲目地、脱离顾客需要的高质量研发与生产。

3.5　品牌战略的内核

3.5.1　品牌

在具体分析品牌战略的内核之前，先来厘清一下到底什么是品牌。品牌的主要定义是：品牌是一个名称、专有名词、标记、标志，设计或者是上述的综合，用于识别一个销售商或销售商群体的商品与服务，并且使之与竞争对手的商品和服务区分开来。这个定义主要有三个方面的含义，第一，是符号层面的含义，是独特的名称、标志、标记等；第二，品牌是用来识别某个企业，某个企业的产品和服务的符号；第三，品牌能够将企业的产品和服务与竞争者区分开来。

在今天的中国，其实企业想塑造品牌，可能并没有想得那么难。在短期之内，可以说，品牌是一份关于质量、品质和服务的承诺。在目前这样一个整体产品质量水平有待提升的市场环境下面，如果哪个企业能够坚持不断地提升产品和服务的质量，不断地塑造高品质的产品和服务，就有可能打造品牌，打造具有知名度、美誉度和市场影响力的品牌。比如"农夫山泉"公司近年打造的"17.5°橙"品牌，就是依靠现代化的筛选技术，帮消费者挑选出优质的赣南脐橙[①]。经过十多年的高品质坚持，现在该品牌赢得消费者的广泛喜爱，也形成了较高的品牌溢价。

在长期，随着中国质量强国战略的不断推进，越来越多的企业不断提升产品和服务质量，品牌还得按照现代品牌管理理论去塑造。现代品牌管理理论认为，品牌主要由以下三个方面构成。

第一，就是前述定义提到的，主要是一些名称和符号层面的内容，反映品牌象征符号层面的东西。当然，品牌的名称与独特的Logo，也是品牌塑造非常重要的内容。因为根据"锚定效应"，人们接触某个事物时的第一印象或者突出信息，在很大程度上决定了人们对该事物的态度与偏好。消费者接触一个品牌，是从其名称与Logo开始的。因此品牌名称的特点（比如双字组合、积极寓意、响亮发音），Logo的积极特征与寓意，成为品牌塑造的重要内容。

比如"17.5°橙"，品牌名称就呈现了产品特点：橙汁的糖酸比为17.5°；而这个比例意味着橙子的口感最佳。再比如农夫山泉旗下的"NFC果汁"，看到这个名字，消费者肯定好奇"NFC"是什么含义；仔细看产品包装NFC下面的注释：not from concentrate，就是"非浓缩还原汁"的意思。通过品牌名称，就凸显了产品的卖点：鲜果冷压榨，非浓

---

① 连续十年，他是怎么卖爆17.5°橙的？[EB/OL]. 搜狐网，2019-12-20.

缩还原果汁。

第二，品牌概念，也被称作品牌识别。指的是品牌卓越的价值主张。这个主张，可能是功能层面的，也可能是心理层面的。比如以现在比较火的智能手机为例。“小米 10：1 亿像素、拍照更清晰”。拍照清晰，这是一种功能层面的价值主张。当然还有“vivo”手机一直强调的“拍照更美”，就是一种心理层面的价值主张。

然而，正如戴维·阿克等所言，最能俘获人心的，是品牌的“情感利益、自我表达利益和社会利益”（阿克和王宁子，2019）。基于感性价值塑造品牌概念，或品牌识别，更可能“俘获人心”。超越功能性利益，打造情感和自我表达利益，可以给竞争对手设立更有效的障碍，因为功能性利益很容易被模仿，但自我表达利益、情感利益和社会利益，企业的价值观、文化和品牌个性很难被模仿复制（阿克和王宁子，2019）。

第三，体验。就是围绕产品、服务以及企业的一线人员，如何给顾客带来卓越的体验。顾客的体验，在现代的品牌管理理论中越来越被重视。特别是在社交媒体发达的时代，顾客体验越来越重要。顾客想要跟企业有交互，想要参与到品牌产品或服务的一些价值创造过程中来。

这个是一个非常重要的问题，比如“乐纯”榴莲酸奶的开发，从产品创意的产生、产品的研发、改进到上市，全程顾客参与，最终打造为“爆款”酸奶[①]。戴维·阿克在其重要著作《品牌大师》的开篇就说：“一个品牌不仅仅是承诺的兑现，它更像一段旅程，一段基于消费者每次与品牌接触的感知与经验而不断发展的消费者关系”（阿克和王宁子，2019）。同样说明品牌给消费者的每一次体验都至关重要。

在 B2B 行业，品牌体验主要反映在与供应商销售代表的人际交互体验上。比如销售代表的专业性、产品知识、正直、可靠等。因此，B2B 企业的品牌塑造，对员工的品牌培训（也叫内部品牌化），让员工知道、

---

① 张思萱，周宁，韩小汀，王颖玲，曹鑫．从一盒酸奶到食品王国：乐纯的精益创业之路［J］．清华管理评论，2021（4）：109－117.

理解、认同品牌识别或核心价值主张非常重要。第9章将专门予以探讨。

所以，根据现代的品牌管理理论，品牌主要由三个方面构成，第一是品牌的符号层面（品牌名称、Logo），以及符号所反映出来的象征性含义；第二是品牌的独特价值主张（一般通过品牌口号、也叫品牌箴言来体现）；第三是品牌给顾客带来的体验。

3.5.2 品牌战略内核

了解了品牌的本质，接下来再讨论品牌战略的内核。所谓品牌战略的内核，简单地理解，也就是在今天的市场环境下面，企业要打造品牌，关键的着力点是什么？在今天这个时代，移动互联网快速发展，微信、微博、今日头条、抖音、快手等社交媒体快速兴起，在这样的时代，企业该如何以相对低的成本去打造品牌？

结合理论和笔者近些年的研究，主要着力点有以下四个。

（1）企业领导者的思维问题。思维问题，具体又包括两个方面，第一个方面是要打破中小企业不能搞品牌建设的观念约束；以前，人们认为中小企业没钱、没人，能存活就不错了；但是在今天这个社交媒体赋能的时代，要意识到中小企业也可以搞品牌。

比如“乐纯”酸奶，2015年起步于北京三里屯一个只有35平方米的小工厂，创业两年之内销售便突破了10亿元；现在广泛进驻米其林餐厅、世界各大五星级酒店、各大高级进口超市①。再比如“花点时间”，2015年才创立的鲜花电商B2C平台“花点时间”，依托线上分销和传播渠道开展经营与品牌建设，现在已经成为国内鲜花市场具有较高市场认知和影响力的品牌。

领导者思维的第二个方面，战略上要有品牌思维。企业要做品牌，

① 张思萱，周宁，韩小汀，王颖玲，曹鑫．从一盒酸奶到食品王国：乐纯的精益创业之路［J］．清华管理评论，2021（4）：109－117.

首先要求企业管理者，尤其是高层管理者，树立品牌导向的思维。企业的品牌战略是“企业的顶层战略”（何佳讯，2017）。就是说，品牌战略不是企业用来促销的短期策略工具，而是帮助企业打造长期竞争优势的长期战略资产（卢泰宏，2020）。企业要想建设品牌，首先需要高层管理者将品牌放在企业战略的重要位置。

如果领导不重视，品牌建设无从谈起。领导要从战略上要重视品牌，要意识到品牌对现代企业构建竞争优势、获取超额利润的关键作用。要意识到，企业之间的竞争，最终都会落脚到“品牌”的竞争上来。企业只有打造强势品牌，才可能基业长青。戴维·阿克在其《品牌大师》中也表达了类似观点：“品牌建设是战略性的，而不是为刺激销量而采用的战术手段”（阿克和王宁子，2019）。

知名品牌管理研究学者库马尔和斯廷坎普（2013）根据对多位中国企业家的访谈，也明确指出了中国企业领导者在思维上的问题：

“中国企业家和管理人员更重视制造、工程和财务这些‘硬科学’，他们觉得那些煽情的品牌活动无聊而空洞，甚至觉得这些事情和他们没有关系”“形成鲜明对比的是，推动可口可乐、耐克这些全球消费品牌经营模式的，正是对这些无形资产的大笔投入”“打造一个类似丰田、索尼、三星这种真正的标志性品牌，往往需要几十年的时间，中国企业的财务模型一般不看好这种具有高度不确定性的长期大额投资，这种投资—回报比例不符合中国企业的风险偏好，他们过于急功近利”（库马尔和斯廷坎普，2013）。

（2）企业品牌定位与品牌识别。通俗的理解，就是企业的品牌想要在市场上给人们一种什么样的身份认知，或者想要以一种什么样的“身份”标签，展示在世人面前。这个身份标签可以是产品功能层面的独特“卖点”，比如，“格力空调，一晚只需一度电”“农夫山泉，大自然的搬运工”。还可以是心理层面可以给人留下的“积极联想”，比如，“水中贵族百岁山”“vivo 照亮你的美”。

品牌定位的意思，就是相比于竞争者的品牌，企业的品牌靠什么去吸引顾客？具体来说，就是要思考：相对于竞争者，企业品牌有什么独特的利益？顾客为什么要相信这个品牌？这两个问题思考清楚，关于品牌定位，可能就会找到答案。

品牌识别，就是在品牌定位的基础之上，品牌渴望创造和维持的一组独特的功能和心理联想（拉弗雷，2012）。比如，一说到“沃尔沃”，很多人会想到“安全”，打造安全可靠的车，是沃尔沃多年的执着追求，这也是沃尔沃的品牌识别。品牌识别以品牌定位为基础，是品牌长期坚持和追求的“价值主张”。也就是，一想到这个品牌，顾客会“联想”。

需要指出的是，现代品牌管理理论日益重视品牌的心理联想或无形价值。品牌管理欧洲学派代表人物卡普费雷尔（2020）指出，品牌应该依靠两条腿走路：即持续的好产品（不断的创新）和无形价值（分享情感）。他认为：竞争者总会模仿你的产品，但无法模仿品牌的价值主张与愿景等，品牌的无形价值无法被替代（卡普费雷尔，2020）。因此，仅靠产品开发和创新来摆脱竞争对手的做法，已经越来越难了。现在企业越来越意识到，品牌的重要性在于不仅仅是作为消费品市场的营销工具，品牌本身可以是公司的关键战略资产（拉弗雷，2012）。他进一步指出：品牌如果没有无形价值（赋情、赋意），就只是“优质”的代名词（卡普费雷尔，2020）。

因此，品牌的无形价值是企业构建竞争优势，打造竞争壁垒的重要依托。强势品牌必须要有“情感和联想价值”。“亚洲品牌的传播只聚焦于产品，除非有巨额预算，否则难以被人记住；年复一年，LG、三星或海尔的营销传播聚焦于一代又一代的技术创新，却没有留下任何印记”（卡普费雷尔，2020）。因此真正的品牌塑造需要情感和联想价值。为此，需要清晰地回答品牌为什么而存在，对应的就是品牌使命。

为此，卡普费雷尔指出：品牌建设，从一开始就要着手打造独特的情感和联想价值。“如果新品牌不能从一开始即创立和推出之时就传递价值，那么它几乎不可能成为一个大品牌”（卡普费雷尔，2020）。品牌管理知名学者帕克等（2019）也指出：品牌是功能的、象征的和体验的。

（3）制定并实施基于互联网逻辑的品牌传播方案。这一块大致有两种路径，一是企业主导的路径，就是在明确品牌定位和品牌识别的基础之上，企业充分发挥员工的聪明才智，围绕品牌定位和品牌识别，设计一些非常有趣的传播内容，然后依托社交媒体进行传播，借此引爆社交网络。比如上海家化集团的“家安”空调清洁剂，产品研发出来之后，主要靠拍摄有趣短视频的方式，在短视频网站上传播产品和品牌；以极低的成本实现了非常好的传播效果①。

二是与网络上的一些意见领袖进行合作。比如说找跟企业品牌形象相匹配的网络红人进行合作，传播品牌。当前社交媒体时代比较流行的两个概念：关键意见消费者（KOC）和关键意见领袖（KOL），是中小企业依托社交媒体传播品牌的重要合作对象。2015 年创业，近年来快速发展的零售企业品牌“名创优品”，大量采用与 KOC 和 KOL 的合作，快速提升“名创优品”品牌的知名度和市场影响力（木兰姐，2021）。

（4）品牌价值的评估与持续提升。经过一段时期的品牌传播，企业还需要对传播的结果有一个检验，就是品牌价值的评估。不论是采用什么样的品牌传播方案，经过一段时期的品牌推广之后，要对传播的效果进行评估与控制。具体来说，顾客对品牌识别的认知与理解，是否有明显的提升。

对于符合预期计划的推广活动与内容，在后续要继续去做。而对于未达到预期的推广活动和内容，要进行修改和调整。其中尤其需要注意的是，企业需要调查：目标顾客心理上理解的品牌识别，与企业期望打造的品牌识别是否一致？如果不一致，就要找原因，调整传播方案与内容，或者修正企业品牌识别的内容。最终，经过一轮又一轮的品牌传播，不断提升品牌的市场认知度与影响力，打造强势品牌。

① 家安空调清洁剂广告 - 谍战剧 - 胡戈［EB/OL］. 优酷网，2012 - 10 - 03.

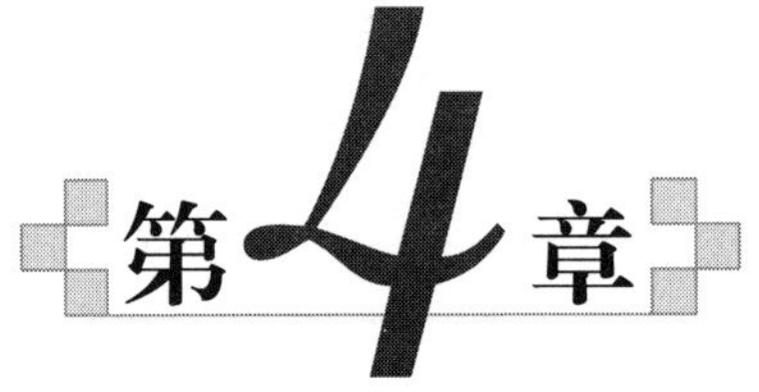

第4章 品牌导向发展模式的优越性实证检验

理论上，企业贯彻品牌导向发展模式，能够有力支撑高质量发展战略目标的实现，微观层面也是企业依托品牌构建竞争优势的重要依托。那么，相比传统的竞争导向和顾客导向发展模式，品牌导向发展模式在指引企业发展上能否带来更卓越的绩效？本章将通过实证研究，对比考察传统的竞争导向、顾客导向与现代学者提出的品牌导向对企业绩效的差异化影响效应，来回答这一问题。

4.1 问题提出

战略导向是企业为了获得持续的卓越经营绩效、创造合适的战略行为而贯彻的战略方向（Gatignon & Xuereb，1997；Menguc & Auh，2005；Narver & Slater，1990）。以竞争为导向的企业密切监控竞争者的战略举措，并基于自身的优势和劣势进行及时的反应，期望借此获得竞争优势。以顾客为导向的企业则强调对目标顾客的需要和欲望进行深刻理解，在此基础上通过持续的顾客价值创造和顾客维系来获得竞争优势（Menguc & Auh, 2005）。高层管理者秉承的战略导向不同，企业的战略行为也将出现差异，最终导致企业经营绩效的差异。

以往的研究指出，企业获得持续竞争优势和卓越绩效的关键是，持续并且比竞争对手更好地为目标顾客创造卓越价值（Slater & Narver, 1995；Narver, Slater & Tietje, 1998）。因此，已有文献倡导企业要聚焦于顾客和竞争者（Gatignon & Xuereb, 1997；Menguc & Auh, 2005；Narver & Slater, 1990）。以顾客为导向的企业，持续地关注理解目标顾客的需要和欲望，为目标顾客创造卓越价值（Narver & Slater, 1990）。以竞争为导向的企业，则强调对当前以及潜在重要竞争者的短期优势与劣势、长期能力与战略的理解（Deshpande et al. , 1993；Narver & Slater, 1990），关注如何比主要竞争者更好地满足顾客需要和欲望（Zhou & Li, 2007）。

然而，在当前的市场环境下，一方面，消费者的需要不断升级；另一方面，移动互联网的广泛应用，让企业的竞争与发展范式发生深刻变革。这使得传统竞争和顾客导向的弊端不断显现。聚焦于竞争的企业，密切关注竞争对手的行动并力图作出及时（被动的）反应，这可能导致企业缺乏稳定的发展战略（Day, 1999）；疲于应对竞争而忽视对目标顾客核心诉求的理解与回应（Deshpande et al. , 1993）；将企业引向“同质化”竞争、“价格战”的旋涡（郭斌, 2001；王伟光, 2001）。

而聚焦顾客的企业，专注于理解并迎合不断变化的顾客需要，可能导致企业热衷于追求短期顾客满意与市场份额，忽视对顾客未来需要变化趋势的深刻洞察（Shapiro et al. , 2004）；只重视小的产品改进，忽视重大的产品创新（Frosch, 1996）；忽视持续、一致、稳定的品牌识别塑造（Urde, 1999）。

传统竞争和顾客导向的弊端，促使人们思考：在当前的市场环境下，聚焦于竞争和顾客的战略导向，在多大程度上还能够帮助企业获取卓越绩效？传统的竞争、顾客导向在预测企业绩效的变化上还具有多大的解释力？企业是否应该追求新的战略导向或导向组合？

为了应对传统竞争与顾客导向的弊端，近年来，学者们开始倡导一种新的战略导向——品牌导向。品牌导向是指企业在与目标顾客持续互动的过程中，围绕品牌识别（brand identity）的建立、发展与保护来开展管理，最终让企业依托品牌实现竞争优势的一种战略导向（Urde，1999；Urde et al.，2013）。品牌导向是与竞争、顾客导向相关联，但存在明显差异的企业发展战略导向。后两者是建立在顾客需要和欲望、竞争者等外部因素基础上的战略导向（Jaworski & Kohli，1993）。而以品牌为导向公司的首要目标，是通过长期、一致的品牌识别塑造，建立强大的品牌，将品牌作为企业资源配置和战略制定的核心（Urde et al.，2013）。

根据以上论述，在当前的市场环境下，针对传统的竞争与顾客导向，以及近年来学者们倡导的品牌导向，哪一种或哪种组合在预测企业绩效的变化方面更具有解释力，需要探索和验证。本章对此展开探讨。

4.2 理论背景与研究假设

4.2.1 竞争导向

竞争导向（competitor orientation）是指企业专注于了解现有和潜在竞争者的短期优劣势、长期能力和战略，并据此制定行动策略（Naver & Slater，1990）。波特（1985）曾指出，竞争优势是竞争性市场中企业绩效的核心决定要素。因此，为了获取持续竞争优势，竞争导向的企业将竞争对手作为参照对象，分析自身和竞争对手的优劣势，旨在保持同步或领先于同行竞争对手（Han，Kim & Srivastava，1998）。

以竞争为导向的企业，首先，通过在目标市场上获取竞争对手信息，并将其在组织内部进行分享扩散（Narver & Slater，1990）。其次，企业分析当前与潜在竞争对手的短期优劣势、长期能力与战略，尤其是关注竞争对手在满足顾客需求上的整套技术能力，在此基础上快速响应竞争者行动，从而有针对性地发展自己的竞争优势，创造更卓越的顾客价值（Porter，1985；Narver & Slater，1990）。因此，竞争导向对于企业来说，一方面，可以使企业更好地理解市场，更准确地预测竞争对手动机，更快地满足顾客需求；从而留住老顾客，招揽更多的新顾客，并吸引潜在顾客（Slater & Narver，2000）。另一方面，可以帮助企业抵御风险，防御对手的攻击，权衡竞争对手与企业自身的优劣势；从而有助于企业比竞争对手更快地发现市场机会并采取行动，助力企业获得相对竞争优势。

因此，早期的研究认为竞争导向会对企业绩效产生促进作用（Narver & Slater，1990；Li et al.，2008；Renko et al.，2009）。事实上，早期的一些研究发现，竞争导向正向影响顾客满意度与忠诚度（Kohli & Jaworski，1990）；贯彻竞争导向发展模式，会带来高的顾客满意度与重购行为，以及高的员工团队精神、工作满意度和组织承诺水平，最终促进企业绩效（Li et al.，2008）。此外，以竞争为导向的企业，在成本和投资上更有效率，具有抢占市场先机和价格溢出等优势，因而往往比竞争对手具有更好的盈利能力（Day，1999）。

但随着市场环境的变化和相关研究的深入，也有学者指出过度重视竞争导向可能对企业是有害的。竞争导向的企业发现竞争对手实施新的策略，就必须改变他们的战略或战术以应对变化，因而竞争导向型企业的战略总是不稳定的，结果就可能导致低的顾客满意度和绩效（Day，1994）。并且，不恰当的竞争导向策略，可能遭到竞争对手的激烈对抗（Chen，1996），从而产生无谓的资源消耗，加剧行业竞争。

因此，贯彻竞争导向，可能会导致企业疲于应对竞争对手的策略，而忽视顾客的真正利益诉求，从而负向影响顾客满意度。再加上日趋激烈的行业竞争，最终可能对企业绩效会产生负面影响。

4.2.2 顾客导向

顾客导向（customer orientation）指企业充分了解目标市场的顾客需求，并持续地将顾客利益放在第一位以创造企业价值的战略导向（Narver & Slater，1990）。彼得·德鲁克（2009）甚至认为，企业的唯一目标就是创造顾客和顾客满意。以顾客为导向的企业，积极关注顾客的需求、态度以及行为，希望充分了解顾客心目中关于本企业产品的独特价值（Narver & Slater，1990），以及预测顾客需求的变化，同时还希望通过创新，为客户提供更符合其需要的产品和服务。

顾客导向实际上是一种企业文化和经营理念。顾客的利益是第一位的，促使企业能够始终关注顾客需求。企业一旦认可了这种文化，便会体现在行动上。例如，一方面，顾客导向的企业更可能产生跨部门的合作，从而有利于信息在组织范围内的传播和理解（Deshpandé，Farley & Webster，1993）。这使得企业各个部门和所有员工都能了解顾客的需求，进而在生产产品和提供服务时，积极回应顾客需要。另一方面，顾客导向的企业，会更加重视公司的售后服务，积极回应顾客的不满和抱怨，关注顾客满意度。因此，企业优先考虑顾客的利益，并渴望得到顾客的认可。企业围绕顾客的努力，会增强顾客对企业的承诺（Han et al.，1998），获得顾客的满意，培养更多忠诚的顾客，最终促使企业获得更大的市场份额和利润。因此，顾客导向程度高的企业更容易实现卓越绩效（Kohli & Jaworski，1990；Slater & Narver，1995）；因为他们比顾客导向程度低的企业更好地满足客户需求，为顾客创造更卓越的价值（Morgan & Strong，1998）。

每一种战略导向的存在，都有其相匹配的市场环境。大的市场环境发生改变后，企业的战略导向也可能需要进行调整。在当前互联时代，顾客的需求结构、购买动机以及企业竞争的条件和方式都在不断变化，顾客导向的局限性也体现出来。

首先，现在的消费者每天都接收海量的信息，拥有众多表达想法的渠道。导致企业面对的消费者需求日益多样化，难以准确把握消费者真实需要。由此，企业对顾客需求的判断可能会产生偏差或失误，从而引致经营混乱和竞争力下降。

其次，与顾客导向相伴随的高顾客满意度，可能致使企业不思进取，只追求细小的产品改进和短视的研发方案（Frosch，1996）。这样，企业可能在不知不觉中丧失重大创新的动力和能力。

最后，以顾客为导向的理念，还可能与企业社会和伦理责任相抵触；以顾客为导向的企业为了迎合顾客需要，同时追求自身利益，往往会出现浪费能源、污染环境以及损害消费者长期利益的现象；同时，还可能导致企业忽视创造、创新能力以及战略目标。

特别是，高度的顾客导向，可能并不利于企业品牌的塑造，从而不利于企业长期竞争优势和超额利润的获取。以中国的智能手机行业为例，众多企业追求“顾客导向”。它们不断地打造一些差异化价值点，来吸引顾客购买与使用。比如，“充电五分钟、通话两小时”“前后两千万像素、拍照更清晰”“1 亿像素、拍照更清晰”。不断地通过手机的充电、拍照等功能创新来吸引顾客。事实上，在短期内，这些策略在吸引顾客、促销销售上，确实取得了不错的效果。从近几年中国智能手机销售量的快速增长上，就可以看得出来。

然而，在长期，以顾客为导向的经营策略，并不利于产品品牌的塑造。以某智能手机品牌为例，近些年先后推出了如下传播口号：“充电五分钟，通话两小时”“引领 4G，至美一拍”“这一刻、更清晰”“前后 2000 万，拍照更清晰”“AI 智能拍照，让美更自然”等不同的口号[①]。这样不断变化的“口号”，显然不能在长期的经营中，留给消费者“长期、

---

① 李帆，张笑．从产品生命周期理论探究 OPPO 手机的品牌发展策略［J］．中国集体经济，2017（28）：66－67.

清晰、一致”的“品牌识别”（品牌独特的功能和心理联想），不利于品牌识别的塑造。也就是说，长期地贯彻顾客导向发展模式，不断地通过打造新的“差异化价值点”去吸引顾客，最终不能在顾客脑海中留下关于品牌的清晰、一致、稳定的品牌识别。这样显然不利于企业强势品牌的塑造，不利于品牌资产的提升。

4.2.3 品牌导向

顾客导向发展模式强调要以顾客为中心，仅关注“满足目标顾客的欲望和需求”。与之对应，近年学者们提出的品牌导向，更加强调组织的使命、愿景和价值观，挑战“顾客总是正确的”战略导向范式。品牌导向发展模式，要求企业在品牌框架内满足顾客的欲望和需要（Urde et al.，2013）。品牌导向战略不仅关注顾客需要与欲望，更是将品牌置于公司战略的核心位置（Urde et al.，2013），将品牌作为资源分配和战略制定的中心（Urde，1994；1999）。因而可以将品牌导向理解为指导企业发展的一种新战略（Lee et al.，2017；Urde et al.，2013）。

鉴于将品牌作为关键的战略资产，可以帮助企业创造价值与竞争优势，能够转变为战略资产，从而为企业带来许多有价值的资源（Ngo & O' Cass，2008；Urde et al.，2013）、持续的竞争力（Azizi et al.，2012；Reid et al.，2005；Wong & Merrilees，2005；Urde，1999）以及持久的成功（Ghodeswar，2008；Glynn，2010）。同时，强大的品牌是顾客重复购买的保证（Grace & O' Cass，2005；Opoku et al.，2007）。品牌导向为发展强大品牌提供了一种整合机制。因此，品牌导向是当前市场环境下，企业构建竞争优势的重要依托（Baumgarth，2010；Napoli，2006；Urde，1994；Wong & Merrilees，2005，2008）。

根据资源基础理论，企业竞争优势来源于企业的特殊资源；特殊资源应当是有价值、稀缺、难以模仿、难以替代，并且能够以低于价值的价格为企业所取得（Barney，1991）。对企业而言，品牌正是这样一种特殊的异质性资源，具有价值性、难以模仿性和稀缺性，拥有良好品牌的企业往往能够获得品牌溢价，收获超额利润。以品牌为导向，提高品牌知名度、美誉度和忠诚度，改善企业形象，可以提升企业竞争力并获取超额利润。具体而言，企业可以利用自身的品牌效应，在与供应商的合作中掌握主动权，获取讨价还价的能力，降低企业产品生产成本；另外，良好的品牌能够有助于企业获得消费者的认可，扩大销售规模，降低企业的库存和损耗，这在一定程度上能够加快企业资金的周转速度，提高企业利润。

综上，竞争导向和顾客导向作为传统的战略导向，对企业发展产生了重要的影响。然而随着市场环境的变化和科技的进步，尤其是在当前互联时代，顾客导向和竞争导向的局限性凸显出来。品牌导向作为一个新的战略导向，强调依托品牌进行资源分配与战略制定，打造有独特定位和价值主张的品牌是该战略的核心（Urde，1999；Urde et al.，2013）。可以说，相比竞争与顾客导向，品牌导向与当前移动互联时代的市场环境、消费者需求特征有更高的契合度。据此，提出如下假设：

H_{4-1}：相比竞争导向和顾客导向，品牌导向对企业绩效有更显著的正向影响效应。

4.2.4 品牌导向与顾客导向的交互效应

品牌导向的核心主张是，基于品牌阐述企业的核心价值观和承诺，并让其指导企业的运营方式；并且将基于品牌的核心价值观和承诺，转化为外在顾客价值（Lee et al.，2017）。品牌导向体现了一种由内至外的发展范式，强调通过持续的品牌识别塑造，来满足外部顾客的需要和欲望（Huang & Tsai，2013）。乌德（1999）通过对雀巢、杜邦、利乐以及法玛西亚普强公司的案例研究发现，在品牌导向的公司，组织目标是围绕品牌来创造价值，品牌（而不是无条件地满足顾客需要）是企业与目标客户互动的战略平台，公司愿景与使命都围绕品牌来阐述核心价值创造。

与之相对应，顾客导向体现了一种由外至内的企业发展范式（Urde et al.，2013）。顾客导向（人们经常将其与市场导向等同起来，见 Deshpandé et al.，1993）是建立在消费者需要和欲望等外部因素基础上的战略导向（Jaworski & Kohli，1993）。以顾客为导向的公司，追求在目标市场中更好地识别顾客需要和欲望，并且比竞争对手更有效地满足这些需要和欲望（Slater & Narver，1998）。

在乌德等（1999）最初提出品牌导向时，人们倾向将其同顾客导向对立起来，认为品牌导向是顾客导向的替代。但在随后的案例研究中，研究者们发现，两者其实可以有机结合起来（Urde et al.，2013）。现实中，两类导向可以结合为“顾客—品牌导向”或“品牌—顾客导向”，前者指企业起初关注于顾客需要和欲望，在随后的经营中发现品牌识别的塑造也至关重要，由此，企业最终发展成为“顾客—品牌导向型”企业；这类企业首要强调的是市场与顾客，但品牌识别同样显著地影响企业的文化与战略行为（如瑞典的 Electrolux 公司）。

后者指企业首要重视的是企业品牌识别（企业希望持续向顾客传达的定位和价值观主张），但企业也重视顾客如何看待与理解品牌，顾客的需要和欲望也显著地影响组织文化和企业战略行为（如 Volvo 公司）。将倡导由内至外的品牌导向（品牌识别驱动）和由外至内的顾客导向（顾客需要与欲望驱动）有机结合起来，可能会产生更好的绩效（Urde et al.，2013）。据此，提出如下假设：

H_{4-2}：顾客导向和品牌导向显著交互影响企业绩效，即顾客导向和品牌导向程度都高的企业，有更好的绩效水平。

4.2.5　品牌导向、品牌绩效与财务绩效

品牌导向理论认为，品牌是公司资源和战略的中心（Urde，1994；

1999），整个企业应该将品牌作为长期经营的目标，借此创造价值和提高竞争力。品牌导向被视为旨在实现增长和盈利的战略选择（Urde, 1994）。黄和梅里尔斯（2007；2008）的研究指出，品牌导向能够通过声誉、强大的品牌感知、品牌忠诚来提高营销绩效。当一个公司具有较高的品牌导向程度时，它也将具有较高的品牌绩效，如更好的品牌忠诚度、品牌知名度和声誉等（Aaker, 1996；Urde, 1999）。

品牌绩效是一个公司进行品牌营销活动后产生的结果（Wong & Merrilees, 2005），它反映了一个品牌在市场上的成功程度（O' Cass & Ngo, 2007；Wong & Merriles, 2007）。凯勒（2014）将品牌绩效定义为由客户对某个品牌的了解，而引起的一系列品牌营销活动的不同效果。品牌绩效反映了品牌的经济价值，体现了品牌的获利能力。品牌绩效在表现形式上有财务绩效和非财务绩效，财务绩效表现形式包括品牌溢价和市场占有率，非财务类绩效表现形式可分为品牌知晓度、联想度以及忠诚度（朱梅, 2007）。高水平的品牌绩效，最终将通过顾客的积极认知、联想、忠诚等，转化为市场份额、盈利能力以及销售增长率方面的财务绩效。据此，提出如下假设：

H_{4-3}：品牌导向通过促进品牌绩效，进而正向影响企业财务绩效。

接下来，研究一通过抽取上市公司样本和人工判断的方式获取数据，检验假设 H_{4-1}和假设 H_{4-2}；研究二基于管理者问卷调查获得的数据，进一步检验假设 H_{4-1}和假设 H_{4-2}的外部效度，并检验假设 H_{4-3}。

4.3　研究一：基于二手数据

4.3.1　数据来源及样本特征

2017 年 6 月，通过国泰安 CSMAR 数据库获得全部中国上市公司证券代码，然后利用 SPSS 的随机抽取功能，抽取 40% 的样本。共抽取 1164 个有效样本点，剔除被“ST”的样本，最终有 1114 份样本进入最终数据分析。根据抽取样本的证券代码，进一步从 CSMAR 数据库中，提取或人工判断上市公司相关变量数据。

所抽取的样本公司的描述性统计特征如下，截至 2016 年底，公司成立年数均值 M = 17. 67 年，标准差 SD = 5. 42；2016 年底公司员工人数均值 M = 6431. 82 人，SD = 22277. 13；国有企业 404 家（CSMAR 数据库中股东实质控制人类型为“国有企业”“集体所有制企业”“行政机关、事业单位”“中央机构”“地方机构”的界定为国有企业），非国有企业 675 家，所有制性质缺失 43 家；董事长年龄均值 M = 54. 70 岁，SD = 7. 12；董事长受教育程度方面，大专以下占 48. 2%、大专 6. 6%、本科 14. 9%、硕士 24. 6%、博士及以上 5. 9%；董事长的性别方面，男性占 95. 0%，女性占 5. 0%。

4. 3. 2　变量测量

关于竞争和顾客导向的测量，具体参考格雷等（1998）、邓和达特（1994）、纳维尔和斯莱特（1990）以及雷琼恩等（2012）的实证研究，提炼相应的测量量表。竞争导向测量量表是：（1）我们公司定期监控竞争对手的营销投入；（2）我们公司经常收集竞争对手的营销数据，以指导我们自己的营销计划；（3）我们公司的员工被授意监督和报告竞争对手的活动；（4）我们公司会对竞争对手的行动快速做出反应；（5）我们公司的高层管理者经常讨论竞争者的行动。

本书研究根据这 5 个方面，提炼了 5 条人工判定标准，分别是企业年报中是否提及：（1）监控竞争对手；（2）收集竞争对手信息；（3）员工关注竞争对手；（4）对竞争对手作出反应；（5）高层关注竞争。然后参考克什米尔和马哈吉（2017）的研究方法，让两位研究生助手根据每家被抽中上市公司样本 2014 年和 2015 年的年报，独立判断每家公司 2014 年、2015 年的竞争导向程度。具体是根据 5 点打分法赋值，如果样本公司在上述 5 个标准上都“完全不符合”，则赋值 0；若有 1 个方面符合，赋值 1；2 个方面符合，赋值 2；3 个方面符合，赋值 3；4 个及以上方面符合，赋值 4。最后，两位研究生针对二者判断有明显差异（赋值差别在 2 以上）的样本进行协商，再确定一个协商的结果作为判定值。

顾客导向的测量量表：（1）我们公司一直围绕产品在寻找方法，来为顾客创造更好的价值（顾客价值）；（2）我们公司鼓励顾客发表意见和投诉，因为这有助于我们做得更好（顾客反馈）；（3）我们公司的经营目标受顾客满意度驱动；（4）我们公司定期测量顾客满意度（顾客满意度）；（5）售后服务是我们公司经营战略的重要组成部分（售后服务）；（6）我们公司对顾客有很高的承诺（顾客承诺）。

类似地，让另外两位研究生助手独立判定所抽取样本公司 2014 年、2015 年的顾客导向程度。如果针对“顾客价值”“顾客反馈”“顾客满意度”“售后服务”“顾客承诺”5 个方面，样本公司提及 4 个及以上方面，则赋值 4；提及 3 个方面，赋值 3；提及 2 个方面，赋值 2；仅提及 1 个方面，赋值 1；1 个方面都没提，赋值 0。同样，让两位研究生针对有明显差异的判断值进行协商后，再确定一个新的赋值。

品牌导向的测量，根据乌德（1999）、乌德等（2013）对品牌导向的定义，芮德等（2005）对品牌导向型企业的界定，并参考黄彦棕和蔡雅婷（2013）关于品牌导向型企业前因和影响结果的研究，通过如下 5 个题项，来衡量一家企业的品牌导向：（1）品牌是公司使命和战略的核心；（2）公司的主要目标是通过品牌打造竞争优势；（3）公司的所有人都掌握公司产品/服务的价值主张和定位，并且将所掌握的这些知识应用于工作中；（4）公司所有人都明白，本公司的品牌和竞争者的品牌有明显不同；（5）公司整合各种沟通渠道，向顾客传递企业品牌定位和品牌价值主张，并建立品牌附加价值。

根据这5个方面，衍生出5个判定标准：（1）品牌是否为公司的战略核心；（2）是否依托品牌形成竞争优势；（3）在业务层面是否强调品牌；（4）是否提及面向员工的品牌相关培训；（5）公司的营销沟通方面是否提及品牌。参照黄彦棕和蔡雅婷（2013）关于品牌导向的量化研究，让另外两位研究生助手独立根据上述5个判定标准，基于6点量表给出判定分[①]，5个及以上方面都符合，品牌导向赋值“5”，4个方面符合赋值“4”，以此类推，都不符合赋值“0”。两位研究生同样对于有明显区别的判定值进行协商和再赋值。

另外，品牌导向的测量还通过年报中“品牌”一词出现的次数，这一客观指标来进行测量。我们的逻辑是，在年报中提及品牌的次数，能够反映公司层面依赖和重视品牌的程度。具体针对每家样本公司的年报，统计其中“品牌”一词出现的次数。最终参考克什米尔和马哈吉（2017）的做法，将两位研究生对品牌导向的主观评分以及客观的品牌次数统计，都计算标准化得分。然后综合这两个得分，得到企业的品牌导向程度得分。本书研究中，基于2014年年报主观判定的品牌导向程度和客观的“品牌”出现次数两者高度相关，皮尔逊（Pearson）相关系数 $r = 0.61$，$p < 0.001$；主客观标准化得分的两个指标的一致性信度为 Cronbach's $\alpha = 0.75$；基于2015年年报判定的两个指标的相关系数 $r = 0.63$，$p < 0.001$；主客观两个指标的 Cronbach's $\alpha = 0.77$；具备良好的一致性信度。

企业绩效的测量。主要选取两个指标：总资产净利润率、每股收益，来衡量企业的财务绩效水平。具体是从国泰安CSMAR数据库，根据本书研究抽样上市公司的“证券代码”，匹配获得各样本公司2015年12月31日和2016年12月31日的总资产净收益率和每股收益数据。之所以还收

① 品牌导向的判定根据6点量表赋分，而竞争、顾客导向的判定根据5点量表赋分；这是因为品牌导向的判定工作先完成，中间研讨总结时，两位研究生助手指出赋分差距大会给判定工作增加难度；于是，后期开展竞争和顾客导向判定时，采用了5点量表赋分法。为了保障品牌导向判定的有效性，参考克什米尔和马哈吉（2017）最近的研究，补充了“品牌”一词在年报中出现次数的统计，通过主客观两种方式提高品牌导向测量的可靠性。

集2016年底的绩效数据，是想考察基于2014年、2015年的年报信息判定的竞争、顾客以及品牌导向，是否对企业2016年的绩效仍然有显著影响，考察研究结果的稳健性。

控制变量方面，收集了样本企业的"在职员工人数"来衡量企业规模、企业所有制性质（根据实际控制人性质判定）、成立年数（截至2016年12月31日）；还收集了样本企业领导者（CEO或董事长）的性别、年龄（截至2016年12月31日）、最高学历信息。另外，考虑到企业所属行业的潜在影响，还针对行业设计了两个虚拟变量：是否为制造业（1=是，0=否）、是否为服务业（1=是，0=否）。

4.3.3　数据分析及结果

首先，为了反映所抽取样本公司的竞争、顾客和品牌导向程度，对研究采集的相关变量进行描述性统计，结果如表4-1所示。

表4-1　样本公司的竞争、顾客和品牌导向程度均值和标准差（N=1114）

变量	竞争导向		顾客导向		品牌导向		"品牌"出现次数	
	2014年	2015年	2014年	2015年	2014年	2015年	2014年	2015年
均值	2.76	2.88	1.49	1.55	2.56	2.92	7.12	9.38
标准差	0.69	0.69	1.04	1.04	1.41	1.31	11.46	13.45

注：因为针对每家样本企业，都根据其2014年、2015年两年的年报进行判断，因此每个变量都对应有两个年份的值。

接下来，为了考察竞争、顾客和品牌导向对企业绩效的差异化影响效应，采用最优尺度回归（categorical regression）对所采集样本数据进行分析。因为最优尺度回归能够"根据标准化系数和相关系数计算出自变量在模型中的重要程度""某自变量的重要性系数越大，表明该自变量对因变量的预测越重要"（张文彤和董伟，2013）。在分析中将因变量"总资产净利润率""每股收益"设置为"数值型"变量；将自变量品牌导向设置为"数值型"（因为品牌导向是根据主客观两种方法计算标准化分后取平均数得到），将竞争导向和顾客导向分别设置为“有序型”变量。尺度回归分析的结果如表4－2所示。

表4－2　　预测企业绩效的最优尺度回归分析结果

变量	模型1	模型2	模型3	模型4
	总资产净利润率（2015年[a]）	每股收益（2015年[a]）	总资产净利润率（2016年[b]）	每股收益（2016年[b]）
竞争导向	0.057[c]（0.179）	0.058（0.121）	0.062（0.213）	0.054（0.115）
顾客导向	0.088***（0.393）	0.117***（0.385）	0.090***（0.424）	0.072（0.206）
品牌导向	0.094***（0.428）	0.166***（0.494）	0.083**（0.363）	0.155***（0.679）
R^2	0.027	0.046	0.026	0.181
调整 R^2	0.019	0.038	0.021	0.152
F值	3.505***	6.084***	5.572***	6.303***

注：a表示因变量对应为2015年底的数据，相应的自变量根据2014年的年报采集获得；

b表示因变量对应为2016年底的数据，相应的自变量根据2015年的年报采集获得；

c表中系数为最优尺度回归对应的标准化回归系数，系数后面括号内的数值是自变量对因变量预测的重要性程度，三个系数之和等于1；

*** $p<0.001$，** $p<0.01$，* $p<0.05$。

表4－2中模型1、模型2、模型4的分析结果表明，在预测总资产净利润率和每股收益方面，品牌导向对应的尺度回归系数以及重要性系数，比竞争和顾客导向对应的回归系数和重要性系数都高。意味着相比竞争和顾客导向，品牌导向对两个企业绩效指标，都具有更强的正向影响效应；相比前两者，品牌导向对企业绩效具有更强的解释力，这支持了假设 H_{4-1}。另外，模型3意味着顾客导向和品牌导向在预测总资产净利润率的变化上，基本发挥同样重要的作用。此外，4个模型中，竞争导向对企业绩效指标影响的尺度回归系数均不显著，这意味着相比品牌和顾客导向，竞争导向对企业绩效的变化不具有显著的解释能力。

进一步通过传统回归分析方法，将控制变量纳入回归模型后，考察三种战略导向对企业绩效的影响效应大小。进行回归分析前，参照克什米尔和马哈吉（2017）的做法，将样本公司员工人数、公司成立年数、董事长年龄等方差较大的变量取自然对数后参与回归分析。回归分析结

果如表4－3所示。

表4－3 预测企业绩效的标准化回归分析结果

变量	模型1	模型2	模型3	模型4
	总资产净利润率（2015年）	每股收益（2015年）	总资产净利润率（2016年）	每股收益（2016年）
LN员工人数	0.067	0.196***	0.042	0.196***
LN公司成立年数	－0.040	0.033	－0.096**	－0.015
是否国有	－0.188***	－0.107**	－0.123***	－0.053
是否制造业	0.099	0.027	0.211***	0.118*
是否服务业	0.130*	0.119*	0.189***	0.174***
董事长性别	－0.031	－0.005	0.025	0.017
LN董事长年龄	0.035	0.031	0.032	0.014
董事长受教育程度	－0.009	－0.005	0.001	－0.001
竞争导向	0.015	0.006	0.044	0.033
顾客导向	0.032	0.066	－0.005	－0.020
品牌导向	0.081*	0.096**	0.039	0.104***
R^2	0.068	0.110	0.065	0.068
调整R^2	0.057	0.088	0.055	0.058
F值	6.350***	4.920***	6.437***	6.783***

注：LN表示取自然对数；*** $p<0.001$，** $p<0.01$，* $p<0.05$。

类似地，表4－3中模型1、模型2、模型4的结果表明，在控制了企业规模（员工人数表示）、成立年数、企业所有制性质（是否国有）、行业性质（是否制造业、是否服务业）以及公司董事长性别、年龄、受教育程度等控制变量后，考察三种战略导向对企业绩效（总资产净利润率和每股收益）的影响，只有品牌导向对企业绩效存在显著正向影响。这进一步支持了假设H_{4-1}，即相比竞争和顾客导向，品牌导向对企业绩效具有更大的正向影响效应。

此外，将顾客导向和品牌导向进行中心化转换，然后生成两者的乘积项，做企业绩效对二者以及二者乘积项的回归，考察顾客和品牌导向对企业绩效的交互效应。结果发现，基于2014年年报判定的顾客和品牌导向的交互项对 2015 年的总资产净利润的回归系数显著，$\beta = 0.074$，$p = 0.022$；基于 2015 年年报判定的顾客和品牌导向的交互项对 2016 年的总资产净利润率的回归系数临界显著，$\beta = 0.054$，$p = 0.076$；交互项对 2016 年的每股收益的回归系数亦显著，$\beta = 0.065$，$p = 0.032$。这些结果支持了假设 H_{4-2}，即顾客导向和品牌导向对企业绩效存在显著的正向交互效应，顾客导向和品牌导向程度都高的企业会有更高的绩效水平。

4.4 研究二：基于问卷调查

4.4.1 样本来源及特征

本书研究采用问卷调查的方法收集数据。为了避免同源偏差，限定同一企业只能填写一份问卷。由于问卷题项涉及企业战略层面的相关信息，为了确保调研数据的准确性，选定的具体调研对象为企业中高层管理者。调研于 2016 年 11 月进行，主要采用两种方式收集问卷：（1）向 MBA、EMBA 学员发放和回收问卷；（2）与某市场调查公司合作，依托该公司的行业企业信息库发放问卷。为了使调查数据更具有代表性，采取指定抽样的方法发放。为了确保研究的有效性，对样本企业尽量在成立时间、企业规模及行业等方面进行一定程度的分散搭配。共计发放 440 份问卷，回收问卷 347 份；获得样本数据后，笔者进一步结合样本人口统计变量信息进行筛查，发现有在非企业（政府部门、事业单位）工作的样本 16 份，职位为非中高层管理者样本 2 份；最终获得符合本书研究要求的有效样本 326 份，有效回收率为 74.09%。

样本描述性统计特征为：年龄均值 $M = 35.44$ 岁，标准差 $SD = 6.62$；性别方面，男性 200 人，占 61.3%，女性 126 人，占 38.7%；受教育程度，高中/中专 11 人，占 3.4%，大专/高职 54 人，占 16.6%，本科 232

人，占71.2%，研究生及以上29人，占8.9%；被试所在公司成立年数均值M=17.37年，标准差SD=12.03；公司人数规模，20人及以下有8家，占2.4%，21~50人有10家，占3.1%，51~100人有38家，占11.7%，101~200人有62家，占19.0%，201~300人有45家，占13.8%，301~1000人有97家，占29.8%，1000人以上66家，占20.3%；被试工作单位性质方面，国有及国有控股70家，占21.5%，民营及民营控股有207家，占63.5%，外资及外资控股39家，其他有10家，占3.1%；工作职位方面，中层管理/中层技术人员有233位，占71.5%，高层管理/高层技术人员有93位，占28.5%；被试所在公司所属行业方面，制造业有152家，占46.6%，采矿业6家，占1.8%，建筑业17家，占5.2%，批发/零售业26家，占8.0%，交通运输、仓储和邮政业28家，占8.5%，住宿和餐饮业5家，占1.5%，信息传输、软件和信息技术服务业40家，占12.3%，金融业15家，占4.6%，房地产业9家，占2.8%，租赁和商务服务业5家，占1.5%，科学研究和技术服务业11家，占3.4%，教育业2家，占0.6%，农、林、牧、渔业2家，占0.6%，其他8家，占2.5%。

4.4.2 变量测量

本书中，竞争、顾客、品牌导向的测量量表与研究一相同。所有题项均采用7点量表打分法测量（从1到7表示从“完全不同意”到“完全同意”）。本书研究中3个测量量表的Cronbach's α系数分别为0.88、0.89、0.84。企业绩效的测量分为品牌绩效和财务绩效两方面。具体参考王和梅里利斯（Wong & Merrilees，2008）的研究，品牌绩效采用包括5个题项的量表进行测量，代表性题项：我们公司已经在目标市场上打造了很高的品牌知名度；我们公司已经在目标市场上树立了很高的品牌声望。被试同样在7点量表上作答。财务绩效采用4个问项进行测量，具体是让被试在7点量表（1=“严重下降”，7=“很大增长”）上进行回答：

“下面是关于企业在过去一年里的业绩的一些陈述，请结合您所在公司的情况进行回答”；4 个业绩方面的指标：销售增长率、市场份额、盈利能力、总体财务绩效。

同时，为了避免潜在干扰变量的影响，本书对以下变量进行了控制：受访者性别、年龄、受教育程度，以及受访者所在企业的成立年数、企业规模（通过在职员工人数表示）、所有制性质。

4.4.3 信效度检验

通过 Harman 单因子检验同源方法偏差，第一主成分因子解释了变异的 31.22%，说明不存在明显的同源方法偏差问题。分别对各量表进行信度分析，结果表明 4 个量表的 Cronbach's α 系数均大于 0.8，说明量表具有很好的一致性信度。

通过探索性因子分析考察各变量测量的结构效度。具体采用主成分分析法、方差最大化正交旋转、提取特征根大于 1 的因子；对本书研究所涉及的测量题项进行因子分析。因子分析的 KMO 值为 0.913，并且通过了 Bartlett 球形检验，所有题项因子载荷均大于 0.5。对本书研究涉及各潜变量所包含的题项进行因子分析，结果显示，财务绩效、品牌绩效、品牌导向、顾客导向和竞争导向的 KMO 值分别为 0.823、0.866、0.845、0.900、0.863，均大于 0.8，说明潜变量的测量问项能够合理解释各潜变量，并且各因子分析均通过 Bartlett 球形检验。以上指标意味着各潜变量测量量表具有较好的结构效度。

进一步通过验证性因子分析，基于测量题项的标准化因子载荷系数和平均方差提取量（AVE 值）来考察各潜变量测量的收敛效度。基于 Lisrel 8.7 的验证性因子分析结果显示，各潜变量测量题项的标准化因子载荷介于 0.63 ~ 0.88；财务绩效、品牌绩效、品牌导向、顾客导向和竞争导向的 AVE 提取量分别为 0.655、0.593、0.515、0.573、0.608，

均大于0.5的临界值。说明本书研究各潜变量的测量具有较好的收敛效度。

区别效度方面，根据每个因子的AVE值是否大于该因子与其他因子之间的方差进行判断。若AVE值大于两因子之间相关系数的平方，或AVE值的平方根大于两因子之间相关系数，则表示两因子间具有较好的区别效度。本书研究各因子AVE值的平方根在0.72～0.81，相关系数的值在0.17～0.68。每个因子的AVE值平方根均大于两因子之间相关系数值，意味着本书研究各因子间具备较好的区别效度。

4.4.4　数据分析结果与假设检验

描述性统计和相关分析。本书研究涉及各潜变量的均值、标准差以及变量间的Pearson相关系数及一致性信度系数如表4－4所示。相关分析的结果表明，各潜变量间存在显著的相关关系。同时绝大部分变量之间的相关系数在0.5以下，意味着不存在严重多重共线性问题，这为下一步回归分析创造了条件。

表4－4　　变量描述性统计与Pearson相关系数

变量	均值	标准差	1	2	3	4	5
财务绩效	4.719	0.928	0.881				
品牌绩效	5.157	0.918	0.440**	0.876			
品牌导向	5.452	0.887	0.280**	0.632**	0.840		
顾客导向	5.512	0.943	0.270**	0.515**	0.683**	0.889	
竞争导向	4.913	1.089	0.167**	0.287**	0.372**	0.406**	0.881

注：** $p<0.01$，* $p<0.05$；对角线上数值为潜变量对应的Cronbach's α信度系数。

假设检验。类似地，首先通过最优尺度回归，考察3种战略导向对企业绩效变量的不同预测能力。将财务绩效、3种战略导向都设定为“有序型”变量，然后进行最优尺度回归分析，分析结果如表4－5所示。

表4-5　　预测企业绩效的最优尺度回归分析结果

项目	模型1	模型2
	财务绩效	品牌绩效
竞争导向	0.155（0.230）	0.104（0.080）
顾客导向	0.167（0.321）	0.250***（0.326）
品牌导向	0.225***（0.450）	0.417***（0.593）
R^2	0.183	0.432
调整 R^2	0.157	0.411
F值	7.072***	19.865***

注：表中系数为最优尺度回归对应的标准化回归系数，系数后面括号内的数值是自变量对因变量预测的重要性程度，三个系数之和等于1；*** $p<0.001$，** $p<0.01$，* $p<0.05$。

表4-5中两个模型均表明，相比竞争和顾客导向，品牌导向对两个绩效变量都具有更大的正向影响效应，并且品牌导向在预测财务（重要性系数为0.450）和品牌绩效（重要性系数为0.593）上都更加重要。这进一步支持了假设 H_{4-1}。

进一步采用传统多元回归分析对本书研究假设进行检验，具体检验结果如表4-6所示。

表4-6　　预测企业绩效的标准化回归分析结果

项目	模型1	模型2	模型3	模型4	模型5	模型6	模型7
	财务绩效	品牌绩效	财务绩效	品牌绩效	财务绩效	财务绩效	财务绩效
性别	0.126*	0.170**	0.100	0.111*	0.103	0.098	0.051
LN年龄	-0.119*	0.156**	-0.172**	0.053	-0.169**	-0.164**	-0.189***
受教育程度	0.035	0.059	0.001	0.002	0.011	0.015	0.008
工作职位	0.061	0.103	0.036	0.049	0.036	0.036	0.015
公司人数规模	-0.080	0.216**	0.188**	0.169**	0.191**	0.197**	0.122*
LN公司成立年数	0.216**	0.043	-0.080	0.043	-0.079	-0.079	-0.098
是否民营	0.078	0.028	0.074	0.026	0.074	0.080	0.066
是否国有	0.051	0.036	0.059	0.044	0.043	0.051	0.035
品牌导向			0.181*	0.499***	0.227**	0.281***	0.029
顾客导向			0.120	0.128*	0.148*		
竞争导向			0.056	0.039			
品牌导向×顾客导向					0.114*		

续表

项目	模型 1	模型 2	模型 3	模型 4	模型 5	模型 6	模型 7
	财务绩效	品牌绩效	财务绩效	品牌绩效	财务绩效	财务绩效	财务绩效
品牌绩效							0.421***
R^2	0.085	0.110	0.173	0.466	0.181	0.161	0.258
调整 R^2	0.062	0.088	0.144	0.447	0.152	0.137	0.234
F 值	3.683***	4.920***	5.964***	24.903***	6.303***	6.733***	10.939***

注：LN 表示取自然对数；*** $p<0.001$，** $p<0.01$，* $p<0.05$。

回归分析前，针对企业所有制性质，设置了两个虚拟变量：是否国有（1 = 是，0 = 否）和是否民营（1 = 是，0 = 否）；另外同样参照克什米尔和马哈吉（2017）的做法，将受访者年龄、受访者所在企业成立年数等方差较大的变量取自然对数后参与回归分析。模型 1 、模型 2 是空模型，仅含有控制变量，空模型对因变量的解释能力（R^2 非常小）非常有限。将自变量品牌导向、顾客导向和竞争导向加入模型后，形成模型 3 和模型 4，模型 3、模型 4 的解释能力显著提升，R^2 显著升高。根据模型 3，仅品牌导向对财务绩效有显著正向影响（$\beta=0.181$，$p=0.012$）；根据模型 4，品牌导向（$\beta=0.499$，$p<0.001$）和顾客导向（$\beta=0.128$，$p=0.03$）显著正向影响品牌绩效，竞争导向的影响效应则不显著。这些结果说明，相比于顾客和竞争导向，品牌导向对企业绩效具有更大的正向影响效应；品牌导向在解释企业财务绩效和品牌绩效的变化上更具有效力，这进一步支持了假设 H_{4-1}。

表 4 – 6 中模型 5 揭示了品牌导向和顾客导向对企业财务绩效的交互效应。将潜变量品牌导向、顾客导向中心化转换之后，生成二者的乘积项；然后做品牌导向、顾客导向、二者乘积项以及控制变量对财务绩效的回归分析。结果显示，在控制受访者性别等控制变量的基础上，品牌导向和顾客导向的交互效应显著，$\beta=0.114$，$p=0.045$。这支持了假设 H_{4-2}，意味着品牌导向和顾客导向程度都高的企业，有更高水平的财务绩效。

模型 6、模型 7 揭示了品牌导向与财务绩效之间，品牌绩效的中介效应。根据模型 6，品牌导向显著正向影响财务绩效，$\beta = 0.281$，$p < 0.001$；模型 7 表明，当在模型 6 的基础上，将品牌绩效作为自变量加入回归模型时，品牌绩效显著正向影响财务绩效，$\beta = 0.421$，$p < 0.001$；但品牌导向对财务绩效的影响系数不再显著，$\beta = 0.029$，$p > 0.6$。依据温忠麟等（2004）的判定标准，品牌绩效在品牌导向对财务绩效的影响过程中起到了完全中介作用，这支持了假设 H_{4-3}，即品牌导向通过促进品牌绩效，进而促进企业的财务绩效。

4.5 本章结论与讨论

本章基于上市公司样本数据和中高层管理者的调研样本，检验了竞争、顾客和品牌导向对企业绩效的差异化影响效应。通过最优尺度回归分析揭示，相比竞争和顾客导向，品牌导向在预测企业绩效的变化上，具有最大的、最重要的正向影响效应；通过传统回归分析揭示，在控制企业规模、所有制、行业类型以及其他控制变量后，将品牌、顾客和竞争导向同时纳入回归模型，考察三者对企业绩效的预测能力，发现品牌导向对绩效变量具有最大的正向影响效应，竞争导向的影响效应并不显著；此外，研究二揭示顾客导向只是显著影响品牌绩效，竞争导向对财务绩效和品牌绩效的影响效应均不显著。以上结果表明，对比审视三种战略导向时，品牌导向对企业绩效的变化最具有解释力。本书研究的实证分析结果，为近年来学者们关于竞争和顾客导向局限性的讨论，以及品牌导向在指导企业发展上的优越性论点提供了支持。

进一步，研究一和研究二还验证了乌德等（2013）基于案例分析提出的理论观点：内（品牌导向）外（顾客导向）相结合的战略导向组合，可能产生最卓越的企业绩效。研究发现，品牌导向和顾客导向对企业财务绩效具有显著的正向交互效应，意味着品牌和顾客导向程度均高的企

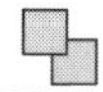

业，具有更高水平的绩效。说明由内至外（品牌导向）与由外至内（顾客导向）有机结合的战略导向组合，可能是当前市场环境下，驱动企业获取卓越绩效的理想战略导向。此外，研究还揭示，品牌导向通过提升品牌绩效，进而促进企业财务绩效的提升。

根据权威品牌评价机构 Interbrand 发布的“2021 全球最佳品牌 100 强”，2021 年中国仍然只有“华为”（第 85 位）一个品牌上榜，且排名靠后，而美国则有 53 个品牌进入 100 强。说明中国的品牌建设在国际上处于相对落后的位置。再结合本书研究的结论，相比竞争和顾客导向，品牌导向对企业绩效具有更显著的正向影响效应。无论是宏观层面为了改变品牌建设相对落后的状况，还是微观层面为了追求卓越的企业绩效，企业都应该重视并强化品牌建设；具体落实到企业层面，应该重视并培育品牌导向。

品牌导向本质上是一种长期发展导向，要求企业持续地投入资源，打造具有独特定位和价值主张的品牌识别，借此赢得顾客和市场。有了独特的品牌，企业会获得来自目标顾客的品牌知觉、品牌声誉和品牌忠诚，进而获得良好的品牌绩效。品牌绩效的提升，将有助于企业在较长时间内获得高的品牌溢价和市场份额，最终促使企业获得卓越的财务绩效，实现战略目标。

另外，根据研究结论，企业在强调品牌导向这种由内至外发展范式的同时，也不能忽略外部的顾客需要和欲望（顾客导向）。既重视品牌、又不断关注目标顾客需要和欲望的内外结合的战略导向组合，可能是当前中国市场环境下、促使企业实现高绩效水平的最佳战略组合。这一发现与何佳讯（2021）在其最新著作《战略品牌管理》中倡导的“企业与顾客协同”视角是一致的。

第5章 企业贯彻品牌导向面临的主要障碍

既然贯彻品牌导向发展模式具有优越性，能通过培育强势品牌为企业带来竞争优势和卓越绩效，为什么众多中国企业在战略上不够重视品牌，不贯彻依托品牌构建竞争优势的发展模式（品牌导向发展模式）？中国企业贯彻品牌导向面临哪些障碍？本章对此展开探讨。

具体地，本章先从企业视角，以占比绝大多数（民营企业数量占比超95%，任泽平等，2019）的中小企业为对象，通过封闭访谈法和问卷调查两种方式，考察中国企业贯彻品牌导向发展模式面临的主要障碍。另外，本章还从宏观市场环境（市场声誉机制不完备）的视角，探讨中国企业贯彻品牌导向发展模式面临的市场环境障碍。

深刻揭示企业贯彻品牌导向发展模式面临的主要障碍，将为后续探讨促进中国企业贯彻品牌导向发展模式的策略提供依据。

5.1 企业相关障碍因素

本章节将围绕企业资源、管理者观念、品牌专业知识和创业动机等因素，探讨中小企业贯彻品牌导向发展模式面临的主要障碍。

5.1.1　文献回顾与理论基础

5.1.1.1　相关研究回顾

第一，品牌障碍的提出。现有文献关于企业经营管理障碍的研究，主要集中于市场导向障碍（Harris，1996；Messikomer，1987）、出口障碍（Leonidou，1995；Ramaswani & Yang，1990）、国际化障碍（Fillis，2002）。弥赛亚科姆（Messikomer，1987）指出，企业在价值观、信念、愿景等方面存在的问题，构成市场导向障碍。为了实现更高水平的市场导向，需要组织成员与企业之间建立真诚的交互关系（Harris，1996）。针对出口障碍的研究中，拉马斯瓦尼和杨（Ramaswani & Yang，1990）认为，出口贸易知识、内部资源约束、程序障碍和外生变量，是影响企业出口业务绩效的主要障碍。弗里斯（Flis，2002）认为公司和管理的因素以及外部环境因素，是企业国际化进程的阻碍因素。

总的来说，这些研究认定企业经营发展的障碍主要包括：知识、内部资源约束、外部因素、信念和承诺。然而，这些研究只是针对特定的经营管理领域，与品牌的塑造无直接关联。关于品牌，塑造一个成功的品牌需要资源、努力和信念。任一方面的缺失，都能成为品牌塑造的障碍。黄和梅里尔斯（2005）基于8个中小企业案例的研究，提出了品牌障碍（brand barriers）这一概念，指出品牌障碍是抑制中小企业开展品牌建设与推广的主要因素。

第二，品牌障碍的内涵。黄和梅里尔斯（2005）通过对品牌建设内容的讨论，指出中小企业没有足够的资源和时间开展品牌建设活动，许多中小企业并没有在品牌建设上投入大量业务资源，比如广告、信息技术和培训等，把这些投资视作成本。中小企业这种不情愿或无力投资、“小本经营”的思想，客观上还体现了中小企业的资源约束。这些因素和约束构成了中小企业的品牌障碍，制约了中小企业的品牌建设。

黄和梅里尔斯（2005）进一步将品牌障碍定义为：阻碍中小企业开展以品牌为基础的商业活动的主要因素。这些障碍主要包括财务、人力资源和时间限制。这些资源的缺乏，迫使公司专注于日常经营中最擅长的业务。经营者和所有者将主要精力投放于日常经营活动，导致他们没有时间去关注品牌建设活动。这种聚焦短期业务的导向，成为中小企业制定长期品牌战略的重要障碍。

黄和梅里尔斯（2008）指出，品牌障碍是能够阻碍品牌发展的信念和行动；他们通过一项访谈研究，发现部分企业高管认为，“忙于日常业务的经营，以至于没有时间考虑我们的品牌；品牌对我们公司的战略来说并不重要”；另外，还有高管人员提到，“品牌活动的成本太高，不愿意投资建设品牌”。黄和梅里尔斯（2008）的研究，验证了品牌障碍对企业品牌建设的抑制效应。企业的品牌建设可能会遇到许多障碍。品牌的建设和发展是一项需要不断努力地工作，需要大量的时间和资源。很多公司认为，分配资源去塑造一个品牌是困难的，品牌建设对他们而言成本太高，难以承担。即使一些公司能够负担得起品牌建设的高额成本，但相关投入的财务损失风险也很高。因为在品牌建设上的投资，可能在品牌塑造失败的情形下无法收回成本。

时间限制是阻碍企业开展品牌建设的另一个因素。营销人员忙于日常经营管理，保障公司有效运营，他们没有时间投入到品牌建设活动中去。一些公司甚至坚信品牌是一种成本，而不是一种投资。他们更关心的是每天的收入，而不是把资源投入到品牌塑造的活动当中。最后，一些公司认为品牌与它们的企业无关。所有这些因素，都构成了中小企业品牌建设的障碍。

第三，品牌障碍与品牌导向关系相关研究。黄和梅里尔斯（2005）提出了品牌障碍的概念，构建了品牌战略四个关键构念（品牌障碍、品牌独特性、品牌导向、品牌营销绩效）的关系模型，然后以 8 家澳大利亚服务行业的中小企业为研究样本，进行深度访谈和案例分析，研究揭示：品牌障碍对企业品牌导向程度有负向影响，品牌导向对品牌营销绩效有显著的正向影响。此外，他们的研究还指出，虽然部分中小企业和大企业都倡导品牌建设，但两类企业开展品牌建设的具体方式，存在明显差异。

黄和梅里尔斯（2008）对澳大利亚企业进行调查，样本涉及零售业、制造业和服务业等多个行业，问卷的调查对象是那些广泛参与公司运营的高级管理人员，如 CEO、营销经理、总经理等；他们参考了第三方机构开发的品牌障碍测量题项：品牌活动成本对中小企业来说过于昂贵；中小企业忙于日常经营活动以至于没有精力考虑品牌；品牌不是小企业的必要内容；中小企业在成长为大企业前不需要品牌；短期销售额比品牌更加重要。他们的研究揭示，品牌障碍显著负向影响品牌导向，另外品牌导向通过品牌绩效的中介作用，正向影响企业绩效。

除了黄和梅里尔斯（2005，2008）明确提出品牌障碍这一概念，并且验证了品牌障碍对品牌导向的负向作用外，其他学者也从不同角度考察了品牌导向的前因变量。汉金森（2009）指出品牌管理受六种行为因素的影响：品牌领导、品牌文化、部门协调、品牌传播、品牌现实、品牌伙伴关系，这些因素是决定品牌导向构建内容的起点。

然而，还有研究提出，与其他五个因素相比，领导力在改变组织文化中起着至关重要的作用（Schein，1992）。界定清晰的品牌识别是 CEO 和高管团队的重要工作，之后他们还需要将品牌识别清晰地传达给企业员工，以及企业的利益相关者。企业高层管理者的领导能力，在界定与传播品牌识别方面，发挥至关重要的作用。汉金森（2012）在目的地品牌导向的研究中指出，高层领导者是目的地品牌导向的一个前因变量；与外部利益相关者建立了良好的伙伴关系，且能够向外界分享目的地品牌的高层管理者，是目的地品牌领导力的重要构成。埃文斯等（2012）基于非营利组织博物馆进行实证研究，指出了品牌导向的内部阻碍因素，包括管理者集权倾向、组织结构、组织规模、组织成立时间。

黄彦棕和蔡雅婷（2013）在总结前人研究的基础上，认为企业只有对组织资源、组织结构和组织文化进行充分的系统化安排，才能转型发展成为品牌导向型企业；他们认为组织资源（资源丰富度和产品差异化能力）、组织结构（跨职能整合）和组织文化（企业成员的组织认同和长期薪酬标准），是影响企业品牌导向程度的重要决定要素。乌德（1999）的研究指出，品牌导向型企业具有整合内部资源的能力，通过价值创造提升品牌的竞争力。

以往研究表明，企业只有资源较为充足时，才具备产品差异化的能力（Wong & Merrilees，2005），才能贯彻品牌导向。从组织结构的角度（Ewing & Napoli，2005），跨职能部门的沟通与整合，需要企业有效地执行内外部的品牌建立流程（Urde et al.，2003）。品牌导向的建立与组织文化紧密相关（Hankinson，2001）。品牌导向型公司的组织成员必须认同组织的价值观。具有高度组织认同感的员工，才能把品牌和工作生活融合在一起（Baumgarth，2010；Urde et al.，2003）。此外，鉴于一个组织的内部薪酬标准，对员工的行为有显著的影响，企业执行具有前瞻性的长期薪酬标准，有助于员工重视组织价值观，在日常工作生活中提高品牌价值意识，而不是只重视短期的工作业绩（Jaworski & Kohli，1993）。

针对品牌障碍和品牌导向的关系，国内文献虽然没有直接相关的研究，但是一些学者基于不同行业企业品牌建设的实际情况，提及了实施品牌导向的影响因素，以及一些企业培育及塑造品牌，发展品牌战略过程中遇到的阻碍因素。尽管国内文献缺乏系统探究企业品牌障碍构成因素的研究，但相关的一些文献对本章的分析仍具有参考价值。

黄磊和吴朝彦（2018）以组织知识为研究视角，探讨了供应商技术知识、市场知识与品牌导向的关系。通过问卷获取一手调研数据，实证分析揭示，供应商组织知识构成品牌导向的前因；其中，技术知识与品牌导向呈“U”型关系，市场知识正向影响品牌导向；产品同质性，强化了供应商组织知识对品牌导向的影响作用。

关于品牌障碍的已有研究中，农产品品牌发展障碍受到较多学者的关注。梁天宝（2009）在原产地理论的基础上，提出了农产品地理品牌概念，将其定义为由地区名和产品名共同冠名的、来自某一特定地区的、所有权归属于当地农业生产经营者的公共品牌，并且在农产品品牌标志下，产品所具有的特定价值能够与消费者建立起情感联系。该研究通过帕累托最优的求解方式，探讨了广东省农产品地理品牌发展的障碍。李英禹等（2011）以黑龙江绿色食品品牌建设障碍为研究对象，运用德尔菲法，通过征询专家意见以及对意见进行整理和分析，指出了阻碍绿色食品品牌建设的因素，包括品牌创立方式不当、定位不合理、推广方式单一、维护力度不足。翟秀海（2006）探讨了我国农产品品牌战略中的阻碍因素，具体包括：农产品经营者品牌意识薄弱、农产品精加工程度低、农产品质量认证及检测体系不健全等。

赵丽华（2004）、张书瑞（2008）分析零售商企业建立自有品牌的优势，提出零售企业构建自有品牌的必要性。从内外部两方面，提出了零售商建立自有品牌过程中遇到的障碍。如生产者强势品牌带来的压力、产品设计不足、自有品牌与全国品牌矛盾、零售企业规模小等。另外，李志（2010）认为，企业产品零售终端，如果不能与消费者充分共享品牌信息，建立情感联结，将导致渠道不能发挥出传递品牌信息和价值的功能；渠道障碍的存在，极大影响了品牌培育的进程。施翼为（2008）认为，中小企业建设品牌对其自身发展具有战略性意义，并归纳出了中小企业实施品牌战略过程中遇到的障碍因素，主要涉及品牌意识薄弱、资金及专业人才匮乏、制度落后以及政府扶持不足等。

5.1.1.2　理论基础

第一，资源基础理论。资源基础理论的发展，受彭罗斯企业成长理论的重要影响。彭罗斯认为，企业本质上是一个以管理企业资源为主的组织，资源是企业进行一切必要的生产经营活动的前提条件，也是决定企业成长的关键要素（Penrose，2015）。企业不仅是一个管理单位，还是组织生产资源的集合体。彭罗斯从内生性角度，构建了企业资源提升企业能力，企业能力促进企业成长的分析框架。从而揭示了企业资源是企业成长的内生性动力。在此基础上，沃纳菲尔特正式提出了资源基础理论（Wernerfelt，1984），《企业资源基础论》的公开发表，是该理论提出的重要标志。学者们自此开始破解企业竞争优势来源的“黑箱”。在之后的研究中，蒂斯和皮萨诺等也丰富了资源基础理论。其核心思想是，企业由一系列资源组合而成，资源对企业生存与发展至关重要，这也是资源基础理论的主要出发点。

沃纳菲尔特（1984）提出，企业是由众多的异质性资源组成的集合体；这些异质性资源是企业竞争力的来源，也是企业在市场竞争中获得优势的关键所在。正是企业所拥有的有形资源和无形资源存在差异，才造成了不同企业间获利能力的差异。具有绝对资源优势的企业能够获得超额利润。尽管市场环境等外部因素，会对企业成长产生一定程度的影响，但相比于资源因素，起不到根本性作用。

巴尼（Barney，1991）提出了更具有综合性、严谨性的框架，帮助企业识别能够为企业带来竞争优势的资源特征，这些特征是：①具有价值性；②稀缺性；③不易模仿性；④不可替代性。资源的价值性体现在，帮助企业应对环境的竞争威胁，以及开发利用外部市场机会上。同时，有价值的资源如果随处可见，或者可以轻易被竞争对手获得，这项资源也不会为行业中任何一家企业带来竞争优势。

彼得夫全面地概括了具有竞争优势的企业必须具备的两个条件：资源的异质性和不完全的流动性。资源异质性体现了资源基础理论的前提假设，意味着拥有异质性资源的企业，能更好地满足消费者的需求，能够形成低成本或差异化优势。不完全流动性表现为，资源不可以或者很难用于外部交易。资源的不完全流动性决定了资源可以长期保留在组织内部，最后成为组织竞争优势的长期来源。

第二，知识基础理论。由于工作专门化，导致负责各个工作环节的劳动者分工不同，从而擅长不同的技术或掌握不同的知识（Marshall，1961）。企业为获取可持续性的竞争优势，不仅需要有能够创造价值的、稀缺的、不易模仿的、不可替代性的资源，更需要具备配置资源、深挖资源以及保护资源的能力，即利用这种能力将资源的潜能发挥到最大（Prahalad & Hamel，1990）。研究发现，决定企业能力的是企业知识资源。在诸多异质性资源中，知识资源能够使企业实现差异化优势（Mcevily & Chakravarthy，2002）。知识资源还能够增强企业创业的能力（Galunic & Eisenhardt，1994）。知识资源作为促进企业绩效提升的重要因素，受到很多学者的关注（McGrath et al.，1996）。企业中难以流动与复制的知识，被视为竞争优势的源泉，尤其是那些与生产技能、流程设计、管理相关的知识（晏双生等，2005）。

企业知识理论的核心观点是企业是知识资源的集合体，尤其是隐形知识，构成了企业核心竞争力的基础。普拉哈拉德和哈默尔（Prahalad & Hamel，1990）在核心能力理论中提到了将知识作为核心能力的重要观点，认为企业核心能力是能够为企业带来竞争优势的独具特色的知识体系。企业核心能力是一种组织成员所具有的集体学习能力，这种学习能力尤其体现在协调和整合组织生产技术上。企业知识理论将企业看作是一个异质性知识资源的实体，在知识本身具有的默会性以及社会环境的复杂性的共同作用下，知识的认知能力和吸收能力使知识增量成为企业竞争优势的来源，同时借此解释了知识资源对企业配置、发掘和利用资源的决定作用（余光胜，2000）。

野中（Nonaka，1998）认为知识是企业获得可持续竞争优势的来源，并且指出，成功的企业需要持续不断地创造独特新知识，并且将这些知识在整个企业中传播，以快速地用于新产品研发。企业的成长，离不开决策程序规则指导下不断积累的管理能力，尤其离不开非常规规则向常规规则转化过程中衍生的管理能力。同时，企业在生产经营中积累的众多知识和经验，是可以提前预见的，并且是企业牢牢抓住各种市场机会的根源所在（Penrose，1959）。从知识基础理论的角度，企业通过运用内部高度秩序化的组织规则，将个体及整个社会的专长，转化为经济社会中有用的服务和产品（Kogut & Zander，1992）。

第三，成就动机理论。最早在 1938 年，默利（Murry H.）就提出了成就动机的概念，构成了成就动机的研究基础。他将人类二十种基本需要进行排序，排名第一的就是成就需要，并将其定义为：想尽可能快而且好地做事情的倾向或愿望。随后希尔斯、奥尔波特、勒温等学者的相关研究，在一定程度上丰富和推动了成就动机理论的发展。20 世纪 50 年代，麦克利兰与阿特金森共同出版了《成就动机》一书，正式开启了成就动机理论的研究（周国韬，1989）。

阿特金森将成就动机划分为：追求成功和害怕失败两个部分。个体的行为趋向，是动机强度、对行为目标的主观期待概率，以及诱因价值因素的积函数。尼科尔德（Nicholls，1982）认为，成就动机是指人们在完成工作与学习等任务的过程中，致力于使自己认为十分重要的且有价值的事情获得成功的内在驱动力。王本法（2000）基于国外成就动机理论研究，将成就动机定义为在竞争的环境中期望更好地完成工作并取得优秀成绩的动机。

麦克利兰的“成就需要理论”包含：成就需要、权利需要、亲和需要。其中成就需要受到广泛关注。成就动机是人们力求在有一定困难、一定挑战性的活动中，超过他人取得令人满意的优异成果的动机。成就动机理论认为，有挑战性的任务可以激发奋斗的精神，从而获得成就感。一个人能否坚持一项工作，取决于追求成功的强烈度、成功的可能性大小及该项工作产生的价值是否具有诱惑力。

成就动机强烈的人，往往内在工作动机强度更高。也就是说，高成就动机的人更看重工作本身带来的满足感，而不是金钱等物质上的回馈，他们追求的是自我价值的实现。能够发挥自己的聪明才智，完成一件具有难度的目标，将会为他们带来幸福感和满足感。正因为高成就感的人热衷于在工作中实现自身价值，所以往往对工作有更强的责任感，从内心深处自发性地努力工作（McClelland，1955）。麦克利兰通过一项成就需求训练，发现参加过成就需求提升训练的人，在未来两年后明显表现出更高的创业精神及工作成就。

第四，高阶理论。汉布里克和梅森（Hambrick & Mason，1984）提出了这一重要的战略领导理论，认为高层管理者的人口特征、认知基础、价值观等，对企业不同类型的战略选择（产品创新、差异化等）和不同的绩效水平具有预测性。理论发展之初，只是将一些相对容易获得和衡量的背景因素，纳入到高阶理论研究当中来，如高管的年龄、性别、工作经历等。随着研究的不断深入，高层管理者自身的价值观、个性、认知基础等动态特征，也被纳入到高阶理论模型当中（汪金爱和宗芳宇，2001）。在过去很长一段时间，决策者自身的背景特征差异性被忽略，所有决策者被认为具有同质性。但是随着市场竞争的日趋激烈，以及外部环境复杂多变，高管人员的管理水平间的差异越来越明显，高效的管理团队逐渐成为影响企业竞争力的重要因素之一（孙海法和伍晓奕，2003）。

汉布里克和梅森（1984）认为在与外界环境不断互动的过程中，高管价值观、认知基础的形成，受到高管人口统计变量特征，如年龄、教育程度、工作背景等的影响，进而影响企业重大决策和战略发展。孙德生（2009）基于前人的研究，提出个体的价值观及认知基础，是个人背景、以往经验及训练下的产物，即便作为心理因素不能被直接测量，但可通过其背景特征间接测量。

赛尔特和马奇（Cyert & March，1963）认为，组织层面的战略决策及其他方面的重大决策，并不完全是CEO个人制定的，往往是由企业高管和其组成的联合团队共同制定。因此，高管人员的认知基础，决定了企业决策的知识领域的边界、经营视野以及与企业相关信息的理解力与吸收力，使其在预测未来市场机会、制定备选方案以及事后控制方面有着不同的能力。

高阶理论强调高层管理者思维的有限理性，高层管理者甚至是整个高管团队，无法观察到企业所处环境中的所有机会和威胁。受到限制的决策视野，显著影响了决策者的感知。高管人员的感知由于具有选择性，所以只有一部分信息能够被其掌握，并且这部分信息也会被高管人员的认知基础与价值观所筛选、解释，最终高管人员制定决策所能利用的信息非常有限。

5.1.2 品牌障碍构成成分的理论探讨

5.1.2.1 企业资源障碍

根据资源基础理论，品牌导向的建立需要企业持续不断地在打造品牌识别的营销活动上投入资源。这些资源包括所有的资产、能力、组织过程、组织属性、信息和知识等。企业控制这些资源，用以构思和实施战略（Barney, 1991）。乌德（1999）提到，品牌导向型企业能够整合内部的资源和能力，品牌导向是资源导向与市场导向的结合。品牌竞争力是高要求的能力（Collis, 1994；Danneels, 2008），创造品牌竞争力要求企业整合内部的各种资源，依托品牌创造附加价值。

资源丰富的企业具有闲置资源，这些资源通常是指企业能够自由使用的财务和人力资源。缺乏资源将造成资源障碍。丰富的资源可以充分满足公司的经营需要，支持公司积极主动地实施战略行动（Cyert & March, 1963）。资源丰富的企业可以在竞争、扩张或其他方面表现更积极（Bourgeois, 1981；Singh, 1986），实现新战略或进入新市场。

一个公司想成为品牌导向型公司，必须长期投资于能够树立独特的品牌识别的营销活动。然而，这些投资是有风险的，不能保证即时获益。资源丰富的公司可以应对不确定性和风险，可以支持品牌建设的中长期投资。相反，资源缺乏的公司，例如，中小企业，由于资源限制，这些公司专注于他们在日常运营中最擅长的方面，他们做不到构建品牌导向型公司所必需的长期投资（Wong & Merrilees，2005）。缺乏充足的资源，将阻碍企业开展品牌活动，进而成为企业品牌化的障碍。

5.1.2.2　品牌专业知识障碍

基于知识基础视角，知识资源构成了企业核心竞争力的基础，也代表着企业集体学习的能力。知识资源所孕育的能力，能够协调和整合企业内的生产技术及管理活动，决定着企业资源配置的有效性。企业运营过程中所不断积累的知识和经验，能够帮助企业管理者扩大经营视野，把握市场机会。知识资源作为最重要的无形资源，对其他资源配置起指导性作用。

构建品牌导向型企业所需的管理能力，被视作一种高阶能力（Urde，1994）。品牌也被视作企业的“上层建筑”，品牌构建需要严谨的市场调研、精准的品牌定位、专业的品牌营销策划及渠道管理等环节。缺少品牌管理的专业团队，将使品牌培育和品牌价值塑造的效果大打折扣。

员工所具有的品牌专业知识和技能是企业的无形资产。员工与顾客的互动，在构建品牌导向型企业的过程中，起着至关重要的作用。员工与顾客的有效互动，能够将企业的品牌知识有效向外传递，同时弥补内部品牌识别与外部感知到的品牌形象之间的差距。员工的品牌承诺成就了企业培育品牌的重要支持力量（Burmann & Zeplin，2005）。事实上，已有研究指出，品牌资产的创造，是通过员工在日常工作和决策中对品牌精神和价值观的认同实现的（Hankinson，2001）。因此，缺乏品牌专业知识和品牌管理技能的企业，难以贯彻品牌导向。品牌专业知识和技能的缺乏，可能成为企业的品牌障碍。相对于实力强大的大型企业，中小企业对专业人才的吸引力差。另外品牌专业知识或技能不足的问题，在中小企业中尤为明显。

5.1.2.3 管理者观念障碍

基于高阶理论视角，组织中的高层管理人员是企业战略决策的主体，他们的认知、价值观、经验等个性，会反映在其对企业的领导行为上，也影响着组织中其他成员的行为。品牌管理文献强调，高层管理者在品牌建设中发挥决定性作用（库马尔和斯廷坎普，2013；阿克，2019；卡普费雷尔，2020；何佳讯，2021），他们决定所有组织成员对品牌价值的承诺（de Chernatony & Segal-Horn，2001）。组织的管理者对品牌建设发挥领导作用，企业的品牌建设，需要他们界定清晰的品牌识别，并带领员工将品牌识别传达给利益相关者和社会公众（Davis & Dunn，2002；de Chernatony & Cottam，2006）。事实上，只有高层管理者具有了品牌战略思维，企业的品牌战略才能落地。品牌导向型企业的建立，是一项长期的任务（Urde，1994）。如果企业管理者仅仅关注短期目标和业绩，组织成员也将只关注那些能够产生短期绩效的活动。管理者短期导向的管理观念，阻碍公司品牌资产的长期构建（Wong & Merrilees，2005）。

中小企业管理者（所有者）的能力、动机、目标，对扩大和维持公司规模有着决定性的影响（Walker & Brown，2004）。已有研究表明，中小企业家们有一系列不同的目标，其中很多目标与企业成长无关；较大比例的企业所有者声称，他们的目标是“零增长”（Greenbank，2001）。事实上，许多小企业所有者对于公司维持小规模感到满意（Walker & Brown，2004）。

中小企业的经营者和所有者高度参与企业日常经营，可能导致他们没有空闲时间去关注品牌活动。时间限制也可能是阻碍中小企业品牌建设的一大因素。众多中小企业所有者看似忙于生存，实则是缺少品牌观念，不能意识到品牌对企业成功经营的长期战略价值。与花费大量精力、追求短期销售额等日常经营活动相比，开发品牌为企业发展带来的回报是长期的。一些中小企业家们甚至认为，品牌对小企业来说并不重要，在企业发展壮

大之前，企业并不需要品牌，短期销售额才更为重要。这些管理观念上的局限性，会阻碍中小企业的品牌建设，从而构成企业的品牌障碍。

5.1.2.4　创业动机障碍

创业动机即为激发、维持、调节人们从事创业活动，并引导创业活动朝向某一目标的内部心理过程或内在驱力，它是创业研究中的重要一环，是深入研究创业行为的前提和基础（曾照英和王重鸣，2009）。奥尔森等（Olson et al.，1984）指出，创业动机是创业行为背后的驱动力，促使具有创业能力和创业条件的个体进行创业。中小企业家们的创业动机驱使他们创办企业，创业动机也会影响和指导创业者们在企业经营发展过程中的战略选择。

大量创业动机文献，主要将创业动机划分为两类：名利动机和成就动机。以名利动机为创业动机的企业家，创业的初衷是为了追求名望和财富。希望通过创业发家致富，并获得权力和威望，最终提高自身的社会地位。

名利动机驱动下的创业者们，致力于追求金钱回报，更可能将精力聚集于短期利润和销售量指标，忽视有利于公司长期发展的指标，如顾客满意度、企业品牌和竞争优势的建立（Webster，1988）。企业品牌的建设是长期过程，不能使企业获得即时收益。“目光短浅”的名利动机驱动的企业家们，难以投入大量人力、物力和财力去打造品牌，以获得未来的长期收益。因此，创始人的名利型创业动机，理论上也是中小企业的品牌障碍。

5.1.3　品牌障碍构成成分检验：基于封闭访谈

5.1.3.1　访谈目的

本次访谈的目的，在于从中小企业各职级管理者和员工的角度，了解中小企业开展品牌建设面临的主要障碍，分析访谈内容、揭示中小企业品牌障碍的关键构成要素。

5.1.3.2 访谈内容

本次访谈主要由两部分组成，第一部分主要围绕受访者对其所在企业建设品牌过程中遇到的障碍进行阐述；同时，通过访谈也希望了解到受访者所在企业，在实际品牌建设工作中遭遇的具体困难事例。第二部分内容是了解受访者及其所在企业一些基本信息。

5.1.3.3 访谈对象

本次研究采用封闭访谈法，获得中小企业品牌建设关键障碍的主要观点，共有88位受访者接受了访谈邀请。88位受访者均为中小企业各个职位等级的员工。样本描述性结果如表5-1所示。

表5-1 受访者描述性统计分析结果

变量	分类	频次	百分比（%）
受访者性别	男	32	36.4
	女	56	63.6
受访者年龄	18~25岁	1	1.1
	26~30岁	45	51.1
	31~40岁	37	42.0
	41~50岁	5	5.7
截至访谈日公司成立年数	10年以下	45	51.1
	10~15年	22	25.0
	15~20年	10	11.4
	20年以上	11	12.5
公司员工人数	10人及以下	5	5.7
	11~50人	10	11.4
	51~100人	18	20.5
	101~200人	17	19.3
	201~500人	20	22.7
	500人以上	18	20.5

续表

变量	分类	频次	百分比（%）
受访者职位等级	基层管理/技术人员	30	34.1
	中层管理/技术人员	49	55.7
	高层管理/技术人员	8	9.1
	其他	1	1.1
企业所在行业	现代服务业（IT、软硬件服务、金融服务、管理咨询等）	21	23.9
	制造业	24	27.2
	教育/培训/科研/院校	15	17.0
	传统服务业（酒店、餐饮、旅游等）	5	17.0
	其他	13	14.8

此次访谈于2019年6月进行，受访者由两部分组成，第一部分为辽宁某综合性高校商学院的MBA学员，经过仔细甄选，50位在中小企业就职的学员参与了访谈，通过给予课程平时成绩分，作为参与的激励。第二部分样本来源为发动身边的社会资源，邀请到38位中小企业在职员工参与访谈。所有受访者均以书面提纲形式接受一对一访谈。其中，对50位MBA学员的访谈在学校小会议室进行，通过录音及语音文字转换技术，将受访者的回答转换成文字材料。对38位社会受访者的访谈，是向其发送电子版访谈提纲，由其远程作答，然后再将答案回传给研究者。

5.1.3.4　访谈内容分析过程及访谈结果

（1）访谈内容分析过程。为了便于对访谈内容的统计分析，88位受访者的回答材料，都整理为电子文档，访谈共回收文字材料44375字。首先使用ROSTCM6及图悦高频词分析软件，对得到的88位受访者访谈内容进行高频词汇分析，剔除“品牌”“中小企业”“建设”“发展”等对品牌建设障碍分析不产生影响的高频词汇，最终得到82个具有关键影响的高频词汇及对应频次和权重，统计结果如表5－2所示。

表 5－2　高频词汇统计分析结果

关键词	词频（次）	权重	关键词	词频（次）	权重
产品	282	0. 8914	东北地区	18	0. 6966
市场	144	0. 8358	观念	18	0. 6678
环境	119	0. 821	商品	18	0. 6645
创新	110	0. 8234	国企	17	0. 6851
经济	100	0. 8075	银行	17	0. 6622
营销	96	0. 8185	利润	17	0. 6587
政府	95	0. 8048	名牌	15	0. 6617
人才	81	0. 7972	地域	15	0. 6605
政策	73	0. 7857	专业	15	0. 6431
资金	72	0. 7859	专才	14	0. 6905
技术	71	0. 7725	融资	14	0. 6587
顾客	54	0. 7708	贷款	14	0. 6515
质量	48	0. 7449	传统	14	0. 643
消费者	46	0. 7512	历史	14	0. 6426
竞争力	44	0. 753	本土	13	0. 6518
生产	42	0. 7322	知名度	13	0. 6512
行业	39	0. 7277	影响力	13	0. 6489
工业	35	0. 7247	客户	13	0. 6346
资源	35	0. 7169	开发	13	0. 6344
宣传	34	0. 7206	认知	12	0. 6461
推广	32	0. 716	人口	12	0. 6382
文化	32	0. 7099	实力	12	0. 6348
战略	31	0. 715	规划	12	0. 6312
南方	30	0. 7234	先进	12	0. 63
特色	30	0. 7098	经验	12	0. 6274
经营	29	0. 7016	独特	11	0. 627
思想	28	0. 7031	互联网	11	0. 6241
扶持	27	0. 7115	科技	11	0. 62
成本	26	0. 6984	细分	10	0. 633
力度	25	0. 7002	份额	10	0. 6232
模式	23	0. 684	品质	10	0. 6193

续表

关键词	词频（次）	权重	关键词	词频（次）	权重
教育	23	0.6815	消费	10	0.619
流失	22	0.701	创业	10	0.6184
销售	22	0.6781	开放	10	0.6112
国有企业	21	0.697	支持力	9	0.6333
产业	21	0.6803	制造业	9	0.6207
生存	20	0.6785	新兴	9	0.619
需求	20	0.6732	陈旧	8	0.6126
发达	19	0.6809	保守	8	0.6115
渠道	19	0.6748	忠诚度	7	0.6087
价格	19	0.6649	精准	7	0.608

接下来，通过对88位受访者回答内容以人工归纳的方式，进行逐一分析和统计，共得到38种中小企业品牌建设关键障碍观点和每种观点被提及的次数。结合表5-2高频词统计结果，将全部观点归纳为10个关键障碍构成方面。其中，7个方面属于企业内部障碍，3个方面属于企业环境因素相关障碍（见表5-3）。

表5-3　　　　中小企业品牌建设障碍归类及频次统计结果

中小企业品牌建设障碍	提及频次	归类
内部障碍		
1. 经营管理观念障碍	74次	管理观念障碍+创业动机障碍
其中：品牌意识差	28次	
经营目光短视	20次	
把品牌视作名牌	11次	
管理模式落后	8次	
不注重顾客导向	5次	
缺少品牌战略规划	2次	
2. 品牌建设专业人才不足	50次	品牌专业知识与技能障碍
其中：人才流失及缺少专业人才	40次	
缺少品牌建设专业的教育培训	5次	
品牌建设参考样板少，经验不足	5次	

续表

中小企业品牌建设障碍	提及频次	归类
3. 企业技术水平低、创新不足	36 次	企业资源障碍
其中：技术障碍	21 次	
缺少自主创新能力	12 次	
其他企业模仿壁垒低、同质化竞争激烈	3 次	
4. 企业规模小、资金匮乏	34 次	企业资源障碍
其中：缺少资金、融资难	21 次	
生产成本高，缺乏规模优势	4 次	
没有形成地方联盟，各自为战	4 次	
风险承受力弱	2 次	
企业规模小，产品销售范围小，外地市场占有率不高	2 次	
存续期短	1 次	
5. 企业品牌营销不足	33 次	企业资源障碍 + 品牌专业知识障碍
其中：品牌宣传力度不够，营销手段单一	12 次	
互联网营销不足	9 次	
缺少创新的营销策略	6 次	
品牌本地化发展，外省认知度低	5 次	
新建立的品牌缺少被社会认可的渠道	1 次	
6. 企业缺少品牌定位和深耕	28 次	品牌专业知识障碍
其中：品牌定位不清晰	16 次	
缺少品牌/产品特色	8 次	
品牌定位盲目，不适合产品特点	2 次	
不了解品牌内涵	2 次	
7. 产品相关障碍	21 次	管理者观念 + 创业动机障碍
其中：产品质量差	10 次	
产品粗加工，缺少精品打造	8 次	
产品形象、包装低端	2 次	
产品单一	1 次	
外部障碍	提及频次	
1. 地区产业结构与营商环境限制	47 次	区域市场环境不利因素
其中：地区经济发展滞后	28 次	
产业结构失衡	13 次	
地区营商环境差	6 次	

续表

中小企业品牌建设障碍	提及频次	归类
2. 政府政策引导和扶持力度不足	45 次	缺乏政府支持
3. 国企品牌衬托下的比较劣势	18 次	
其中：国企大品牌地位稳固、竞争实力强	13 次	比较劣势
消费者对国企品牌信赖程度高	5 次	

（2）访谈结果。接下来，结合访谈结果，针对每个品牌障碍的具体内容，进行分析。

内部障碍。第一种内部障碍是中小企业经营管理观念障碍。这也是中小企业较为突出的品牌障碍因素。结合本书研究的对象辽宁省中小企业，这一因素也具有一定的辽宁特色。辽宁省的支柱产业是工业和农业，因此企业更加重视生产技术、规模效应、成本控制等传统管理内容。企业普遍存在轻视战略规划和品牌建设的问题。众多管理者还持有“只要生产出质量过关、品质过硬的产品，就可以有生意做”的观点。辽宁省作为重工业基地，国有企业众多，而思想保守与固化一直是国有企业的缺点。一些中小企业由国企改制而来，前身是国有企业，许多中小企业主和管理者都曾拥有过国企等体制内的工作经历，受传统工业时代的影响较大，普遍存在管理模式保守、管理理念落后等问题。导致辽宁省中小企业在发展中，普遍存在管理模式相对落后的问题。另外管理层的年龄较大、学历程度不高、缺乏“新鲜血液”。此外，中小企业多数是家族式治理结构，没有引进现代管理体系和营销模式。战略举措与目标往往不能高效地落地实现，企业内耗较大。

中小企业的成立和发展，很大程度上依靠企业家的个人能力。企业经营者的思想，会深深影响整个企业的文化氛围和战略方向（何佳讯，2021）。中小企业家缺少品牌意识，对品牌建设的战略利益认识不足；把品牌简单等同于质量或名牌，认为品牌就是质量好或者只有名牌产品才能做成品牌。比如，辽宁省兴城的泳装家喻户晓，质量、样式皆优，但没有一个有市场影响力的品牌能被消费者熟知。

不少中小企业对品牌建设缺乏正确的认识，认为注册了商标就是建立了品牌。没有持续的品牌推广和维护，品牌只能停留在一个名字、一个图标的层面，不能构建功能或情感价值。品牌名称、标志等内容的创建容易，但是要想赋予品牌功能和情感价值，塑造成强势品牌，需要企业上上下下付出持续的努力。

中小企业管理观念的落后还体现在经营目光短视。一些企业急功近利，仅仅追求眼前的利益回报，哪些项目赚钱快，便投入哪些方面，缺少对所从事领域的深耕。成功的品牌能够为企业带来诸多的营销优势，更高的顾客忠诚度、更不易受到危机的影响等。品牌是能为企业带来长期价值的资产，能够帮助企业跳出价格战的旋涡。同时品牌还需要企业持续地维护，需要企业投入大量人力、物力、精力持续进行建设。品牌建设不是一蹴而就的，需要不断的维护与提升。企业经营不能只关注当下的利益，忽视贡献长期利益的品牌建设。忽视长期的品牌建设，可能使企业进入同质化、价格战的恶性循环。

另外，一部分中小企业，经营导向还是以生产导向、产品导向为主，不以顾客需求为导向，往往以降低生产成本，压低产品价格作为主要竞争手段。生产的产品既无特色，也难以保证质量，不符合消费者对产品的预期和要求。不以顾客为中心、不专注顾客需要满足，必然不能为顾客带来良好的体验，形成高度的顾客购买黏性。盲目追求短期利润，跟风生产现有市场中利润较高的产品，而当产品生产出来后，其市场可能已经达到饱和状态，接下来就会遭遇产品滞销局面。

这些管理观念上的问题，都会成为企业的品牌障碍，制约企业品牌导向战略落地和企业品牌塑造。

第二种内部障碍是品牌专业人才（或专业知识）不足。品牌的打造是一个长期、系统的过程，企业必须在资源分配、战略规划、整合营销等方面，为品牌的定位和发展提供必要支持和有力保障。品牌的成功塑造，需要品牌定位、计划和实施品牌营销、衡量和诠释品牌绩效、发展

和维持品牌价值等内容，每个环节都需要大量的专业知识和人才。品牌专业知识和人才的短缺，会阻碍中小企业的品牌建设。通过对访谈结果的总结，专业知识和人才不足的原因有以下两个。

一方面，家喻户晓的品牌是企业一系列营销活动有效开展的结果，也为企业带来了更高的利润率和忠诚度。品牌管理知识和技能，在中国是一个相对新的领域，需要大量人才。首先，从各个大学商学院的课程设置上来看，品牌管理只是作为一门课程予以讲授，缺少品牌管理专业，和相应的专门人才培养。具有营销专业学习背景的大学毕业生，都不一定具备品牌管理的专业知识和技能。其次，从社会职业培训来看，专业的品牌管理培训少之又少，企业难以通过职业培训机构，学习到专业系统的品牌管理知识。显然，目前的教育体系不利于培养出精于企业品牌塑造的专业人才。目前，大多数企业的品牌管理，一定程度上呈现野蛮生长状态。一些企业更是把品牌作为博消费者眼球的工具，品牌命名十分低俗。在这样的现实条件下，一些企业只能把品牌建设的工作外包出去，而外包公司亦缺乏专业性，往往只是敷衍了事，不能真正长期地帮助企业培育强势品牌。事实上，这不仅是辽宁省中小企业所面临的问题，也是全国性的问题。

另一方面，人才是发展的第一生产力，高素质的品牌管理专业人才流失，也是辽宁省中小企业缺少专业人才的重要原因。受经济大环境的影响，辽宁地区的人口近年来呈负增长趋势，而流失的人口中，大部分是以大学毕业生为代表的知识型员工，大量人才毕业后前往北上广深、长三角、珠三角等经济发达地区，寻求更广阔的职业发展空间。在这样的背景下，辽宁省中小企业发展前景普遍不被看好，薪酬、福利、成长空间很难吸引品牌管理专业人才。企业的发展需要人才，品牌建设作为兼具复杂性和长期性特点的营销战略，更需要专业人才。专业人才的流失构成了中小企业的品牌障碍。

第三种内部障碍是中小企业技术水平低、创新不足。产品创新是当代企业之间最重要的竞争手段之一。根据“微笑曲线”理论，创新与营销是促进企业价值增长最重要的两个环节。做好了创新，不仅能够让产品跳出价格竞争的死循环，从众多竞争者中脱颖而出，更能以创新点为有力抓手，建立特色的品牌，形成品牌效应。

众多中小企业存在设备陈旧、生产技术落后、效率低下等问题，产品不能迎合市场需要。随着经济的快速发展，功能落后的产品一定会被市场所淘汰。中小企业自主创新能力差、产品研发不足，不能推陈出新，精益求精，没有好产品，就谈不上品牌建设。辽宁省中小企业研发实力弱是阻碍创新、技术进步的客观因素。

以辽宁省盖州的丝绸和蚕丝为例，丝绸和蚕丝全国著名，但是相关经营主体的产品创新意识不足，没有充分发挥产品优势。与之对应，江苏省南通等地，超前的创新意识使其先入为主地占领家纺市场，近几年已收购很多辽宁省盖州本地的蚕丝。蚕丝精加工，做蚕丝被等更具附加值的产品，已经成为江苏南通诸多经营者的主流模式。市场方面，不管是线上还是线下市场，基本已被南通地区的品牌占领。中小企业创新意识不强，还体现在一味地模仿同行，盲目跟风，产品无特色，这样显然不利于打造产品特色、塑造强势品牌。

缺乏技术创新的产品，只会被不断更新换代的新产品所替代。依靠低价策略谋求一小块市场，只会加深消费者的产品低端印象。此外，众多辽宁省中小企业以生产制造业为主，代加工企业占比高，产品技术含量相对较低，专利产品少。一旦新产品表现出了良好的市场反响与价值空间后，会立即有大量竞争对手，甚至跨行业的大企业涉足，吸引大批模仿者。模仿成本低，外部竞争者掌握技术难度小，同质化竞争激烈，导致中小企业难以创造自己的品牌。很多企业的产品，要么是代工，要么是做半成品，没有自己研发的产品，这样的经营模式也难以培育品牌。

第四种内部障碍是中小企业规模小、资金匮乏。企业品牌的打造是一个复杂的过程，从品牌定位、设计、营销推广、渠道建设、客户拓展到口碑管理等活动，每个环节都需要投入资金，中小企业普遍面临资金短缺的问题，难以支付品牌建设所需的高额广告费、品牌推广及维护费用等。运用大数据和人工智能获取精准数据，精准营销更是难以实现。企业建立的品牌不能被消费者熟知且信赖，品牌建设艰难。一方面，中小企业生产规模小，产值低、资金池小、产品销售范围小、外地市场占有率不高，是中小企业不得不面对的现实因素。目前我国大多数中小企业正处于“初级发展阶段”，而辽宁省的中小企业更是在艰难中寻求发展。一些企业面对的消费者市场，购买力较低。另一方面，辽宁省中小企业众多，是“供大于求”的局面，众多中小企业生存都存在问题。这样，建设品牌就失去了资源基础。

经营不善、资金困难等现实问题，导致中小企业经常遇到危机。中小企业风险承受力远远弱于大企业，而脆弱的风险承受力使得中小企业破产时有发生。中小企业在扩大生产链、提升产品质量、开展营销活动、打造品牌方面，均受到财务资金的限制。中小企业风险承受能力弱，资金链一旦断裂，企业将面临生存危机。品牌建设需要投入源源不断的资金，并且企业也必须承担品牌建设投资失败的风险。不敢冒险的小企业，选择谨慎路线。这样，品牌建设成为众多中小企业难以承担的事情。

据美国《财富》杂志报道，中国中小企业的平均寿命仅为2.5年，而这一存续时间在低消费水平的东北地区甚至更短。成功地塑造一个品牌，打造具有知名度、美誉度的品牌，需要时间的沉淀。企业存续期短，中小企业风险承受力弱，无疑成为企业品牌建设的障碍。

另外，辽宁省中小企业外部融资的主要渠道为银行贷款，这些企业经营年限少、抵押物不足、土地及房屋价值较低，难以获得大量的贷款支持。银行作为风险厌恶者，往往乐于给大企业、跨国公司“锦上添花”，而不愿给中小企业“雪中送炭”。因此，中小企业相对来说很难从银行机构取得授信，即使取得也会面临授信额度低、手续烦琐等问题，并且有限的贷款往往也只能维持企业日常资金周转，不足以覆盖品牌推广、维护等高额的成本。中小企业融资难、融资成本高，客观上也制约了中小企业的品牌建设。

相比于大企业的市场份额和产量，中小企业受限于自身经营规模，缺少规模优势，单件产品的生产成本远高于大企业。辽宁地区创新型企业少，互联网企业数量占比不足10%，上下游产业链不完整，无法低成本地实现产品制造（辽宁省人民政府发展研究中心课题组，2014；刑军伟，2014）。珠三角、长三角等经济相对发达地区的中小企业，经过多年的发展和行业经验积累，配套产业成熟，上下游产业链完整，拥有丰富的渠道和较大的市场份额。各项产品的原材料采购成本、生产成本、加工制造成本，都比辽宁省要低很多。同时，这些地区物流运输成本也远低于辽宁省。随着电子商务的兴起，这些成本劣势更加明显。许多不成规模、不具实力的企业在市场竞争中被淘汰。由此，缺乏规模和成本优势的辽宁省中小企业在产品价格上亦无竞争优势。同样的商品，如果质量相同，消费者自然会趋向于价格更低的那一种，进而也会影响企业销量和利润。

相较于江浙地区的产业集群，辽宁省中小企业没有形成地方联盟，缺少强大的合力。随之而来的后果，就是企业难以实现规模效益。反观浙江义乌小商品，义乌之所以被大家认识，不是因为某一家小商品经营企业做的出名而被熟知，而是小商品城所具有的规模优势，成就了“义乌小商品”的知名度，也降低了整个产业集群的生产成本，提升集群内企业的经营利润。在缺乏产业集群的地区，企业各自为战，竞争激烈。这样就会增加单个企业的生产成本，影响企业销量和利润，最终负面影响企业品牌建设的资源基础。

第五种内部障碍是中小企业品牌营销推广不足。品牌是企业的上层建筑，也是一切营销活动的焦点和重点。企业市场营销战略的制定和执行，应该以品牌为中心。充分利用市场调查，分析目标群体的需求，结合企业产品的特点进行品牌识别塑造、宣传和推广，是企业品牌建设的重心。然而，试图塑造品牌的中小企业，一般品牌宣传力度不够、营销手段单一、线上营销渠道利用不足。以辽宁省为例，辽宁省有着优沃的资源和产品，比如岫岩的玉、阜新玛瑙制品、本溪的冰酒等等，都属于“中国地理标志产品”，在辽宁省也都是家喻户晓的好产品，但销售范围还是以省内为主，产品在省外的认知度低、销量低。相关产品品牌只具有一定的本地化影响力，品牌缺乏对外的推广。

在信息爆炸的移动互联时代，“酒香也怕巷子深”。好的品牌和产品，需要积极主动地推广。此外。现在主力消费者的年龄层在逐渐降低，对网络推广的模式接受度和关注度更高。中小企业与实力雄厚的大企业相比，缺少资金用于品牌推广渠道的建设。互联网平台具有信息传播速度快、宣传费用低、受众多等优势，是中小企业利用有限资源、传播品牌识别、塑造品牌形象的重要途径。一些中小企业重生产、轻营销，没有参与到营销的大市场中来。相较于江浙一带线上产业链集中、品牌推广的线上模式成熟，大部分辽宁省中小企业线上销售和营销沟通渠道的建设都显得相对滞后。利用目前兴起的电商、直播平台、小视频 App、病毒式的传播方式进行品牌推广，是中小企业应该采纳的品牌建设与推广模式。然而，众多辽宁省中小企业尚未能有效地践行这一品牌推广策略。

一些中小企业的品牌理念，还停留在品牌就是几句吸引人的广告语阶段。不注重与消费者建立联系，无法深入精准地了解消费者的需求，市场调研和分析能力欠缺，是一些中小企业品牌建设面临的痛点。中小企业在构建品牌理念时，应该与消费者建立深层次的联结，要超越简单的产品概念，在精神、情感层面与目标顾客建立共鸣。

以辽宁省“绿色芳山”品牌为例，它是辽宁省少有与消费者建立有效联结，深挖消费者需求的杂粮生产品牌，成功在东北、华北地区打开销路，赢得消费者的喜爱。除了产品优质，成功的营销模式功不可没。首先，“绿色芳山”充分利用地域优势，“北纬 42 度有利于芳曲霉素生长、黑山出花生”，这一品牌理念充分迎合了消费者优质原产地的心理诉求。其次，产品传达出健康生活的营销理念，使用传统方法耕种、农家肥与有机肥共用、手工除草，迎合了当下消费者对健康原生态产品和生活的追求。最后，在品牌推广中，以厂区设立质量化验中心为手段，强化优质可靠的产品形象，赢得消费者信任。

第六种内部障碍是中小企业缺少品牌定位和深耕。品牌定位指企业在完成市场定位和产品定位之后，通过分析特定品牌在文化和个性上的差异，为其建立一个契合目标顾客需要的独特品牌形象的过程。也就是使特定品牌在众多品牌中“与众不同”，在消费者心中占据特殊位置。随着消费者购买力的日益提升，消费者需求也朝着多元化、精益化发展。消费者需求的差异性，与产品的特性和功能紧密相关。如果不同的竞争产品之间，功能基本一致，消费者将根据品牌定位制定购买决策。比如“七喜”与两大可乐相比，从产品功效上看并无根本差异，但是因为七喜将品牌定位为“不含咖啡因的非可乐”，使得七喜可以形成鲜明的产品区隔，满足了不愿意饮用含有咖啡因，但仍然喜好碳酸饮料的消费者。

中小企业缺少品牌定位和深耕。打造强势品牌离不开清晰明确的品牌定位，使产品能够差异化满足目标顾客的功能和心理需求。现实中，一部分中小企业缺少对品牌定位的理解，不考虑自身产品的特点以及消费者市场细分，盲目跟风，造成品牌定位不准确。同时，品牌定位不清晰，不能向目标群体传达出明确的品牌特点及产品特点，抑制了目标顾客对产品的购买。品牌定位模糊，也难以在消费者心中占据独特的位置。所以当顾客产生相关的需求时，品牌不会被第一时间联想到。精准而清晰的品牌定位，有助于帮助顾客对产品形成记忆点，培养品牌忠诚度。

定位模糊，品牌定位不能体现产品独特特点，也妨碍了品牌形象的塑造和推广。辽宁省中小企业中，食品制造、农产品加工企业众多，这些企业在品牌建设的过程中，缺少对地域特色、民俗文化、历史背景的提炼与利用，品牌定位没有突出这些优势。“八王寺”“老边饺子”等辽宁老字号品牌，充分利用了地理或历史优势，品牌定位突出特色，抓住了目标顾客对品牌背景的认可和关注，塑造了优秀的品牌形象，积累了一定的品牌资产。不过，在当前的社交媒体环境下，这些品牌也需要进一步传播和推广。

一些中小企业并未有效结合产品特色，进行精准品牌定位。以某受访者所从事的装修行业为例，除了老品牌装修公司外，许多新办公司也开始在市场上崭露头角。但这些公司的品牌定位大同小异，品牌推广过程中基本没有传播出自身独特的装修优势。事实上，一些公司性价比高，一些公司装修效率高，这些公司在装修领域中都有自身的长处，但品牌定位没有突出这些特点和长处。不能结合产品和企业独特特点进行精准定位，就无法在目标顾客心中打造独特的品牌形象和品牌识别。

第七种内部障碍涉及中小企业的产品。在产品伤害危机的视角下，学者金（Kim，2014）发现，企业的高层管理者普遍持有这样的看法，产品伤害危机会对企业的品牌资产产生负面影响。范赫德等（Van Heerde et al.，2007）在有关产品伤害危机的研究中发现，由于品牌资产属性的脆弱性，即使企业源源不断投入巨大的资源和精力去经营和维护企业的品牌资产，但是一旦产品伤害事件发生，哪怕是很小的事件，也将使企业多年的品牌塑造努力付诸东流。企业生产高质量的产品，是一切营销活动的基础。对于企业来讲，即使不出现产品伤害危机，消费者对劣质产品的负面感知，也足以阻碍企业品牌形象的树立。

从本书研究的访谈内容来看，一方面，“打铁还需自身硬”，产品是品牌的载体，质优的产品是打造和维护强势品牌的基础。现实中，一些中小企业至今还秉承着生产导向。以降低生产成本、压低产品价格作为主要竞争手段。生产的产品既无特色，也难以保证质量，不符合当代顾客对于产品的预期和需要。初级产品或低端产品多，不少中小企业还停留在过去的陈旧思维上，对产品质量的要求还停留在满足市场监管、而不是满足市场需求上。另一方面，中小企业对于产品生产，普遍缺乏“十年磨一剑”的工匠精神。产品加工粗放，缺乏对产品反复打磨、深加工，即使能够向市场输送优质的产品，也难以打破市场品牌认可度低的尴尬局面。只有超出消费者预期的产品，才能在激烈的市场竞争中获得消费者的信赖。

以辽宁省中小企业为例，众多辽宁企业并不缺乏好产品。比如盘锦大米，无论从食用口感、生长环境、卫生品质等方面，均不输于黑龙江五常大米。但通过对某电商平台上销售的“五常大米”和“盘锦大米”分别抽取10个样本，计算其价格平均值，发现五常大米平均售价11.8元/公斤，而盘锦大米的平均价格只有7.2元/公斤。同时也发现，五常大米在包装、外形方面更加精致美观。盘锦大米则略显粗犷，在此电商平台上售卖的礼盒装大米的比例低于五常大米，盘锦大米更多呈现的是大分量包装袋。可见，如盘锦大米的经营企业，在精细加工、精品打造方面短板突出，仍然走的是中低端路线，无法发挥产品质量优势，塑造强势品牌。除了盘锦大米，在农产品方面，辽宁省还有许多特产，相应地也伴随许多中小企业。比如盘锦河蟹、沙棘、岫岩玉石、丹东草莓、大连樱桃、海参等，但真正做到知名度高、美誉度高的品牌寥寥无几。

外部障碍。受访者感知到的第一种外部障碍是地区产业结构与营商环境限制。一直以来辽宁省都以发展重工业产业为主，钢铁、石油、石化等行业的国有企业众多。相比以服务业为主导的地区，中小企业数量比较少且发展时间短，很多中小企业近十年内才起步。辽宁省的重工业自改革开放以来都是GDP的主要贡献者，很大一部分中小企业的主营业务，也都是围绕这些大型国有企业展开的。以“鞍钢”为例，很多小企业专门为鞍山钢铁提供“废钢收购、钢铁买卖”等配套服务，没有核心竞争力，难以打造品牌。

从产业的角度来讲，辽宁省新兴产业优势不显著，互联网行业无法与北京、深圳等地比较，轻工业、手工业无法与长三角竞争，过去引以为傲的重工业也在慢慢地被其他地区赶超。同时，重视重工业、轻视轻工业也导致产业结构失衡。中小企业生存空间小，品牌建设艰难。

另外，营商环境对中小企业的品牌建设存在间接影响。就某受访者所在的布草洗涤厂为例，建厂要经过政府多个部门的审批，涉及地基、环保、蒸汽、自来水接引等环节，负责地基的部门会对建厂所处的地势进行分析，评估是否适合建厂；负责环保的部门会对建厂后对环境带来的影响进行分析；蒸汽管道是否可以接引需要得到市政、路政的批准；自来水接引需要与自来水公司达成合作意向。其中任何一个环节没有通过审批，就不能建厂。随着政府不断简化办事程序，中小企业办事难、手续多虽然已经得到一定的改善，但还有不断优化的空间。营商环境直接影响企业经营的效率和效益。营商环境好，企业更多把精力放在顾客、市场和内部经营上，从而更可能做好品牌建设。否则，营商环境差，企业需要把大量的时间、精力、资源等放在与政府相关部门“打交道”上，这样会加重品牌塑造的障碍，抑制企业品牌建设。

受访者感知到的第二种外部障碍，是政府政策引导和扶持力度不足。对中小企业而言，从企业战略制定到实际的生产营销，国家和政府的政策都起着至关重要的作用。辽宁省作为传统重工业和农业大省，产业的重心以及政策的扶持方向一直偏向工业和农业。政策扶持上倾向支持国有大型企业，对中小企业扶持不足，政策倾向少。辽宁中小企业发展比较缓慢。近几年来，辽宁省已经陆续出台《关于支持民营经济发展的若干政策措施》《关于优化金融服务民营企业的实施意见》等政策文件，促进民营企业加速发展。品牌是中小企业跳出价格战、构建核心竞争力的关键，也是中小企业成长为大企业的重要依托。中小企业的品牌建设，离不开当地政府政策引导和扶持。中小企业所有者，一般为自主创业者，经济资源和社会资源有限。在缺乏政府政策支持的情形下，受限于企业实力等客观原因，难以依靠一己之力打造品牌。政府重视中小企业品牌建设，给予适当的支持和鼓励政策，有助于中小企业树立品牌导向战略思维，走上依托品牌构建竞争优势的发展道路。

从当前的现实来看，众多地方政府在扶持中小企业品牌建设中，政策针对性和具体性不足，缺乏面向各个行业的、有区分性的引导和支持。比如，生产地方特色产品的中小企业，与当地旅游部门联合开展营销推广，可能是促进中小企业发展和品牌塑造的重要途径。杭州市政府不仅给予龙井茶产业财政补贴，还充分利用当地丰富的旅游资源，打开龙井茶产品的销路，同时帮助传播品牌。让茶农安心种茶，不因茶的收入问题放弃好的茶田；同时通过旅游产业带动茶叶产业，通过口口相传的积极口碑，打造茶叶品牌。与之对应，辽宁省既有得天独厚的旅游资源，也有优质的特色产品。如辽宁本溪，有水洞、老边沟、关门山等自然景观，也不乏"桓仁冰酒"等优质产品，两者若能协同发展，互相促进，将有利于本溪冰酒特色品牌的塑造和品牌价值的传播。实践中，当地政府大力发展制药行业，对其他行业扶持力度有限。

授人以鱼，不如授人以渔。政府为中小企业制定了降低融资成本，提供专项人才补贴和优惠税率等政策，使得中小企业有资金建设企业品牌。然而，从访谈中了解到，很多辽宁中小企业不知道该如何建设企业品牌，这是必须要克服的现实问题。中小企业普遍存在品牌专业知识和人才不足，品牌建设技能欠缺等问题。辽宁中小企业的发展，需要商业协会、行业协会等组织，构建共赢和推广的平台。目前的一些商业协会，比如"辽商"协会，只重视纳入大型企业，政府应该积极协调引导中小企业加入，拓宽品牌传播渠道。

第三种外部障碍是国企品牌衬托下的比较劣势。辽宁省作为老工业基地，原有的国有企业众多，消费者对于国有企业的信赖度高，国有企业甚至不用投入大量人力、物力进行品牌建设，消费者对其产品的信赖度都要高于中小企业。因为有国家信誉的背书，消费者对其产品有更高的信任。市场占有率高的"大品牌"、经历市场检验存活下来的"老品牌"，意味着产品优质。拥有这些品牌的企业，由于多年对品牌的深耕，积累了一定的品牌管理经验，品牌维护和渠道管理趋于成熟。消费者面对众多不同品牌时，往往倾向习惯性地购买熟悉的产品和品牌，不愿意

冒险去尝试新的品牌，甚至愿意为信赖的“大品牌”支付更高的价格。

实践中，中小企业往往面临国有企业品牌强烈的竞争，这在辽宁地区尤为突出。每个行业都有一些国企“大品牌”。当消费者决定购买某一产品时，第一时间会想到这些品牌。面对市场占有率高，品牌忠诚度高的一些国企品牌，中小企业难以撼动其市场地位，为了销量只能降低价格维持企业运转，“便宜没好货”的观念反过来也影响了品牌形象的塑造，阻碍中小企业品牌建设。国企“大品牌”牢牢占据着大部分市场份额，客观上也加大了“小品牌”打开市场、推广品牌的难度。

（3）访谈结果小结。通过对上述辽宁中小企业内外部品牌障碍的总结，以及每种品牌障碍形成原因的讨论，发现品牌障碍间实质上具有内在的连带影响关系。另外，一些品牌障碍的形成原因并非字面上那么简单，具有更深层次的原因。基于此，进一步将封闭访谈归纳出的内外部品牌障碍进行归类，具体如下。

第一，企业资源障碍。中小企业受限于自身资源，包括物质资源、人力资源等，企业对于技术创新和产品研发有心无力，自主创新能力不足与技术水平低，使得中小企业产品模仿壁垒低，同质化现象严重。产品自身障碍属于一种能力障碍，受到资源的约束。品牌塑造的各个环节都需要大量资金的投入，任何一个环节都影响着品牌塑造的成效。由此，内部障碍中的中小企业技术水平低、创新不足、中小企业规模小、资金匮乏都可以归为企业资源障碍。同时，中小企业营销不足、产品自身存在障碍，内在深层次的原因，较大程度上也可以归为资源障碍。

第二，管理者观念障碍。管理者观念障碍体现在管理者缺少建设品牌的意识，认为品牌建设只是大企业的事情，小企业应该把有限的资源用于企业日常经营的业务上，品牌对于小企业并不是很重要。同时，小企业所有者管理观念落后，甚至还停留在生产导向、产品导向阶段。停留在生产导向的管理者，致力于扩大生产规模、降低企业成本及广泛分销，不考虑产品质量，立足于卖方市场。停留在产品导向的管理者，虽然注重提高产品质量及增加产品功能，但是没有从顾客的角度，努力去了解消费者的核心需要。即使有好的产品，由于产品形象、包装走低端路线，同样不能迎合当下消费升级时代的顾客需求。品牌代表着优质的产品、中高端的形象。因此，中小企业经营管理观念障碍的成因，一部分是由于企业管理者的观念障碍，产品自身障碍的形成也离不开管理者观念障碍的影响。

品牌专业知识障碍。品牌专业知识障碍直接影响品牌建设的过程。打造强势品牌是一个复杂而专业的过程。中小企业品牌宣传力度不够、营销手段单一及缺少创新的营销策略，直接凸显了品牌专业知识障碍。品牌定位作为营销战略中最首要的内容，从开展市场调查、分析目标市场到确定品牌核心理念（品牌识别），是一套专业的管理流程。品牌定位不清晰、无特色等品牌障碍，归根到底是由于品牌专业知识不足。此外，中小企业品牌建设专业人才不足是品牌专业知识障碍的直接原因。综上所述，中小企业品牌建设专业人才不足、缺少对品牌定位的深耕，都可以归为品牌专业知识障碍，品牌营销不足的一部分成因也是因为品牌专业知识障碍。

创业动机障碍。中小企业创业动机障碍，具体指名利型创业动机障碍。名利型创业动机障碍体现为，经营者目光短浅及缺少长期的品牌战略规划。以追求名利为创业动机的经营者，创办企业是为了追求自身的财富积累，享受当老板的权力与地位，并且借此提升自己的社会地位。在名利动机的驱动下，企业创业者或者创业团队更注重短期的经营指标，如销售额、净利润等，致力于追求眼前的收益，而忽视长期资产的投资。所以，中小企业经营管理观念障碍中一部分障碍，由名利型创业动机造成。

外部不利因素。中小企业的品牌建设除了依靠自身资源、专业技能等内部因素外，也需要政府的支持。企业经营受到各方面利益相关者的

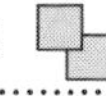

影响，所以，不利的外部环境也将阻碍微观层面的企业品牌建设。基于前文的分析，辽宁地区经济情况及产业结构限制、政府政策引导和扶持力度不足、国企品牌衬托下的比较劣势，被归为辽宁中小企业面临的外部障碍，这一障碍一定程度上体现了辽宁省历史及发展特点。

5.1.4　品牌障碍构成成分检验：基于问卷调查

通过访谈提炼的辽宁中小企业品牌障碍的十个方面，本质上可以归为企业资源（能力）障碍、管理者观念障碍、品牌专业知识障碍、创业动机障碍，以及外部环境障碍。外部环境因素属于辽宁中小企业面临的独特情境因素。考虑品牌障碍的重要性、理论上的普遍性，以及问卷调查方式的可实现性，接下来，进一步通过问卷调查获取一手数据，检验品牌障碍的结构维度是否由“资源障碍、专业知识障碍、管理观念障碍、创业动机障碍”这四个方面构成。

5.1.4.1　样本来源及特征

本书研究采用问卷调查的方法收集数据。为了避免同源偏差，限定一家企业的被试只能填写一份问卷。由于问卷题项涉及中小企业层面的相关信息，为了确保调研数据的准确性，选定的具体调研对象为在中小企业工作的相关人员。调研于 2019 年 4 月进行，主要采用两种方式收集问卷：（1）向某高校 MBA 学员发放和回收问卷，若学员为中小企业的员工，则由其围绕本企业的情况展开填写；若不是中小企业的员工，则要求其根据自己最熟悉的中小企业状况填写，具体可以为直系亲属的工作单位、朋友的工作单位等；总计发放 201 份问卷，回收 190 份问卷。（2）在某高校《市场营销学》课程课堂上，以课程作业的形式，向 110 位工商管理类专业的学生发放纸质问卷，要求学生将纸质问卷带回家让父母（若父母在中小企业工作）或在中小企业工作的亲属、朋友等填写；

这种方式回收108份问卷。

两种方式共收集298份问卷。问卷设置了填写者对所调研企业的了解程度题项，共六个选项，分别为：（1）100%了解；（2）80%的程度上了解；（3）60%程度上了解；（4）40%程度上了解；（5）20%程度上了解；（6）0%了解，为了使调查数据更具有严谨性，本书研究将对企业内部管理了解程度超过60%（包括60%）的问卷认定为有效问卷，按此筛选标准，回收有效问卷100份，有效回收率为33.56%。

有效样本的描述性统计特征如表5-4所示。

表5-4　　样本特征描述

特征		频数（次）	百分比（%）	特征		频数（次）	百分比（%）
性别	男	46	46	企业成立年限	≤10年	34	34
	女	54	54		11~20年	39	39
年龄	18~25岁	16	16		21~30年	19	19
	26~30岁	37	37		≥31年	8	8
	31~40岁	22	22	企业规模	10人及以下	7	7
	41~50岁	24	24		11~20人	10	10
	51~60岁	1	1		21~50人	12	12
学历	初中以下	1	1		51~100人	10	10
	初中/中专	8	8		101~200人	11	11
	大专/高职	18	18		201~300人	17	17
	本科	45	45		301~500人	4	4
	研究生及以上	28	28		500人以上	29	29
职位等级	普通员工	27	27	行业	现代服务业（IT、软硬件服务、金融服务、管理咨询等）	22	22
	基层管理/技术人员	17	17		制造业	26	26
	中层管理/技术人员	28	28		教育/培训/科研/院校	3	3
	高层管理/技术人员	16	16		传统服务业（酒店、餐饮、旅游等）	24	24
	其他	12	12		其他	25	25

5.1.4.2　因子分析结果

（1）变量测量。第一，企业资源障碍，即企业资源的不充足程度。基于黄彦棕和蔡雅婷（2013）关于品牌导向前因的研究，对卢卡和阿图海尼－吉马（Luca & Atuaheene-Gima，2007）测量资源充足性的指标进行修订，具体是通过三个题项测量企业资源充足性（见表5－5）。

表5－5　企业资源障碍测量题项

企业资源充足性	参考文献
（a）该公司可以在短时期内获取大量的资源，以开展新的战略行动	黄彦棕和蔡雅婷（2013）；卢卡和阿图海尼－吉马（2007）
（b）该公司拥有可以快速方便获得资源的途径，以支持新的战略行动	
（c）该公司目前拥有大量的资源，可供高层管理者开展新的战略行动	

第二，管理者观念障碍。基于黄和梅里尔斯（2008）对管理者发展导向的观念障碍研究，并结合我们前期对10家具有代表性中小企业创始人、中高层管理者访谈的结果，设计了6个题项来测量管理者观念障碍（见表5－6）。

表5－6　管理者观念障碍测量题项

管理者观念障碍	参考文献
（a）致力于品牌塑造的营销活动，对公司而言太过于昂贵，难以承担	黄和梅里尔斯（2008）
（b）该公司总是忙于日常运营的各种事情，无力考虑品牌塑造的问题	
（c）品牌塑造对小公司而言不那么必需	
（d）只有当公司发展到一定规模的时候，才有必要考虑品牌塑造的问题	
（e）对该公司而言，销售工作比品牌塑造更重要	
（f）关于品牌对企业发展的贡献，他/她认识不足	

第三，品牌专业知识障碍。品牌专业知识障碍，即品牌专业知识不充足的程度。针对阻碍中小企业构建品牌导向的因素，对10家具有代表

性中小企业创始人、中高层管理者进行深度访谈，整理后得到阻碍因素包括：企业建设品牌缺乏专业性和系统性（5家企业提及），企业缺少具有了解品牌管理专业知识的员工（7家企业提及），企业高管不知道如何准确定位或品牌定位无特色（5家企业提及），第三方品牌管理公司存在忽悠的成分（4家企业提及），企业自身难以进行品牌设计、开发与宣传（6家企业提及）。基于此，设计了测量品牌专业知识充足性的4个题项（见表5-7）。

表5-7　品牌专业知识充足性测量题项

品牌专业知识充足性测量题项	题项来源
(a) 该公司掌握品牌管理专业知识的员工数量充足	基于10位中小企业创始人深度访谈提出
(b) 该公司员工具有一定的品牌专业知识	
(c) 该公司高层管理者具有一定的品牌专业知识	
(d) 该公司开展品牌建设，可以有效依靠的外部专业机构充足	

第四，创业动机障碍，即创业者是否秉承名利型创业动机。基于高日光等（2009）关于中国大学生创业动机的模型建构与测量研究，并参考曾照英等（2009）关于我国创业者创业动机的调查分析，选取三个题项来测量名利型创业动机（见表5-8）。

表5-8　名利型创业动机测量题项

创业是为了：	参考文献
(a) 发财致富	高日光等（2009） 曾照英等（2009）
(b) 追求当老板的权力与地位	
(c) 提高自身社会地位	

以上所有潜变量测量，都是让被试在7点量表上作答，1表示“非常不符合”，7表示“非常符合”。为了保证被试认真填写，除了在问卷的引导语强调“采用匿名方式填写”“答案没有对错好坏之分”外，在问卷开始前还设计了一道题“您认为自己是一位乐于助人的人吗?”，被试在“是”和“否”之间回答；这样先入为主的操纵，有利于提升被试的填写

认真程度（西奥迪尼，2017），有效样本中，被试全部选择了“是”。

（2）信度分析。通过 Cronbach's α 系数对所用量表的信度进行检验。结果显示，管理者观念障碍的 Cronbach's α 系数为 0.940，企业资源充足性的 Cronbach's α 系数为 0.964，品牌专业知识充足性的 Cronbach's α 系数为 0.948，名利型创业动机的 Cronbach's α 系数为 0.941，均大于 0.9，说明量表的内部一致性信度很高。

（3）验证性因子分析。结构效度。使用 Amos17.0 软件进行验证性因子分析，相关指标如表 5-9 所示，X^2/df 的值为 1.426，小于 2，比较理想；RMSEA 为 0.066，小于 0.08；CFI 为 0.975，IFI 为 0.976，TLI 为 0.970，均大于 0.9，拟合结果较好；整体来看，模型具有良好的结构效度。

表 5-9　　整体拟合指数

X^2/df	RMSEA	CFI	IFI	TLI
1.426	0.066	0.975	0.976	0.970

聚合效度。验证性因子分析结果表明，管理者观念障碍、企业资源充足性、品牌专业知识充足性、名利型创业动机，对应的各个题项的因子荷载均大于 0.5，AVE 值均大于 0.5，CR 组合信度大于 0.7，表明量表具有较好的聚合效度。具体指标如表 5-10 所示。

表 5-10　　主要变量测量指标的因子荷载、平均变异数抽取量及组合信度

变量	指标	路径	Estimate	AVE（平均变异数抽取量）	CR（组合信度）
管理者观念障碍	C1	←	0.62	0.73	0.94
	C2	←	0.90		
	C3	←	0.92		
	C4	←	0.93		
	C5	←	0.86		
	C6	←	0.87		

续表

变量	指标	路径	Estimate	AVE（平均变异数抽取量）	CR（组合信度）
企业资源充足性	D1	←	0.95	0.90	0.97
	D2	←	0.97		
	D3	←	0.93		
品牌专业知识充足性	E1	←	0.93	0.83	0.95
	E2	←	0.93		
	E3	←	0.94		
	E4	←	0.84		
名利型创业动机	F1	←	0.94	0.85	0.94
	F2	←	0.92		
	F3	←	0.90		

区别效度。变量管理者观念障碍、企业资源充足性、品牌专业知识充足性、名利型创业动机的 AVE 平方根的值，均大于它们与其他变量的相关系数，说明量表有较好的区别效度，具体结果如表 5-11 所示。

表 5-11　　区别效度检验

项目	1	2	3	4
1. 管理者观念障碍	0.73			
2. 企业资源充足性	-0.28**	0.90		
3. 品牌专业知识充足性	-0.57**	0.39**	0.83	
4. 名利型创业动机	0.49**	0.71	-0.30**	0.85
AVE 平方根	0.85	0.94	0.91	0.92

注：** $p<0.01$. 对角线上数值为潜变量对应的 AVE 值。

以上分析结果表明，中小企业品牌障碍的结构维度，划分为企业资源障碍、管理者观念障碍、品牌专业知识障碍、创业动机障碍四维度结构，是具有结构效度、聚合效度和区别效度的。总体上，本节基于问卷调查数据分析，提炼的中小企业品牌障碍结构维度，与上一节基于封闭访谈文本分析提炼的中小企业品牌障碍结构维度是一致的。

5.1.5 品牌障碍对品牌导向的影响效应检验

5.1.5.1 假设提出

结合5.1.3节和5.1.4节的研究，将中小企业品牌障碍因素，分类为如下四种。

第一，企业资源障碍。根据资源基础理论，品牌导向的建立，需要企业持续不断地在打造品牌识别的营销活动上投入资源。这些资源包括拥有的资产、能力、组织过程、信息和知识等。资源丰富的公司可以应对不确定性和风险，可以支持品牌建设这一中长期投资。相反，资源不足的公司，例如，中小企业由于资金限制，公司专注于日常运营，可能不具备贯彻品牌导向战略所需要的长期投资（Wong & Merrilees, 2005）。

所谓资源的充足性是指一个企业是否具有闲置资源，这些资源通常是指企业能够自由使用的财力和人力。缺乏资源将导致资源障碍。充足的资源可以满足公司的经营需要，支持公司积极主动的战略行动（Cyert & March，1963）。资源充足，企业可以在竞争、扩张或其他方面表现更积极（Bourgeois，1981；Singh，1986），实现新战略或进入新市场。因此，一个公司想要成为品牌导向型的公司，必须长期投资于能够树立独特品牌形象的营销活动。缺乏充足的资源将成为开展品牌活动、进而成为建设品牌导向型企业的障碍。据此，提出如下假设：

H_{5-1}：资源充足性越低的企业，品牌导向程度越低。

第二，管理者观念障碍。根据高阶理论，组织中的高层管理人员是企业战略决策制定的主体，他们的认知、价值观、经验、个性等，会反映在对企业的领导行为上，也影响着组织中其他成员的行为。高层管理者在品牌管理中起到核心作用（Capon et al.，2001），他们引领着组织成员对品牌价值的承诺（De Chernatony & Horn, 2001）。品牌导向型公司的建立是一项长期的任务（Urde，1994）。缺少品牌观念的管理者，主要关注短期目标和短期的薪酬标准，企业员工也主要关注产生短期绩效的活动。实践中，众多中小企业管理者认为品牌对小企业来说并不重要；在企业发展壮大之前，企业并不需要品牌；短期销售额是更为重要的事情。这些管理观念上的障碍，会阻碍中小企业贯彻品牌导向。由此，提出如下假设：

H_{5-2}：管理者观念障碍越显著的企业，品牌导向程度越低。

第三，品牌专业知识障碍。贯彻品牌导向需要公司各部门员工的专业知识和技能的结合，以实现品牌核心价值并创造独特顾客价值。企业缺少了解品牌专业知识的人才，将最终导致企业中能够从事品牌活动的专业人员匮乏。根据资源基础视角，员工所具有的品牌专业知识和技能，是企业的无形资产。掌握品牌专业知识的员工，会直接支持企业的品牌战略制定与实施。掌握品牌专业知识的员工，通过与顾客的互动，在贯彻品牌导向中亦发挥重要作用。员工的品牌承诺，成就了适当的品牌支持行为（Burmann & Zeplin, 2005）。品牌资产的创造，需要员工在日常工作和决策中，高度认同品牌精神和价值观（Hankinson, 2001）。因此，缺乏品牌专业知识和相应技能员工的企业，即品牌专业知识丰富度越低的企业，难以成为品牌导向型企业。据此，提出如下假设：

H_{5-3}：品牌专业知识丰富度越低的企业，品牌导向程度越低。

第四，创业动机的影响。创业动机即为激发、维持、调节人们从事创业活动，并引导创业活动朝某一目标前进的内在动力（曾照英和王重鸣, 2009）。中小企业家们的创业动机，驱使他们创办企业；创业动机也会影响和指导创业者们在经营发展过程中的战略选择。已有研究主要将创业动机划分为两类：名利型动机和成就型动机。以名利动机为创业动机的企业家，创业的初衷是为了追求名望和财富。希望通过创业发家致富，并获得权力和威望，最终提高自身的社会地位。

名利动机驱动下的企业创立者们，致力于追求金钱回报，更可能聚焦于短期利润和销售量指标。进而忽视有利于公司长期发展的指标，如顾客满意度、企业品牌（Webster, 1988）。企业品牌的建设是长期性过程，不能使企业获得即时收益。“目光短浅”的名利动机型创业者，难以投入大量人力、物力打造强势品牌，以获得未来收益。

与之对应，以成就动机为引领的创业者，创业的初衷不同于追求财富和名利的创业者。其目的在于发挥自己的专长、证明自身的能力和才华。将创业作为挑战自我的途径，借此实现自己的人生理想和价值。成就动机往往着眼于长期的发展。品牌导向型公司的建立是一项长期的任务（Urde, 1994）。如果管理者仅仅关注短期目标和短期的经济回报，组织成员也将关注那些只能产生短期绩效的活动。这可能阻碍公司品牌战略制定和实施（Wong & Merrilees, 2005）。相反，成就动机驱动下的创业者，谋求长期发展和持久繁荣，并将其作为实现自我价值的证明。由此，他们将重视企业的长期发展。具有长远目光的成就动机型创业者，更可能重视品牌导向和企业品牌塑造。据此，提出如下假设：

H_{5-4}：创始人的名利型动机越突出，企业品牌导向程度越低。

H_{5-5}：创始人的成就型动机越突出，企业品牌导向程度越高。

5.1.5.2　实证研究与假设检验

本章节所使用的样本，与5.1.4节相同。

变量测量。首先，品牌导向。为保证结论的严谨性和一致性，使用以往研究中常用的两种品牌导向测量量表。这里称之为品牌导向1和品牌导向2。品牌导向1的测量，根据乌德（1999）、乌德等（2013）对品牌导向的定义，芮德等（2005）对品牌导向型公司的界定，参考黄彦棕和蔡雅婷（2013）关于品牌导向型公司前因和影响结果的研究，设计本书研究关品牌导向1的测量量表，如表5-12所示。具体是询问被试“请根据上面填写的这家企业的情况，您在多大程度上同意/不同意下面的陈述?”并提醒被试，从①到⑦表示从“非常不同意”到“非常同意”逐渐变化的过程。

表 5－12 品牌导向 1 量表

陈述	非常不同意	比较不同意	倾向不同意	中性	倾向同意	比较同意	非常同意
（1）品牌是该公司使命和战略的核心	①	②	③	④	⑤	⑥	⑦
（2）该公司的主要目标是通过品牌来打造竞争优势	①	②	③	④	⑤	⑥	⑦
（3）该公司的所有人都掌握公司产品/服务的价值主张和定位，并且将所掌握的这些知识应用于工作中	①	②	③	④	⑤	⑥	⑦
（4）该公司所有人都明白，公司的品牌和竞争者的品牌有明显不同	①	②	③	④	⑤	⑥	⑦
（5）该公司整合各种传播渠道，来向顾客传递公司品牌定位和价值主张，为顾客打造卓越品牌	①	②	③	④	⑤	⑥	⑦

品牌导向 2 的测量，参考黄和梅里尔斯（2007）对品牌导向的相关研究，设计五个题项来测量品牌导向 2，具体如表 5－13 所示。被试同样在 7 点量表上作答。

表 5－13 品牌导向 2 量表

观点	非常不同意	比较不同意	倾向不同意	中性	倾向同意	比较同意	非常同意
（1）品牌化是该公司发展战略的关键	①	②	③	④	⑤	⑥	⑦
（2）品牌化贯穿该公司所有的营销活动	①	②	③	④	⑤	⑥	⑦
（3）品牌化对该公司的成功运行至关重要	①	②	③	④	⑤	⑥	⑦
（4）长期的品牌规划是该公司未来成功的关键	①	②	③	④	⑤	⑥	⑦
（5）品牌是该公司的重要资产	①	②	③	④	⑤	⑥	⑦

企业资源充足性。基于黄彦棕和蔡雅婷（2013）关于品牌导向前因的研究，对卢卡和阿图海尼－吉马（2007）测量资源充足程度的指标进行修订，通过三个题项测量企业资源充足性，具体如表 5－14 所示。具体是询问被试："针对上面填写的这家企业的情况，结合您的了解，您认为该公司的各类资源的储备情况、在多大程度上符合/不符合

下面的描述?”

表 5-14 企业资源充足性测量量表

描述	非常不符合	比较不符合	倾向不符合	中性	倾向符合	比较符合	非常符合
(1) 该公司可以在短时期内获取大量资源、以开展新的战略行动	①	②	③	④	⑤	⑥	⑦
(2) 该公司拥有可以快速方便获得资源的途径，以支持新的战略行动	①	②	③	④	⑤	⑥	⑦
(3) 该公司目前拥有大量的资源，可供高层管理者开展新的战略行动	①	②	③	④	⑤	⑥	⑦

管理者观念障碍。基于黄和梅里尔斯（2008）关于品牌障碍的研究，并结合前期对10家具有代表性中小企业创始人、中高层管理者的访谈结果，设计6个题项测量管理者观念障碍，具体如表5-15所示。具体是询问被试：“针对上面填写的这家企业的最高管理者（董事长、总经理等），根据您的了解，您认为最高管理者的管理观念在多大程度上符合/不符合下面的描述?”

表 5-15 管理者观念障碍测量量表

描述	非常不符合	比较不符合	倾向不符合	中性	倾向符合	比较符合	非常符合
(1) 致力于品牌塑造的营销活动，对该公司而言太过于昂贵，难以承担	①	②	③	④	⑤	⑥	⑦
(2) 该公司总是忙于日常运营的各种事情，无力考虑品牌塑造的问题	①	②	③	④	⑤	⑥	⑦
(3) 品牌塑造对小公司而言不那么必需	①	②	③	④	⑤	⑥	⑦
(4) 只有当公司发展到一定规模的时候，才有必要考虑品牌塑造的问题	①	②	③	④	⑤	⑥	⑦
(5) 对该公司而言，销售工作比品牌塑造更重要	①	②	③	④	⑤	⑥	⑦
(6) 关于品牌对企业发展的贡献，他/她认识不足	①	②	③	④	⑤	⑥	⑦

品牌专业知识掌握程度。通过前期对10家具有代表性中小企业创始人、中高层管理者的深度访谈，设计测量品牌专业知识丰富度的4个题项，具体如表5-16所示。具体是询问被试："针对上面填写的这家企业的情况，结合您的了解，您认为该公司对'品牌管理专业技能'的掌握程度是?"

表5-16　　品牌专业知识丰富性测量

描述	非常匮乏	比较匮乏	倾向认为匮乏	中性	倾向认为充足	比较充足	非常充足
（1）该公司掌握品牌管理专业知识的员工	①	②	③	④	⑤	⑥	⑦
（2）该公司员工对品牌专业知识的掌握程度	①	②	③	④	⑤	⑥	⑦
（3）该公司高层管理者对品牌专业知识的掌握程度	①	②	③	④	⑤	⑥	⑦
（4）该公司开展品牌建设，可以有效依靠的外部专业机构	①	②	③	④	⑤	⑥	⑦

创业动机。参考曾照英和王重鸣（2009）、高日光等（2009）的研究，设计创始人创业动机测量量表。具体如表5-17所示。前3个题目测量的是"名利型动机"，后4个题目测量"成就型动机"。被试被要求回答："针对上面填写的这家企业的创始人（或创业团队），根据您的了解，您认为创业者创立这家企业的动机是?"被试同样在7点量表作答。

表5-17　　创业动机测量

动机	非常不符合	比较不符合	倾向不符合	中性	倾向符合	比较符合	非常符合
（1）为了发财致富	①	②	③	④	⑤	⑥	⑦
（2）追求当老板的权力与地位	①	②	③	④	⑤	⑥	⑦
（3）提高自身社会地位	①	②	③	④	⑤	⑥	⑦
（4）实现自我人生价值	①	②	③	④	⑤	⑥	⑦
（5）证明自己的能力与才华	①	②	③	④	⑤	⑥	⑦
（6）发挥自己的专长	①	②	③	④	⑤	⑥	⑦
（7）想挑战自我	①	②	③	④	⑤	⑥	⑦

为了保障被试填写的认真和有效，在呈现上述问题之前，先要求被试回答："您最熟悉/最了解的一家民营企业是？请写出该公司名字的简称"。然后继续询问该企业成立年数、员工数量、企业性质，以及"您熟悉/了解这家民营企业，是因为？"选项为：①是我工作的单位；②是我直系亲属工作的单位；③是我朋友工作的单位；④其他（）（请说明）。还让被试给出"对这家民营企业内部管理的了解程度是"，选项是：①100%了解；②80%程度上了解；③60%程度上了解；④40%程度上了解；⑤20%程度上了解；⑥0了解。

问卷最后还测量了被试的性别、年龄、学历、职位等级等控制变量信息。

5.1.5.3　信度和效度检验

为了保障题项测量的内容效度，先是在问卷设计好之后，邀请5位企业员工进行试填写，目的是检验问卷各题项是否有语病问题，语句是否易于理解，根据这几位试填写对象的反馈意见，对问卷进行了修改，初步保障问卷的内容效度。

对研究涉及潜变量的全部题项进行探索性因子分析，具体采用主成分分析法、最大方差旋转法、提取特征值大于1的因子。结果显示KMO值等于0.828，并通过了巴特利球形检验（$p<0.001$）；提取出7个特征值大于1的公因子，7因子累计方差贡献率77.65%。以上指标表明本书研究涉及潜变量测量具有较好的结构效度。

接下来通过各潜变量对应题项的标准化因子载荷、平均方差提取量（AVE）检验测量的收敛效度。基于LISREL8.7的CFA结果显示，研究涉及7个潜变量对应题项的标准化因子载荷除一个0.43外，其他介于0.64～0.96，对应的p值都小于0.001；7个潜变量AVE值分别为0.53、0.82、0.61、0.76、0.75、0.65、0.74，均大于0.5的临界值。以上两方面指标分析结果表明，本书研究涉及7个潜变量具有较好的收敛效度。

另外，本书研究7个潜变量的AVE值的平方根介于0.730～0.905，相关系数值介于4.56～5.13（见表5－18）。以上指标表明本书研究涉及潜变量具有较好的区别效度。

表5－18　研究涉及潜变量的均值、标准差及Pearson相关系数

项目	均值	标准差	1	2	3	4	5	6	7
（1）品牌导向1	4.56	1.38	0.730						
（2）品牌导向2	4.96	1.57	0.735**	0.905					
（3）管理者观念障碍	3.60	1.49	－0.196*	－0.236*	0.782				
（4）企业资源充足性	4.51	1.44	0.427**	0.438**	－0.090	0.874			
（5）专业知识丰富性	4.68	1.30	0.469**	0.546**	－0.477**	0.514**	0.885		
（6）名利型动机	4.41	1.33	－0.105	0.066	0.458**	0.101	0.001	0.808	
（7）成就型动机	5.13	1.35	0.245**	0.355**	0.009	0.339**	0.398**	0.400**	0.860

注：** $p<0.01$，* $p<0.05$；对角线上数值为各潜变量AVE值的平方根。

最后，通过Cronbach's α信度系数和CR组合信度考查本研究涉及潜变量的信度。7个潜变量品牌导向1、品牌导向2、企业资源充足性、管理观念障碍、品牌专业知识丰富性、名利型动机、成就型动机的一致性α信度系数，分别为：0.843、0.957、0.901、0.907、0.897、0.769、0.900。组合信度分别为：0.844、0.958、0.904、0.907、0.901、0.847、0.919，均大于0.8，说明本书研究涉及潜变量的测量具有很高的信度。

5.1.5.4　描述性统计

本书研究涉及的7个潜变量的均值、标准差及Pearson相关系数见表5－19。结果显示，企业资源充足性与品牌专业知识丰富性存在显著正相关关系。企业资源充足性、品牌专业知识丰富性与品牌导向1和品牌导向2都显著正相关。初步支持了假设H_{5-1}和假设H_{5-3}。另外，管理者观念障碍与品牌导向1和品牌导向2在0.05的水平上呈负相关关系。研究涉及各潜变量的两两相关系数绝大部分小于0.5，意味着不存在严重的多重共线性问题。

表 5-19　　预测中小企业品牌导向的标准化回归分析结果

因变量		品牌导向 1		品牌导向 2	
		模型 1	模型 2	模型 3	模型 4
控制变量	企业成立年限	0.186	0.067	0.238*	0.175
	企业规模	0.125	0.046	0.155	-0.027
	性别	0.053	-0.036	-0.157	-0.247**
	年龄	0.081	0.116	0.101	0.120
	学历	-0.023	-0.062	-0.007	-0.025
	职位等级	0.059	-0.017	0.115	0.037
自变量	管理观念障碍		0.109		-0.105
	企业资源充足性		0.239*		0.230*
	品牌专业知识丰富性		0.261*		0.284*
	名利型创业动机		-0.283*		-0.019
	成就型创业动机		0.212*		0.213*
R^2		0.075	0.303	0.139	0.420
调整 R^2		0.012	0.210	0.081	0.342***
F 值		1.194	3.248***	2.397*	5.392***

注：*** $p<0.001$，** $p<0.01$，* $p<0.05$。

5.1.5.5　回归分析与假设检验

通过多元回归分析模型，检验主要假设。表 5-19 模型 1 和模型 3 是空模型，仅含有控制变量，只考虑控制变量对因变量品牌导向的影响，空模型对因变量的解释能力（R^2 非常小）非常有限。将自变量企业资源充足性、管理者观念障碍、品牌专业知识丰富性、名利型动机和成就型动机等加入模型后，模型 2 和模型 4 表明，模型的解释能力显著提升，R^2 显著升高。

根据模型 2 和模型 4，在控制受访者填写信息以及目标企业的成立年数、人数规模之后，回归结果表明，除了管理观念障碍假设没通过验证之外，企业资源充足性、品牌专业知识丰富性、名利型动机和创业型动机都显著影响品牌导向。具体地，企业资源充足性越低、品牌专业知识丰富性越低，企业品牌导向程度越低；另外，名利型动机越强、成就型动机越弱，企业品牌导向程度也越低。以上结果支持了假设 H_{5-1}、假设 H_{5-3}、假设 H_{5-4}和假设 H_{5-5}。

关于管理观念障碍，在单独做其对因变量的回归分析时，其对品牌导向 2 存在显著负向影响，回归系数 $\beta = -0.236$，$p = 0.028$。意味着管理观念障碍可能是通过其他障碍，如品牌专业知识丰富性，间接影响企业品牌导向程度。

5.1.6 结论与讨论

在以往的研究中，黄和梅里尔斯（2005）基于 8 个中小企业的案例研究，提出了品牌障碍这一概念，他们的研究揭示：品牌障碍是制约中小企业开展以品牌为基础的商业活动的关键因素。这些障碍主要包括财务资源、人力资源和时间限制。案例研究也讨论了品牌障碍与品牌导向间的负向关系。黄和梅里尔斯（2008）总结了市场导向障碍、出口障碍、国际化障碍等经营发展障碍，主要涉及知识、内部资源约束、外部因素、信念和承诺。进一步提出，塑造一个强势品牌需要资源、努力和信念。由此他们将品牌障碍定义为能够阻碍品牌发展的信念和行动。黄和梅里尔斯（2008）基于第三方机构开发的品牌障碍的五点量表，以澳大利亚企业为调研样本，实证检验了品牌障碍对品牌导向有显著的负向影响效应。黄和梅里尔斯（2005；2008）并没有深入分析品牌障碍的具体构成成分，以及各个品牌障碍构成成分对品牌导向影响机制。本章基于辽宁中小企业的调研样本，通过品牌障碍构成成分的理论回顾及封闭访谈研究，探讨中小企业品牌障碍构成成分，并且实证检验了品牌障碍的主要构成成分及其与品牌导向的关系。主要研究结论如下：

第一，中小企业品牌障碍构成成分主要包括：企业资源障碍、管理者观念障碍、品牌专业知识障碍、名利型创业动机障碍，以及特定外部环境障碍。

第二，中小企业资源障碍、管理者观念障碍、品牌专业知识障碍、名利型创业动机障碍，对品牌导向具有显著负向影响，成就型创业动机对品牌导向具有显著正向影响效应。

5.2　市场声誉机制障碍

贯彻品牌导向发展模式，塑造一批强势中国品牌，实现高质量发展目标，需要健康的“良币驱逐劣币”、而不是“劣币驱逐良币”的市场环境。高效完备的市场声誉机制，将有助于“良币驱逐劣币”：追求高质量、好声誉的企业，能够得到市场和消费者的正向激励；而不注重质量和声誉的企业，会得到市场和消费者的惩罚。

然而，在当前的中国市场环境下，市场声誉机制有效发挥作用的要件，存在不完备的情况。下面从当前中国市场环境中的“劣币驱逐良币”、现有治理机制的局限、声誉机制的不完备性等方面，阐述市场声誉机制的不完备对企业贯彻品牌导向发展模式、培育与塑造强势品牌的潜在阻碍效应。

5.2.1　“劣币驱逐良币”的客观存在

近年来，中国企业频繁出现产品质量问题（方正和杨洋，2009；青平等，2016），即企业受“暴利”等诱因的驱动，生产和销售有缺陷，或者对消费者会造成伤害的产品或服务的行为与现象。尤其是2009年以后，被曝光的产品不安全事件逐年上升（李新春和陈斌，2013），产品造假问题有愈演愈烈之势（胡颖廉，2016；李新春和陈斌，2013；张曼等，2014）；产品造假问题成为当前中国社会的一个突出问题（胡颖廉，2016；汪洋，2013）。

5.2.2 法律机制治理的局限性

为了营造高质量发展、品牌培育与塑造的良好市场环境，需要大力、有效地惩治假冒伪劣企业的违法违规行为。然而，关于产品假冒伪劣的治理，中国现有的体制机制，主要是在“法律机制”的框架内，依靠政府部门的监管来治理。实际上，大量的相关研究，也不断呼吁完善政府权威主导的正式法律机制，来治理与防范企业生产过程中的掺假、造假行为（崔保军，2015；胡颖廉，2016，2017；李静，2009，2011）。然而，目前的法律机制存在如下局限性：

第一，法律法规不健全。以日常消费品为例，如食品、饮料、化妆品、电子产品；当消费者认为产品“不合格”或“有问题”，需要维护自己的权益时，现行《中华人民共和国民事诉讼法》规定，除几种特殊情况之外，都规定“谁主张，谁举证”，即消费者要想维权，大部分情况下需要自己举证。而针对众多日常消费品，除非是有严重产品缺陷，消费者一般难以有效举证，或者需要承担较高的举证成本。为此，日常消费中，如果遭遇不是“非常严重”的产品造假问题，消费者一般是“自认倒霉”。这样，企业一方只要是不出现“大问题”，一般不会受到严厉处罚。

另外，当遭遇产品造假问题时，即使有部分消费者愿意承担较高的举证成本，向政府“市场监督管理部门”或“法院”维权，最终如果维权成功，根据现行《中华人民共和国消费者权益保护法》，消费者最终获得的“赔偿收益”也非常有限。

法律法规不健全，还表现在立法工作一般滞后于问题的产生。现实中，一般是发生了某种产品造假、伤害问题，才会进行相关立法工作。

总体上，在现行的法律框架内，遭遇企业的产品造假问题时，消费者的维权成本过高，而维权收益太小。这无疑会助长企业掺假、造假的不正之风。

第二，公共执法资源稀缺、执法负荷过载。在我国，一方面，负责企业安全生产、市场监督的政府基层部门，往往面临人员少、装备差、执法监督水平有限、经费不足的现状。根据中国中央电视台 2011 年 5 月 28 日播出的《经济半小时》之“食品安全在行动：中国政策论坛（下）”“各级工商机关和基层工商所承担着 103 部法律，201 部法规，124 部行政规章。总共 428 部法律法规和规章的监管执法任务。”这意味着政府基层部门的公众执法资源和能力都非常不足。另一方面，自 20 世纪 90 年代以来，很多中国企业（尤其是民营企业）有过“野蛮生长”的经历。总试图通过一些不合法、不合规的方式快速攫取利润。因而在产品生产和经营过程中，时常暴露出需要监管、惩治的问题。这无疑又增加了基层监督、管理部门的工作负担。

公共执法资源稀缺、执法负荷过载的局面，造就了中国特有的“一般执法”和“重点执法”两分模式（吴元元，2012）。前者指日常监督检查执法；后者指针对重点并引起广泛关注的违法事件的重点、彻底、严厉的执法。两分模式下，平常的一般执法基本被忽略，监管部门将有限的资源主要投放到“重点事件”“重点时间”的执法中去。

第三，执法者缺乏监督。现行法律治理的第三个不足是，政府监管部门的市场监管、执法人员缺乏有效监督。谁来监督基层“执法者”，以保障其公平、公正地执法。对“执法者”缺乏监督，就不可避免会出现基层执法者与违法企业“合谋”的可能。最终损害消费者权益、损害政府信誉和形象。

法律治理存在的上述局限，导致仅仅依靠法律机制，难以根治我国的企业产品造假问题，难以为高质量发展、企业品牌塑造创造一个有利的市场环境。

5.2.3 声誉机制的优越性

仅仅依靠政府主导的正式法律机制，不足以根治当前中国的产品造假问题（雷宇，2016；李静，2009；李新春和陈斌，2013；吴元元，2012），需要在完善法律机制的基础上，纳入其他治理主体，如与产品造假问题有密切联系的利益相关者——消费者。通过引入消费者等重要的治理主体，来完善非正式的企业“声誉机制”（雷宇，2016；吴元元，2012），让非正式的声誉机制与正式的法律机制有效联动，是治理当前中国企业产品造假问题的关键（雷宇，2016；李新春和陈斌，2013；吴元元，2012；张维迎，2002）。

社会行为主体（人、组织或国家）的声誉，一般指社会公众对该主体的总体评价（Highhouse，et al.，2009；Ravasi et al.，2018；雷宇，2016）。具体到企业声誉，则指企业的利益相关者（顾客、股东、员工、供应商、经销商等）在与企业交互、体验过程中形成的对企业的认知（cognitive）和情感（affective）性评价；认知评价涉及对企业及其产品的质量、国际化、友好程度等方面的评价；情感评价涉及对企业的喜好、尊敬或信任的评价；只有将认知方面的积极评价转化为情感上的正面评价，声誉才会为企业带来积极结果（Hall，1992；Highhouse et al.，2009；宝贡敏和徐碧祥，2007）。

对于现代企业，声誉之所以重要，因为它是利益相关者信任企业及其产品的基础（Jin et al.，2008；雷宇，2016）；也是企业在长期发展过程中，利益相关者决定是否与其积极合作的关键（Grahame，2016）。良好的声誉，能够为企业带来更高的产品（服务）销售溢价、顾客忠诚、投资回报率、更强的风险抵抗能力等利益（Klewes and Wreschniok，2009；Ravasi et al.，2018）。从战略层面，企业声誉甚至可以理解为现代企业获取竞争优势的主要来源（Ravasi et al.，2018；宝贡敏、徐碧祥，2007）。

在产品造假问题治理中，声誉机制的基本原理是：消费者会根据企业的声誉水平、决定是否给予企业信任并与之合作（如产品购买、积极评价企业及其产品）；如果企业了解这一点，就会根据消费者的需要生产产品、提供服务，并在与每一位消费者的每一次交易中表现出诚实守信、遵守道德，以构建或维护企业的良好声誉（雷宇，2016）；反之，如果某企业对政府监管部门查处的概率存有侥幸（即认为被查处的概率很小），或者感知到其他违规违法企业受到的处罚（如罚款）很小，就可能为了短期“暴利”做出损害消费者利益的事情，比如，采用低成本劣质原材料生产产品等；企业的这些行为一旦被消费者察觉并广泛传播，就会在传播的过程中产生对违规企业的负面声誉；一旦某个企业的声誉很差，广大的消费者就会“用脚投票”，取消未来与该企业潜在的无数次的交易机会，形成对违法违规企业的市场驱逐式“严罚”（吴元元，2012）。一般在“信息要件”和“权力要件”具备时（雷宇，2016；吴元元，2012），声誉的建立与维系就成为一种不需要外界强制而自我实现的过程。

以上就是产品造假问题治理中，声誉机制促使企业从消费者的利益出发、追求积极声誉，规避造假行为、避免消极声誉的原理。相比道德机制与法律机制，声誉机制是实施成本相对低、实施效果好的产品造假治理机制。因为道德机制需要行为主体具有较高的道德水准，主动做出符合道德规范的行为，这种高标准的自律、对于以盈利为目的的企业而言显得难以实施。法律机制则需要应对法律制定滞后、公共执法资源相对不足、谁来监督“监督者”等问题，因而法律机制的实施成本较高、适用范围有限（雷宇，2016）。由此，声誉机制成为产品造假治理中实施成本小、适用范围广、赏罚效果非常好的有效机制（雷宇，2016；李新春和陈斌，2013；吴元元，2012）。声誉机制的优越性具体体现为以下几点。

第一，实施成本小。首先，对政府部门和社会而言，通过声誉机制治理企业产品造假，治理主体是以消费者为代表的社会公众；他们可能出于维护自身权益、维护社会秩序、利他等动机，揭发并传播企业的造假行为，借此破坏企业声誉。不论是出于什么动机，他们的行为一般是自发、自愿的，因而不需要政府部门和其他社会利益相关方承担任何成本。其次，对消费者等治理主体而言，将自己遭遇或观察到的企业造假行为，依托社交媒体等渠道进行曝光，传播企业违法违规行为，惩戒造假企业，同样成本极小。他们“动动手指”就能做到。再次，由于治理主体是自愿自发的行为，因而声誉机制治理下，不会存在法律机制的“谁来监督监督者”的问题。最后，声誉治理下不需要烦琐的立法工作。

第二，惩戒及时、效果大。企业的产品造假行为，一旦被消费者等利益主体察觉并曝光，在当前的媒体环境下，会在短时间内形成针对违法或违规企业的强大负面社会舆论。尤其是性质严重的造假，或者大企业以及具有知名品牌企业的造假，更易引发强烈社会舆论。强烈的负面舆论会严重破坏企业声誉，进而使企业在市场绩效、公司或品牌形象、财务绩效上遭受重大损失。此外，针对性质恶劣、影响广泛的造假，企业除了遭受声誉、形象、绩效上的损失外，还可能因为引发强大的社会舆论而遭受政府部门进一步的法律或行政制裁。

第三，适用范围广。由于声誉治理的主体是消费者等社会公众，他们数量庞大，不会存在“法律机制”面临的“执法负荷过载”的“一般执法”和“重点执法”两种模式问题。无论是针对严重的产品造假，还是“一般”的造假，或者只是质疑的造假，为数众多的消费者们都能进行有效的监督与惩治。

5.2.4 声誉机制要件在当前转型期的不完备性

虽然声誉机制具有上述优越性，为什么在当前转型背景下中国市场的声誉机制并没有对企业造假行为产生有效抑制效应？这需要进一步分析声誉机制有效运行所需的要件。在产品造假治理中，声誉机制要有效发挥作用，需要具备三个基本要件（史晋川等，2015；吴元元，2012；张维迎，2002）：一是时间要件，即博弈或交易双方的交易关系不是一次性交易、一锤子买卖，交易需要一定的持续性；二是权力要件，即交易双方当事人愿意并且能够对对方的造假行为进行有效惩罚；三是信息要件，即交易一方的造假行为能够被另一方及时察觉到。

在当前的转型环境下，第一个时间要件一般较容易满足，现实中企业一般追求“可持续发展”，因而跟消费者的交易关系不是短期、一次性的交易，企业会与顾客有多次重复交易。针对第二个权力要件，一般也相对容易满足，因为消费者在与企业的交易中，如果觉得受骗，就会“用脚投票”、抵制企业产品，或者在自媒体等渠道上发起对企业的负面评价、产生对企业不利的负面口碑，这将损害企业的声誉和未来潜在收益。

需要指出的是，权力要件容易受到“垄断”的威胁（陈国进等，2013；吴元元，2012）。如果即使受到利益损害，消费者也不得不继续与企业进行交易，消费者的惩罚就没有意义，企业也不会在乎声誉损失对未来潜在收益的负面影响。在垄断性行业，可能存在“权力要件”得不到满足的情形，从而导致声誉机制不能发挥作用。

针对第三个信息要件，即交易一方的造假行为，能及时被另一方察觉；这在当前的转型市场环境下，一般难以满足。因为交易双方掌握的信息是不对称的：一方面，企业生产流程、工艺、过程相关信息，不易被消费者等社会公众掌握；另一方面，针对一些信任类消费品，消费者即使在消费之后，也难以根据消费体验判断产品质量的高低（凯勒，2014）。

由此，如果垄断使“权力要件”不满足（即使企业违规、消费者也难以对其实施有效惩戒），信息不透明使“信息要件”不具备，声誉机制就不能有效发挥作用。实际上，已有研究指出，声誉机制有效运行的关键取决于信息基础（雷宇，2016；史晋川等，2015；吴元元，2012）。由于信息要件的不完备，再加上一些行业的垄断，导致在当前转型期的国内市场，声誉机制不能有效发挥作用。声誉好的企业得不到市场足够的激励，声誉差的企业得不到足够严厉的惩罚，或者被有效淘汰（雷宇，2016；吴元元，2012）。

5.2.5　声誉机制不完备下的“红帽子”标签替代效应

在声誉机制不完备的市场环境下，针对一些安全可靠要求高的消费品行业，消费者可能采取替代策略，譬如根据企业是否具有“红帽子”标签（是否国有），来判定企业产品质量的高低，并进一步据此作出购买决策。对此我们展开了一项调查予以检验。

通过便利抽样的方式，获得360位消费者样本（$M_{年龄}=26.56$岁，标准差SD=7.67，其中包含141位男性）。具体是通过Qualtrics问卷调查平台，设计了一个问题：“请根据您过去一年的购买经历回答：针对如下不同行业的产品，您或身边重要人员（家人、朋友等）在决定是否购买时，是否对产品生产企业的所有制类型（国有企业 vs. 民营企业）表现出不同偏好?”被试在如下三个选项中进行选择：（a）偏好国有企业生产的产品；（b）偏好民营企业生产的产品；（c）没有明确偏好。

根据“国民经济行业分类”（GB/T4754－2011）中的零售行业分类，选择了10种商品呈现给被试，被试需要针对每一种商品进行回答。被试回答结果如表5－20所示。

表5－20　“红帽子”标签替代效应检验　单位：%

产品	偏好国有企业产品百分比	偏好民营企业产品百分比	没有明确偏好百分比	总计
食品（如食用油）	53.6	5.6	40.8	100
服装	10.3	39.2	50.6	100
化妆品	25.6	25.8	48.6	100
家用电器（如冰箱）	50.8	23.3	25.8	100
室内装饰（如灯具）	21.9	32.5	45.6	100
医药用品（如抗感冒药）	76.1	5.3	18.6	100
商品房	54.2	15.6	30.3	100
商业保险	71.4	9.7	18.9	100
体育用品（如健身器材）	19.7	26.7	53.6	100
汽车（如家用轿车）	37.8	20.3	41.9	100

表5－20的结果表明，除“服装”和“体育用品”外，相比“没有明确偏好”的百分比，大多数（超过50%）的消费者在另外八种产品上表现出对产品生产企业的所有制性质偏好。对于医药用品、商业保险、

食品、商品房、家用电器等，相比民营企业，更多消费者偏好国有企业生产的产品。对于服装、室内装饰、体育用品等，对比国有企业，更多消费者偏好民营企业生产的产品。这些结果意味着，大部分消费者在实际的日常生活中，会关注产品生产企业的所有制类型，并且对于不同类型的商品，表现出不同的所有制类型偏好。此外，消费者对于“偏好国有企业”百分比超过50%的产品：医药用品、商业保险、食品、商品房、家用电器，对应的都是“安全性”“可靠性”等要求高的产品；实践中，上述商品大部分还具有“信任品”的特征，即消费前和消费中都难以通过产品内在线索判定质量高低。

以上结果表明，在消费者日常的购买决策中，产品生产企业是否具有“红帽子”标签（是否国有）是人们考虑的因素之一；并且当产品的安全可靠属性非常重要时（如购买抗感冒药、食用油、商业保险），相比民营企业，更多消费者倾向偏好国有企业生产的产品。

依赖“红帽子”标签进行购买决策，是国内市场声誉机制不健全背景下，消费者的无奈之举。无论是为了有效治理企业产品造假，还是培育品牌塑造的积极市场环境，都应强化市场声誉机制建设，使声誉机制所需的要件更完备。

5.2.6　声誉机制不完备对企业贯彻品牌导向的抑制效应

在当前的经济转型期，因为信息要件和权力要件的不完备，使市场声誉机制不能有效发挥作用，客观上导致了“劣币驱逐良币”问题的存在。低质低价的产品不能遭遇“坏声誉”的惩罚，反而因为低价而大行其道。事实上，从长远来看，无论是对一家企业、一个行业，还是一个国家，只知道“低价吸引顾客”是极其危险的。

先不考虑顾客可能因为低质而造成的不满意、负面口碑传播等负面结果。只知道通过低价吸引顾客，企业能有利润吗？没有利润，又哪来资金进行研发与创新？没有利润，企业哪来资金培育品牌？因而从长远来看，这样的方式是不可持续的。以中国的彩电行业为例，过去的20余年，中国各家彩电生产企业就是如此，只知道简单的、粗暴的“价格战”。最终的结果：各个彩电生产企业都没有合理的利润，大家依靠价格战，进行着没有“赢家”的“零和博弈”，使中国整个彩电行业陷入崩溃的边缘。每家企业都没有利润进行重大的产品创新与开发，更没有资金用于品牌的培育与塑造。

另外，在声誉机制失效的市场环境下，高质高价的品牌商品不能获得“好声誉”的正向激励，反而因为高价而凸显在竞争中的劣势。这一问题对于那些试图重视品牌、依靠品牌构建竞争优势的发展期企业尤为突出。发展期的企业面临的竞争和挑战更为突出。一方面企业要解决“生存”问题——获得足够多的顾客，有较高的市场份额；另一方面还面临“资源约束”——品牌培育与塑造需要长期地、持续地投入大量的资源。

如果声誉机制不完善，追求高质量基础上的品牌培育努力，得不到足够的市场声誉正向激励，反而因为“高质高价”的相对价格劣势，以及品牌培育耗费大量资源，使企业陷入被动的竞争和发展局面。这会打消企业贯彻品牌导向发展模式、培育强势品牌的积极性。

因此，贯彻品牌导向发展模式，鼓励中国企业培育与塑造强势品牌，需要完善的市场声誉机制。事实上，在声誉机制完善的情形下，高质量产品、品牌商品会获得声誉、市场份额、利润上的正向激励。比如，一旦有来自声誉机制完善的成熟市场（如西方发达经济体）的产品供中国消费者选择时，如境外产品出口到中国，或者中国人能够赴境外购买，他们会对高声誉的境外产品表现出强烈偏好。近些年中国消费者赴境外的“疯狂购买”，以及一些外资品牌产品在中国的高市场占有率、高利润率可以印证这一点。

第6章

企业贯彻品牌导向的首要任务：培育战略领导能力

第5章的研究揭示，管理者观念上的障碍，是抑制中小企业贯彻品牌导向发展模式的重要因素。另外，高层管理者在企业战略方向确定、战略计划制订等方面发挥主导作用（Peterson et al.，2003；Herrmann & Nadkarni，2014）。尤其是在中国，高层领导者在企业当中具有至高无上的权力（Farh & Cheng，2000；Wang et al.，2011），他们是企业战略方向与发展道路的决定者。再加上品牌管理的战略决策是高层管理者的首要任务（Urde，1999）。因此，理论逻辑上，高层管理者的战略观念与领导能力，是现代企业贯彻品牌导向发展模式最具决定性的要素。

本章以有代表性中国企业为样本，基于领导能力已有相关研究，探究并实证检验中国情境下，战略领导能力对企业品牌导向程度的影响效应和内在作用机制。为中国企业贯彻品牌导向发展模式，从战略领导能力培育的视角，提供实证证据与管理启示。

6.1 文献回顾与研究假设

6.1.1 品牌导向相关研究回顾

自20世纪80年代后期，业界和学界开始发展“基于企业的品牌观”：认为企业应该将品牌作为最重要的战略资产，应该将其嵌入整个公司战略之中（Blackett，1993；Rubinstein，1996）。这一过程中，乌德提出了品牌导向概念（Urde，1994）。品牌导向指企业在与目标顾客持续互动过程中，围绕品牌识别的建立、发展与保护来开展管理活动，最终帮助企业以品牌的形式实现竞争优势的发展模式（Urde，1999；Urde et al.，2013）。

已有研究围绕品牌导向的前因、对企业绩效的影响、品牌导向影响绩效的作用机制等展开了探索。前因方面，高层领导和组织成员共同的品牌愿景（Hankinson，2001；Reid et al.，2005）、适宜品牌发展的组织文化（Wong & Merrilees，2005）、员工对企业的认同感、长期导向的薪酬体系（Huang & Tsai，2013）、跨部门的交流与合作（Huang & Tsai，2013；Gyrd-Jones et al.，2013）、企业产品或服务差异化能力（Bridson & Evans，2004；Urde，1994，1999）等，能够促进品牌导向型企业的构建。对绩效的影响方面，基于B2C行业的实证揭示，实施品牌导向显著促进品牌和财务绩效（Wong & Merrilees，2008；Gromark & Melin，2011；Huang & Tsai，2013；Hirvonen & Laukkanen，2014）。基于B2B行业的实证揭示，实施品牌导向显著促进市场和经济绩效、基于顾客的品牌资产（Baumgarth，2010；Baumgarth & Schmidt，2010；Zhang et al.，2016；黄磊、吴朝彦，2017）。影响机制方面，鲍姆加尔特和施密特（2010）、张靖等（2016）等发现，品牌导向通过内部品牌化（Aurand et al.，2005）的中介作用，促进品牌绩效和整体企业绩效。

6.1.2 战略领导能力相关理论回顾

早在20世纪70年代，就有学者开始关注企业高层领导者的个体与能力特征对企业战略决策的影响（Collions & Moore，1970）。然而，到了20世纪80年代，以迈克尔·波特教授为代表提出的竞争战略理论，在战略管理领域占据主导地位，基于产业组织理论的行业竞争结构分析，成为接下来20年里战略领域的主流研究范式；这使得企业高层领导者视角的战略问题研究出现长时间的空白阶段（田海峰和郁培丽，2014）。

进入21世纪后，随着全球化的深入和信息革命的迅速发展，企业竞争环境变得日益复杂；使得企业意识到，核心竞争力的构建并不取决于外部环境和市场结构，而是取决于企业内部对未来发展趋势的判断和反应能力。高层领导者作为企业战略方向和战略计划的主导者，其个体与能力特征必然会对企业的判断和反应能力产生重大影响。由此，战略领域学者重新开始关注高层领导者个体和能力特征对企业战略决策的影响。

关于高层领导者对企业战略决策影响的已有研究，主要的理论基础是高阶理论（Hambriek & Mason，1984）。该理论认为，作为个体的企业高层领导者是有限理性的，而他们所面对的企业外部环境和内部环境却非常复杂，相应的内外部环境呈现给他们的信息是海量的；因而高层领导者必须以个体的认知和价值观为基础，对所面对的信息进行选择性知觉和理解，这些选择性的知觉和理解最终奠定了高层领导者战略决策的基础。根据该理论，企业战略的制定不仅取决于环境中的资源和机会，更取决于高层领导者个体的认知基础和价值观。最终，企业的绩效既反映了外部环境特征和企业资源条件，更反映了企业高层领导者的个人特征。

高阶理论提出后，研究者们先是从人口统计特征出发进行验证，发现人口统计变量对高层领导者的认知框架有显著影响（Hambrick, Cho & Chen, 1996）；但随后的研究发现，社会心理变量，如价值观、认知结构、动机、领导能力等，对高层领导者的认知框架有更重要的影响（Denison, Hooijberg & Quinn, 1995; Jansen, Vera & Crossan, 2009; Vera & Crossan, 2004）。随着学者们对高阶理论实证检验的深入，形成了较为一致的结论：战略领导会对企业战略决策和经营绩效具有重要的、实质性的影响作用（王辉等，2011）；特别是在不确定性高的环境中，他们的作用更为关键，甚至决定着企业的成败（Bergh et al., 2016）。

在战略领导者对企业绩效与可持续发展的作用得到确认后，研究者们开始关注战略领导者的能力类型，以及战略领导能力如何影响企业的一些绩效变量。针对中国情境下战略领导能力的类型，王辉等学者（王辉，忻榕和徐淑英，2006; Wang, Tsui, & Xin, 2011）在高阶理论的基础上，综合考虑能力复杂性（Hooijberg, Hunt & Dodge, 1997）以及中国台湾学者法奇和程（2000）提出的家族式领导（paternalistic leadership）能力特征，通过访谈、定性归纳以及大样本调查基础上的探索性与验证性因子分析，提炼了转型经济背景下，中国企业战略领导能力的主要类型维度：开拓创新、阐述愿景、监控运营、协调沟通、关爱下属和展示权威；并且他们将前三个维度归纳为任务管理能力，后三个维度归纳为人际关系管理能力。

针对战略领导能力对企业绩效的影响机制，王辉等（2011）研究揭示，任务导向的领导能力（开拓创新、阐述愿景、监控运营）与企业绩效直接正相关；人际导向的领导能力（协调沟通、关爱下属）通过正向影响员工态度（主要包括感知组织支持、组织承诺、分配公正、程序公正），进而促进企业绩效；另外，王辉等（2011）还进一步揭示，战略领导能力通过组织文化（包括内部整合、外部适应价值观）的中介作用来影响企业绩效；具体地，战略领导能力的监控运营和关爱下属两个维度，正向影响内部整合价值观；开拓创新与阐述愿景正向影响外部适应价值

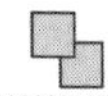

观，人际沟通则正向影响内部整合和外部适应价值观；战略领导能力通过正向影响上述组织文化的价值观，进而促进员工积极的态度，最终促进企业绩效提升。

6.1.3　假设提出

6.1.3.1　战略领导能力、品牌导向与企业绩效

以王辉等（2006；2011）为代表的学者，针对中国情境下的领导能力类型、影响结果等进行了深入的探索，为深刻理解中国情境下的战略领导能力奠定重要基础。但已有研究可能存在一个问题，由于从战略领导者的日常行为出发，归纳、整理并验证了战略领导能力的多维性（包括开拓创新等六种类型，参考 Wang et al.，2011），结果忽视了从作为一个整体的战略决策者角度，思考和探索战略领导能力的内涵和影响；因而也忽略了给中国情境下的战略领导能力进行定义（王辉等，2011）。

战略领导者（如 CEO）在本质上是跨多个职能的，他们管理的是整个企业，而不仅仅是某个职能部门（Hitt，Ireland & Hoskisson，2013）。实践中，一位有效的战略领导者既可能是开拓创新的，同时还能够清晰阐述愿景、擅长人际沟通、有效监控企业运营。实际上，王辉和张翠莲（2012）的分析已经指出，“在转型时期的中国市场经济环境下，中国企业领导者逐渐呈现出多元导向并存的领导行为模式”（王辉和张翠莲，2012）。

因此，这里基于一个有机整体的企业战略决策者的角度，考察战略领导能力及其对品牌导向的影响机制。根据希特等（2013）对战略领导能力（strategic leadership）的定义，并参考王辉等（2011）针对中国情境下战略领导能力的类型界定，本书认为：战略领导能力是高层领导者（主要指 CEO、董事长或总裁）描绘愿景、开拓创新、激励培育员工、监

控运营以及与下属进行有效沟通的能力，目标是使企业具备必要的战略弹性、创造必要的战略变革，以适应不断变化的竞争环境，最终使企业获得持续的竞争优势和卓越绩效。

高水平的战略领导能力，指的是战略领导者能够开发令人鼓舞的愿景、将这一愿景有效地传达给下属，并根据愿景制定战略；然后有效地鼓舞、激励下属，使其持续发挥最大潜能，最终带领下属一起实现战略目标和愿景（Colbert，Kristof-Brown，Bradley & Barrick，2008；Galvin，Balkundi & Waldman，2010；Hitt，Ireland & Hoskisson，2013）。

品牌导向根源于战略意图（Hamel & Prahalad，1989）和远见型公司（visionary companies，Collins & Porras，1998）的概念，以及将品牌作为组织文化一部分的理念（Alvesson & Berg，1992）。鉴于企业战略可以理解为一种观念，即指导一个组织运作的基本方式（Mintzberg，2001），可以将品牌导向理解为指导企业发展的一种战略（Lee et al.，2017；Urde，2013）。品牌导向战略的核心主张是基于品牌阐述企业核心价值观和承诺，并且让其指导企业的运营方式；将基于品牌的核心价值观和承诺转化为外在顾客价值（Urde，2013）。

另外，在当前的中国，企业间的同质化竞争问题非常突出。在这样的背景下，具有不可复制、稀缺和难以模仿特性的品牌，是企业避免同质化竞争、获取差异化竞争优势的关键要素。拥有强势品牌的企业，能够基于品牌向消费者提供独特价值，赢得顾客忠诚。所以，秉承品牌导向、塑造强势品牌，可能是当今市场环境下，中国企业获取竞争优势的关键且可行的路径。

具有高水平战略领导能力的管理者，更有可能意识到品牌以及品牌导向战略对企业可持续发展的战略意义。另外，还能通过战略领导能力的施展，为下属描绘鼓舞人心的愿景、不断激励和培养员工的创新意识，创造必要的战略变革以适应不断变化的竞争环境。因此，具备高水平战略领导能力的领导者，更可能认同、倡导并实施品牌导向战略。据此提出如下假设：

H_{6-1}：领导者战略领导能力越强，企业的品牌导向程度越高。

强大的品牌是顾客重复购买的保证（Grace & O' Cass，2005；Opoku et al.，2007）。秉承品牌导向，可能为打造强大的品牌提供了一种整合机制（Mosmans，1996）。实际上，国外一些理论分析、案例研究以及基于非营利组织情境的实证研究均表明，品牌导向可能是卓越品牌绩效和企业绩效的前提条件（Baumgarth，2010；Napoli，2006；Urde，1994；Wong & Merrilees，2005，2008）。芮德等（2005）指出品牌导向对企业绩效有显著正向影响。黄和梅里尔斯（2008）揭示，品牌导向对财务绩效有显著的正向影响效应。这些证据意味着，具备高水平战略领导能力的领导者，如果贯彻品牌导向理念、实施品牌导向战略，有助于企业获得更好的绩效。据此提出如下假设：

H_{6-2}：品牌导向在战略领导能力与企业绩效之间发挥中介作用；即战略领导能力水平越高的企业，会有更高的品牌导向程度，从而具有更好的绩效。

6.1.3.2　内部品牌化的调节效应

企业的品牌导向战略需要通过内部品牌化，在员工中进行贯彻与实施，才能转化为品牌和财务绩效上的优势。内部品牌化指通过一致的培训项目、让员工掌握企业品牌知识、并指导他们如何将这些品牌知识应用于日常工作的过程（Aurand et al.，2005）。内部品牌化能够强化员工的品牌承诺、认同、忠诚以及支持行为（Punjaisri et al.，2009）。只有通过内部品牌化，才能将战略领导者倡导的品牌导向战略，落实为企业全体员工围绕品牌这一核心战略资源开展运营的企业实践；只有通过有效的内部品牌化，才能将高层领导者的品牌导向战略付诸实施，从而帮助企业依托品牌实现竞争优势和卓越绩效。这意味着，只有品牌导向程度高并且内部品牌化水平也高的企业，才能依托品牌实现更好的绩效。据此提出如下假设：

H_{6-3}：内部品牌化在品牌导向与企业绩效之间发挥正向调节作用；具体地，相比低内部品牌化的企业，品牌导向对高内部品牌化企业的绩效有更显著的促进效应。

根据上述分析，整理形成本章概念框架，如图 6－1 所示。

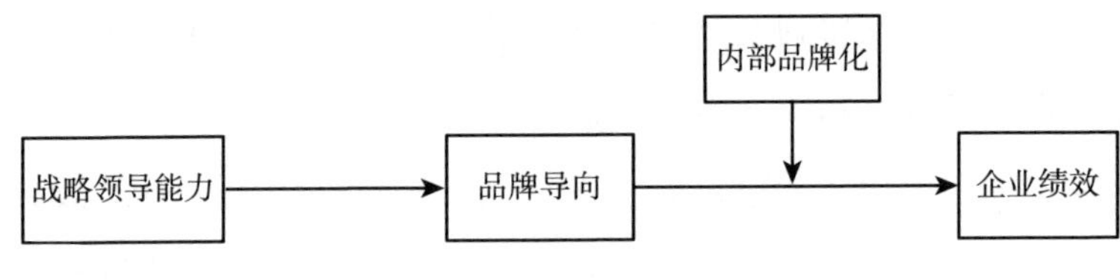

图 6－1　本章研究的概念框架

接下来，通过研究一检验假设 H_{6-1} 和假设 H_{6-2}，通过研究二进一步检验假设 H_{6-1} 和假设 H_{6-2} 的外部效度，并检验假设 H_{6-3}。

6.2　研究一：基于 491 家中国上市公司样本

6.2.1　样本来源及特征

从数据信息服务公司购买获得 2015 年所有 A 股上市公司的年报，然后依据《国民经济行业分类与代码（GB/4754－2011）》（包含 14 个大类，其中制造业分 11 个小类），每个行业抽取 20 家左右不同的企业，保证样本涉及不同行业的不同企业。具体根据每家上市公司的年报中公司主要业务的介绍说明，并参考 CSMAR 数据库中关于公司行业的界定，判定每家公司所属行业后，再根据行业分类进行抽样。最终获得 491 家涉及不同行业、不同规模的企业样本。

样本特征为：所属行业方面，（1）农、林、牧、渔业有 21 家公司，占比 4.3%；（2）采矿业有 20 家，占 4.1%；（3）制造业有 220 家，占

44.8%；其中“3.1 食品制造”25 家（占 5.1%）、“3.2 饮品制造”20 家（占 4.1%）、“3.3 纺织品制造”19 家（占 3.9%）、“3.4 家具、家电制造”21 家（占 4.3%）、“3.5 机械制造”23 家（占 4.7%）、“3.6 化学原料和化学制品制造业”21 家（占 4.3%）、“3.7 铁路、船舶、航空航天及其他运输设备制造”16 家（占 3.3%）、“3.8 电子制造”22 家（占 4.5%）、“3.9 医药制造”20 家（占 4.1%）、“3.10 汽车制造业”13 家（占 2.6%）、“3.11 金属冶炼和压延加工制造”20 家（占 4.1%）；（4）电力、热力、燃气及水生产和供应业有 21 家，占 4.3%；（5）建筑业有 20 家，占 4.1%；（6）批发和零售业有 20 家，占 4.1%；（7）交通运输业有 21 家，占 4.3%；（8）文化传媒业有 21 家，占 4.3%；（9）信息传输、软件和信息技术服务业有 23 家，占 4.7%；（10）金融业有 21 家，占 4.3%；（11）房地产业有 22 家，占 4.5%；（12）旅游业有 20 家，占 4.1%；（13）科学研究和技术服务业有 20 家，占 4.1%；（14）水利、环境和公共设施管理业有 21 家，占 4.3%。

公司所有制性质方面，国有企业有 243 家，占比 49.5%；民营企业 231 家，占 47.0%；其他 17 家，占 3.6%。所有样本企业的在职员工数均值 M = 15493.7，标准差 SD = 49047.9。公司成立年数（截至 2016 年底）均值 M = 19.9，标准差 SD = 10.7。企业战略领导者（CEO 或董事长）描述性统计特征为：性别方面，男性 468 位，占 95.3%；女性 23 位，占 4.7%；年龄均值 M = 52.8 岁，标准差 SD = 6.5；学历方面：本科以下有 47 位，占 9.6%；本科有 151 位，占 30.8%；硕士（包括 MBA、EMBA）有 230 位，占 46.8%；博士 49 位，占 10.0%，14 位未查找到学历信息，占 2.9%。

6.2.2 变量测量

战略领导能力的测量，参考王等（Wang et al.，2011）基于中国情境开发的战略领导能力测量维度，结合希特等（2013）从战略决策者整体的角度对战略领导能力的定义，研究根据战略领导者（CEO或董事长）在多大程度上表现出描绘愿景、开拓创新、激励培育员工以及与下属进行有效沟通的能力，来判定样本企业的战略领导能力水平。具体地，根据样本公司披露的年报中，关于“企业的核心竞争力、管理层讨论和分析、未来发展规划、员工薪酬计划、员工培训计划”等方面的信息，判断公司战略领导者在多大程度上表现出①描绘愿景；②开拓创新；③激励培养下属；④监控运营；⑤有效沟通的能力。年报中相关信息披露不完整的，进一步通过公司官方网站和公开媒体对领导者的采访信息进行判断；如果在这5个方面都高度符合，则赋值“3”，表示“高水平的战略领导能力”；如果有3~4方面符合，则赋值“2”，表示“中等水平的战略领导能力”；剩下赋值“1”，表示“低水平的战略领导能力”。具体判定工作，参照克什米尔和马哈吉（2017）的做法，由两位理解战略领导能力定义和本书研究目的的研究生助手分别判断；两者判定的一致性系数为0.96，两者判定不一致的、通过随后的讨论进一步确定。

品牌导向的测量，根据乌德（1999）、乌德等（2013）对品牌导向的定义，芮德等（2005）对品牌导向型公司的界定，并参考黄彦棕和蔡雅婷（2013）关于品牌导向型公司前因和影响结果的研究，通过如下5个题项来衡量一家公司的品牌导向：①品牌是公司的使命和战略的核心；②公司的主要目标是通过品牌打造竞争优势；③公司的所有人都掌握公司产品/服务的价值主张和定位，并且将所掌握的这些知识应用于工作中；④公司所有人都明白，本公司的品牌和竞争者的品牌有明显不同；⑤公司整合各种沟通渠道，向顾客传递企业品牌定位和品牌价值主张，并建立品牌附加价值。

根据这5个方面，衍生5个判定标准：①品牌是否为公司的战略核心；②是否依托品牌形成竞争优势；③在业务层面是否强调品牌；④是否提及面向员工的品牌相关培训；⑤公司的营销沟通方面是否提及品牌。然后查阅样本公司年报中公司基本情况（公司业务和核心竞争力）、管理层讨论与分析（公司的发展战略和经营计划）这两部分，判定企业的品牌导向程度。参照黄和蔡（Huang & Tsai，2013）关于品牌导向的量化研究，让另外两位研究生助手根据上述5个判定标准，基于6点量表给出判定分，5个方面都符合，品牌导向赋值“5”，4个方面符合赋值“4”，以此类推，都不符合赋值“0”。

另外，品牌导向的测量还通过年报中“品牌”一词出现的次数这一客观指标来进行测量。这样做的逻辑是，在年报中提及品牌的次数能够反映公司层面依托品牌、重视品牌的程度。具体针对每家样本公司的年报，统计其中“品牌”一次出现的次数。最终参考克什米尔和马哈吉（2017）的做法，将品牌导向的主观评分、客观品牌次数均计算标准化得分，然后综合这两个得分，得到企业的品牌导向程度得分。本书研究中，主观判定的品牌导向程度和客观的品牌出现次数两者高度相关，Pearson 相关系数 $r = 0.608$，$p < 0.001$；主、客观标准化得分的两个指标的 Cronbach's $\alpha = 0.76$，具备良好的一致性信度。

企业绩效的测量。主要选取两个指标：总资产净收益率、每股收益，来衡量企业的财务绩效水平。具体是从国泰安 CSMAR 数据库，根据本研究抽样上市公司的“股票代码”，匹配获得各样本公司 2015 年 12 月 31 日和 2016 年 12 月 31 日的总资产净收益率和每股收益数据。之所以还收集 2016 年底的绩效数据，是想考察基于 2015 年的年报信息判定的战略领导能力、品牌导向，是否对企业 2016 年的绩效仍然有显著影响，判定研究结果的稳健性。

控制变量方面，收集了样本企业的“在职员工人数”来衡量企业规模、企业所有制性质（根据实际控制人性质判定）、成立年数；还收集了样本企业领导者（CEO 或董事长）的性别、年龄、最高学历信息。变量测量及来源说明汇总如表 6-1 所示。

表 6－1　　变量测量及来源

变量	测量题项或指标	来源
战略领导能力	（1）描绘愿景；（2）开拓创新；（3）监控运营；（4）激励培育下属；（5）人际沟通	王辉等，2011；希特等，2013
品牌导向	主观评价标准： （1）品牌是否为公司的战略核心；（2）是否依托品牌形成竞争优势；（3）在业务层面是否强调品牌；（4）是否提及面向员工的品牌相关培训；（5）公司的营销沟通方面是否提及品牌 客观评价： 年报中“品牌”一词出现的次数 品牌导向得分＝（品牌导向主观评价标准化得分＋品牌次数标准化得分）/2	黄和蔡雅婷，2013；乌德，1999；乌德等，2013；芮德等，2005
企业绩效	（1）总资产净收益率 （2）每股收益	黄和梅里尔斯，2008
控制变量	（1）公司规模：LN（在职员工人数）[a] （2）公司所有制性质：1＝国有，0＝非国有 （3）成立年数：LN（2016－成立年份） （4）战略领导者是否有从政经历：1＝是，0＝否 （5）战略领导者人口统计变量：性别、年龄、最高学历	王辉等（2011）；克什米尔和马哈吉，2017

注 a：LN 表示取自然对数。

6.2.3　数据分析结果与讨论

研究涉及变量的描述性统计结果及变量之间两两相关 Pearson 系数如表 6－2 所示。战略领导能力同品牌导向显著正相关，这初步支持了假设 H_{6-1}；战略领导能力，品牌导向也均同总资产净收益率、每股收益显著正相关，这为假设 H_{6-2} 的验证奠定了基础。控制变量方面，在职员工人数的自然对数同战略领导能力、品牌导向以及每股收益显著正相关，意味着规模越大的企业，可能倾向有更高水平的战略领导能力、更高程度的品牌导向和更好的绩效；公司成立年数的自然对数同总资产净收益率显著负相关；企业所有制性质（1＝国有，0＝非国有）同总资产净收益率、品牌导向、战略领导能力显著负相关，意味着相比民营或外资等其他

表 6－2 **变量描述性统计与 Pearson 相关系数**

	均值	标准差	1	2	3	4	5	6	7	8	9	10
（1）总资产净收益率	0.038	0.072										
（2）每股收益	0.442	0.967	0.587 **									
（3）品牌导向	0.000	0.897	0.285 **	0.247 **								
（4）战略领导能力	1.976	0.922	0.163 **	0.189 **	0.493 **							
（5）LN 在职员工人数	8.223	1.538	−0.003	0.190 **	0.202 **	0.090 *						
（6）LN 公司成立年数	2.888	0.448	−0.093 *	0.039	−0.017	0.014	0.192 **					
（7）所有制性质	0.497	0.501	−0.162 **	0.000	−0.175 **	−0.138 **	0.322 **	0.274 **				
（8. 性别	1.047	0.212	0.012	0.065	0.088	0.111 *	0.000	0.049	−0.028			
（9）LN 年龄	3.957	0.130	0.147 **	0.150 **	0.102 *	0.088	0.199 **	0.022	0.051	−0.025		
（10）是否有从政经历	0.279	0.449	−0.017	−0.032	−0.041	0.066	−0.025	−0.046	−0.005	0.064	0.054	
（11）最高学历	2.589	0.804	−0.087	−0.017	−0.022	−0.069	0.180 **	0.031	0.215 **	−0.049	−0.146 **	0.005

注：** $p<0.01$，* $p<0.05$。

属性的企业，国有企业的战略领导能力水平、品牌导向程度和总资产净收益率更低。其他控制变量的影响系数如表 6－2 所示。

接下来，进一步通过回归分析考察战略领导能力对品牌导向和企业绩效的影响效应，并检验假设 H_{6-1} 和假设 H_{6-2}。分析结果如表 6－3 所示。表 6－3 模型 1 表示，在控制了战略领导者性别、年龄、学历、是否有从政经历，以及企业所有制性质、企业规模、成立年数等控制变量的基础上，战略领导能力对品牌导向有显著的正向影响，标准化回归系数 $\beta = 0.479$，$p < 0.001$；这支持了 假设 H_{6-1}。意味着战略领导能力水平越高的企业，品牌导向程度也越高。

参考温忠麟等（2004）关于中介效应检验程序和方法，考察战略领导能力是否通过品牌导向的中介作用，正向影响企业绩效。首先考察自变量（战略领导能力）对因变量（企业绩效）的主效应，模型 2 和模型 4 表示，在控制了战略领导者性别等控制变量的基础上，战略领导能力显著正向影响样本企业 2015 年的总资产净收益率（$\beta = 0.126$，$p < 0.01$）和每股收益（$\beta = 0.152$，$p < 0.001$）。其次考察自变量对中介变量（品牌导向）是否具有显著影响效应，模型 1 的结果支持了这一条件。

最后考察当将原中介变量（品牌导向）和原自变量（战略领导能力）一起作为自变量、做预测因变量（企业绩效）的回归时，原中介变量对因变量的影响效应是否显著，同时考察原自变量对因变量的影响效应还是否仍然显著；如果原中介变量对因变量的影响效应显著，同时原自变量对因变量的影响效应不再显著，则中介变量发挥完全中介作用。

对比模型 2 和模型 3 发现，当将品牌导向作为自变量时，品牌导向对总资产净收益率存在显著正向影响，$\beta = 0.271$，$p < 0.001$；同时战略领导能力对总资产净收益率的影响效应不再显著，$\beta = -0.004$，$p > 0.9$。这意味着品牌导向在战略领导能力与总资产净收益率之间发挥完全中介作用。类似地，当采用样本公司 2015 年的每股收益作为因变量时，模型 4、模型 5 同样揭示了品牌导向在战略领导能力与每股收益之间的完全

表 6-3 预测品牌导向和企业绩效的标准化回归结果

	模型 1（品牌导向）	模型 2（2015 年总资产净收益率）	模型 3（2015 年总资产净收益率）	模型 4（2015 年每股收益）	模型 5（2015 年每股收益）	模型 6（2016 年总资产净收益率）	模型 7（2016 年总资产净收益率）	模型 8（2016 年每股收益）	模型 9（2016 年每股收益）
性别	0.061	-0.001	-0.017	0.058	0.046	0.021	0.009	0.014	0.006
LN 年龄	0.005	0.135**	0.134**	0.102*	0.101*	0.008	0.006	0.054	0.053
最高学历	-0.005	-0.036	-0.035	-0.016	-0.015	-0.096*	-0.095*	-0.050	-0.050
是否有从政经历	-0.046	-0.036	-0.024	-0.057	-0.049	-0.059	-0.050	-0.033	-0.027
所有制性质	-0.167***	-0.128*	-0.083	-0.033	-0.002	-0.135*	-0.104*	-0.016	0.007
LN 在职员工人数	0.237***	0.014	-0.051	0.162***	0.119*	-0.053	-0.096	0.201***	0.169***
LN 公司成立年数	-0.030	-0.065	-0.057	0.008	0.013	-0.059	-0.054	0.000	0.004
战略领导能力	0.479***	0.126**	-0.004	0.152***	0.065	0.162***	0.071	0.126**	0.060
品牌导向			0.271***		0.182***		0.189***		0.137*
R^2	0.339	0.067	0.116	0.080	0.102	0.087	0.110	0.070	0.083
F 值	28.806***	4.063***	6.534***	4.877***	5.650***	5.319***	6.154***	4.254***	4.499***

注：*** $p<0.001$，** $p<0.01$，* $p<0.05$。

中介作用。以上结果支持了假设 H_{6-2}，即战略领导能力水平越高的企业，由于具有越高程度的品牌导向，从而获得了更好的企业绩效。

当将企业的绩效数据往后推一个年度时，即采用样本公司 2016 年的总资产净收益率和每股收益作为企业绩效指标时，对比模型 6、模型 7，模型 8、模型 9，同样支持：战略领导能力通过品牌导向的完全中介作用，促进企业绩效的提升。

控制变量方面，模型 1 揭示，所有制性质（1 = 国有，0 = 非国有）显著负向影响品牌导向，$\beta = -0.167$，$p < 0.001$；意味着相比国企，非国有（主要指民营和外资）企业具有更高程度的品牌导向。另外规模越大的企业，具有越高程度的品牌导向，$\beta = 0.237$，$p < 0.001$；这与乌德（1994）、黄彦棕和蔡雅婷（2013）等提及的品牌导向战略的实施、需要公司具有持续投入资源的能力的观点是一致的；相比规模小的企业，规模越大的企业，资源相对更丰富，因而具有追求品牌导向战略的资源基础。

6.3 研究二：基于 326 名中高层管理者样本

为了进一步验证假设 H_{6-1} 和假设 H_{6-2} 涉及的主效应和中介效应的外部效度，同时检验假设 H_{6-3} 提及的内部品牌化与品牌导向的交互效应，开展了研究二。

6.3.1 样本来源及特征

通过购买国内领先的样本服务公司的样本服务，获得中高层企业管理者样本。具体地，问卷在服务平台设计好后，通过付费方式让该公司从其超过 260 万样本库成员（均为通过手机与邮箱验证了年龄、性别、职业、收入等个人信息的真实成员）中、按照本书研究设定的条件（职位要求：中层、高层管理人员填写），向符合条件的样本随机发放问卷链接。本次调研期望收集样本数量为300份，样本服务公司在服务请求发出后的一个星期内，向初步符合条件的样本发出填写请求。有440位被试完成了问卷填写，经过样本服务平台的IP筛查、职位信息排查、填写时间筛查，最终有347位问卷填写者被认定为合格被试。获得样本数据后，本书作者进一步结合样本人口统计变量信息进行筛查，发现有在非企业（政府部门、事业单位）工作的样本16份，职位为非中高层管理者样本2份。最终获得符合本研究要求的有效样本326份。

样本描述性统计特征为：年龄均值 M = 35.44 岁，标准差 SD = 6.62；性别方面，男性200人，占61.3%，女性126人，占38.7%；受教育程度，高中/中专11人，占3.4%，大专/高职54人，占16.6%，本科232人，占71.2%，研究生及以上29人，占8.9%；被试所在公司成立年数均值 M = 17.37，标准差 SD = 12.03；公司人数规模，20人及以下有8家，占2.4%，21 ~ 50人有10家，占3.1%，51 ~ 100人有38家，占11.7%，101 ~ 200人有62家，占19.0%，201 ~ 300人有45家，占13.8%，301 ~ 1000人有97家，占29.8%，1001人以上66家，占20.3%；被试工作单位性质方面，国有及国有控股70家，占21.5%，民营及民营控股有207家，占63.5%，外资及外资控股39家，其他有10家，占3.1%；工作职位方面，中层管理/中层技术人员有233位，占71.5%，高层管理/高层技术人员有93位，占28.5%；被试所在公司所属行业，制造业有152家，占46.6%，采矿业6家，占1.8%，建筑业17家，占5.2%，批发/零售业26家，占8.0%，交通运输、仓储和邮政业28家，占8.5%，住宿和餐饮业5家，占1.5%，信息传输、软件和信息技术服务业40家，占12.3%，金融业15家，占4.6%，房地产业9家，占2.8%，租赁和商务服务业5家，占1.5%，科学研究和技术服务业11家，占3.4%，教育业2家，占0.6%，农、林、牧、渔业2家，占0.6%，其他8家，占2.5%。

6.3.2 变量测量

战略领导能力的测量，首先将王辉等（2011）开发的包括6个维度、24个测量题项的领导能力量表纳入调查问卷，获取有效样本后进行探索性因子分析（采用主成分分析法、利用最大方差法旋转因子矩阵、抽取特征值大于1的因子），进一步考察领导行为的因子结构。

初步分析结果显示，24个题项被载荷到3个公因子上，其中有3个题项（能够促进人际关系、善于平衡人际关系、和员工相处得很好）在第一个和第二个主成分上的因子载荷大于0.5；参考张等（2011）的做法，逐一考察后予以剔除。最终因子分析结果如表6－4所示，KMO值为0.936，并且通过Bartlett球形度检验（$p<0.001$），三因子累积方差贡献率为66.591%。

表6－4　　领导能力主成分因子载荷矩阵

题项	主成分		
	1	2	3
（3）对产品和服务质量有严格要求	0.805		
（1）清晰地传达他（她）们对公司未来的愿景	0.781		
（4）强调公司的长期规划	0.771		
（2）给员工描绘出一个光明的未来	0.754		
（4）富有企业家精神	0.747		
（2）勇于创新	0.720		
（2）监控组织的运作	0.716		
（3）清晰阐明了公司未来五年的发展	0.711		
（3）愿意尝试新的项目和想法	0.706		
（5）富有创新性	0.702		
（1）具有良好的处理人际关系的能力	0.684		
（1）愿意承担风险	0.660		
（1）对不同的项目和计划有很好的控制	0.648		
（2）能够与员工良好的沟通	0.640		

续表

题项	主成分		
	1	2	3
（2）关心员工的个人生活		0.851	
（1）关心员工们的家庭成员		0.846	
（3）像家庭成员一样对待员工		0.844	
（4）对下属表达出关爱		0.724	
（2）将所有决策集于一身			0.927
（1）要求员工完全地服从他（她）们			0.893
（3）私自作决策，并单方面行动			0.827
特征值	10.034	2.271	1.679
方差贡献率	47.783%	10.813%	7.995%

提取方法：主成分；

旋转法：具有 Kaiser 标准化的正交旋转法；旋转在 5 次迭代后收敛。

结合本书研究对战略领导能力的定义，将第一个因子界定为战略领导能力，反映企业高层领导者清晰描绘愿景、勇于开拓创新、有效激励培育员工、监控运营以及与下属进行有效沟通的能力水平。第一个因子对应王辉等（2011）提及的开拓创新、描绘愿景、运营监控和协调沟通维度。第二个因子对应王辉等（2011）提及的“关爱下属”维度，这里界定为仁慈领导。第三个因子对应王辉等（2011）的“展示权威”维度，结合该因子所包含 3 个题项的内涵，并参考张燕和怀明云（2012）的研究，这里将该因子界定为威权式领导。因子分析结果如表 6－4 所示。本书研究主要基于第一个因子考察战略领导者的战略领导能力，同时兼带考察仁慈领导和威权式领导的影响。

品牌导向的测量参考黄彦棕和蔡雅婷（2013）的实证研究，利用包含 5 个题项的量表来进行测量：（1）品牌是我们公司使命和战略的核心；（2）我们公司的主要目标是通过品牌来打造竞争优势；（3）我们公司的所有人都掌握公司产品/服务的价值主张和定位，并且将所掌握的这些知识应用于工作中；（4）公司所有人都明白，本公司的品牌和竞争者的品牌有明显不同；（5）我们公司整合各种沟通渠道，来向顾客传递公司品牌定位和价值主张，为顾客打造卓越品牌。第 1 题、第 2 题测量公司在多大程度上将品牌视为资源与战略的中心；第3题、第4题测量公司员工在多大程度上理解了品牌的核心价值并将这一理解应用到日常工作当中去；第5题刻画公司在多大程度上基于同目标顾客的持续互动来塑造品牌定位与价值主张。

内部品牌化的测量参考希尔沃宁和劳卡宁（2014）的研究，选取包含6个题项的量表来进行测量：（1）公司向所有员工传达了产品品牌的价值主张；（2）我们定期在公司内讨论品牌发展问题；（3）关于品牌发展相关问题，公司会征询员工意见；（4）公司鼓励员工通过自己的言行向市场传达一致的品牌形象；（5）公司把审视员工行为当作企业品牌建设过程的一部分；（6）公司相信，和顾客打交道的时候，员工们会拥护公司的品牌信息。

企业绩效的测量分为品牌绩效和财务绩效两方面。参考黄和梅里尔斯（2008）的研究，品牌绩效采用包括5个题项的量表进行测量：（1）我们公司已经在目标市场上打造了很高的品牌知名度；（2）我们公司已经在目标市场上树立了很高的品牌声望；（3）我们对公司当前的品牌营销非常满意；（4）我们公司已经创造了很高的顾客品牌忠诚度；（5）我们已经在市场上树立了期望的品牌形象。

财务绩效利用4个问项进行测量，具体是让被试在7点量表（1 = “严重下降”，7 = “很大增长”）上进行回答：“下面是关于企业在过去一年里的业绩的一些陈述，请结合您所在公司的情况进行回答”；4个业绩方面的指标是：销售增长率、市场份额、盈利能力、总体财务绩效。

控制变量方面，包括受访被试的性别、年龄、受教育程度、工作职位，以及受访者所在公司的员工人数、公司成立年数、所有制性质等。

6.3.3 信度和效度检验

通过信度分析，考察研究涉及潜变量的信度如表6-5所示，表6-5对角线上给出了潜变量的Cronbach's α一致性信度系数，各潜变量的信度

表 6－5　　变量均值、标准差、Pearson 相关系数与信度系数

项目	M	SD	1	2	3	4	5	6	7	8	9	10	11	12	13
（1）财务绩效	4.72	0.93	0.881												
（2）品牌绩效	5.16	0.92	0.440**	0.876											
（3）品牌导向	5.45	0.89	0.280**	0.632**	0.840										
（4）内部品牌化	5.40	0.85	0.413**	0.620**	0.829**	0.859									
（5）战略领导能力	5.57	0.86	0.362**	0.600**	0.689**	0.714**	0.946								
（6）仁慈领导	5.07	1.11	0.339**	0.461**	0.510**	0.571**	0.639**	0.905							
（7）威权领导	3.93	1.46	−0.133*	−0.092	−0.210**	−0.265**	−0.228**	−0.178**	0.868						
（8）LN 公司成立年数	2.64	0.68	−0.006	0.155**	0.037	0.056	0.062	0.026	0.004	—					
（9）公司人数	6.20	1.76	0.167**	0.242**	0.066	0.106	0.089	0.011	−0.075	0.486**	—				
（10）所有制性质	0.21	0.41	0.008	0.108	0.037	0.010	−0.029	0.039	−0.003	0.388**	0.311**	—			
（11）LN 年龄	3.55	0.18	−0.166**	0.112*	0.120*	0.070	0.086	0.007	0.159**	0.127*	0.036	0.132*	—		
（12）性别	1.39	0.49	0.160**	0.124*	0.061	0.036	0.112*	0.084	−0.059	−0.060	0.012	−0.062	−0.273**	—	
（13）受教育程度	3.85	0.62	0.090	0.071	0.063	0.105	0.131*	0.072	−0.041	0.037	0.057	0.004	−0.196**	0.118*	—
（14）工作职位	3.29	0.45	0.047	0.067	0.078	0.111*	0.103	0.142*	−0.091	−0.110*	−0.105	−0.033	−0.017	−0.069	0.073

注：LN 表示取自然对数；对角线上数值为潜变量对应的 Cronbach's α 信度系数；** $p<0.01$，* $p<0.05$。

均在0.84以上，具有非常好的一致性信度。接下来利用探索性因子分析，对研究涉及潜变量的题项进行了因子分析，战略领导能力、品牌导向、品牌绩效、内部品牌化、企业财务绩效的KMO值分别为：0.958、0.845、0.866、0.881、0.823，以上数值均明显大于0.8，且各因子分析都通过了Bartlett球形检验。说明各潜变量具有较好的建构效度。

6.3.4 数据分析结果与讨论

表6-5给出了各变量的均值、标准差、相关系数和信度。战略领导能力以及仁慈领导同品牌导向、品牌绩效和财务绩效都显著正相关。威权领导同品牌导向、财务绩效显著负相关。

接下来，基于Lisrel 8.7软件、通过结构方程模型（SEM）综合考察战略领导能力、仁慈领导、威权领导、品牌导向、品牌绩效以及财务绩效之间的逻辑关系，检验假设H_{6-1}和假设H_{6-2}。按照假设H_{6-1}和假设H_{6-2}的内容并参考表6-5相关系数结果，界定战略领导能力、仁慈领导、威权领导为外生潜变量，品牌导向、品牌绩效和财务绩效为内生潜变量，并初步设定模型为战略领导能力、仁慈领导正向影响品牌导向、品牌绩效和财务绩效；威权领导负向影响品牌导向、品牌绩效和财务绩效；并且品牌导向正向影响品牌绩效、品牌绩效正向影响财务绩效。

对初步设定的结构方程模型求解，发现多条不显著的路径。在此基础上根据不显著的路径，以及路径对应的修正指数（MI）修改模型设定。具体一次只修改一条修正指数最大的路径，直至模型中不再有不显著路径（侯杰泰等，2004）。最终模型的结果如图6-2所示，模型的拟合指数$\chi^2/df=2.59$处于2~3的标准范围内，RMSEA=0.07小于0.08的标准值，GFI、NFI、CFI、IFI均大于0.9，说明模型拟合很好。

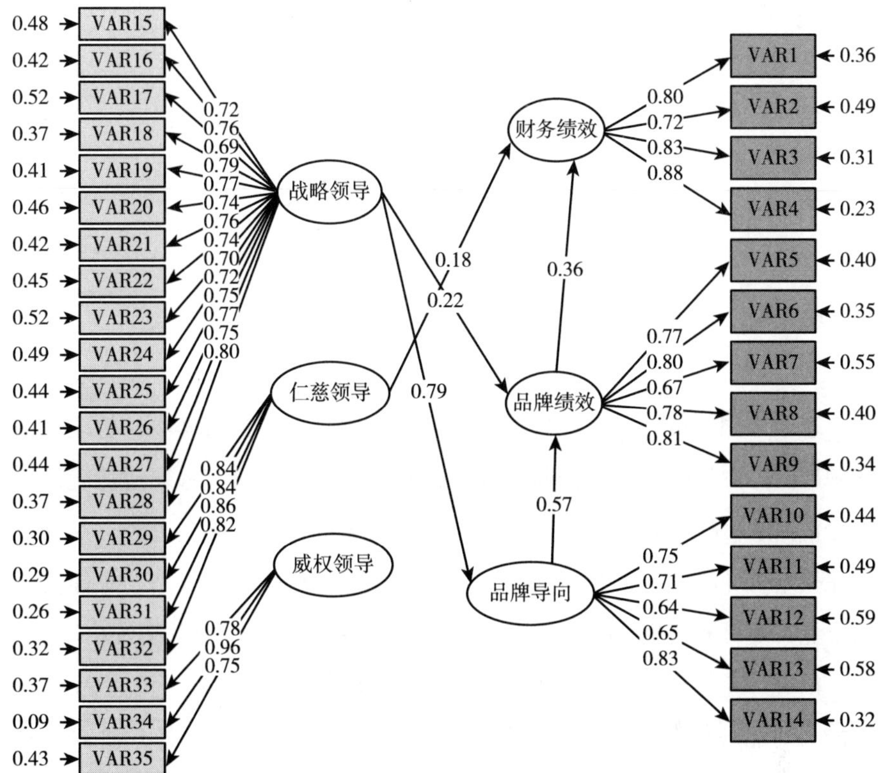

图6-2　领导能力对品牌导向和企业绩效的影响路径

根据图6-2可知，战略领导能力显著正向影响品牌导向，这进一步支持了假设 H_{6-1}，战略领导能力→品牌导向→品牌绩效→财务绩效的正向影响路径也显著成立，这支持了假设 H_{6-2}。另外，仁慈领导显著正向影响企业财务绩效。

接下来，考察品牌导向与企业绩效之间，内部品牌化的调节作用。将品牌导向和内部品牌化中心化后，生成二者的乘积项，然后在控制战略领导者性别、年龄等控制变量的基础上，做企业绩效变量对中心化品牌导向、内部品牌化以及二者乘积项的回归。结果显示，做预测财务绩效的回归时，乘积项的标准化回归结果显著，$\beta=0.144$，$p<0.01$，而做预测品牌绩效的回归时，乘积项的回归系数不显著，$\beta=0.042$，$p=$

0.352。这意味着在品牌导向程度越高并且内部品牌化越好的企业，具有越高的财务绩效。支持了假设 H_{6-3}。

6.4 本章结论与讨论

6.4.1 研究结论

基于中国上市公司样本数据和企业中高层管理者调研样本，检验了战略领导能力对品牌导向和企业绩效的正向影响效应。研究一通过传统的回归分析揭示，战略领导能力对品牌导向有显著的正向影响。另外，品牌导向在战略领导能力与企业绩效之间发挥完全中介作用，即战略领导能力强的企业，更可能实施品牌导向战略举措，从而提升了企业财务绩效。

研究二基于中国企业中高层管理者的调研样本，再次验证了战略领导能力对品牌导向和企业绩效的促进效应及作用机制。另外，研究二还揭示，内部品牌化对品牌导向与企业绩效之间的关系具有调节效应；品牌导向程度高并且内部品牌化程度也高的企业，具有更高的财务绩效。说明品牌导向战略的确立，还需要通过内部品牌化，才能使员工了解企业品牌内涵和价值主张，通过员工自己的言行向市场传达一致的品牌形象。同时，内部品牌化鼓励员工在与顾客沟通的时候，积极传达公司的品牌信息。只有通过有效的内部品牌化，高层管理者的品牌导向战略才能得以贯彻落实，最终转化为企业卓越绩效。

基于研究结论，可以认为培养领导者的战略领导能力，有助于企业贯彻、落实品牌导向发展战略，从而提升企业绩效。

6.4.2 实践启示

首先，本书研究对各行业的企业，在经营方面具有管理启示。本章研究证实，企业以品牌作为战略导向，把品牌作为一种战略性资产，将为企业带来卓越的财务绩效。因此企业要推崇品牌导向战略。随着技术的不断发展，产品差异化的壁垒越来越低，市场竞争越来越激烈，企业获利越来越难，很多企业面临发展和生存的困境。虽然技术创新对企业的发展十分重要，但重视品牌建设，打造知名品牌，提高品牌壁垒也是企业长期获利的另一重要途径。

其次，为了打造品牌、贯彻品牌导向战略，企业的中高层管理者应该提升战略领导能力。具体地，应该开发鼓舞人心的品牌愿景，并传达给员工，激励其发挥最大潜能。还要根据品牌愿景制定企业发展战略，带领员工实现企业的品牌目标和愿景。领导者要把品牌导向理解为指导企业发展的一种战略，将品牌作为资源和战略中心；在日常运营中，要向员工培训、传达清晰、一致的品牌理念，激励员工做出品牌支持行为。

贯彻品牌导向：品牌命名策略

7.1 问题提出

贯彻品牌导向发展模式，重视品牌培育与塑造，首先的工作，就是要给产品取个好名字。因为消费者最初接触某个品牌时，是依靠品牌名称以及品牌名称引发的联想来理解品牌，并产生购买意愿（Cui，2017）。因此，取个好的品牌名，会更容易让消费者理解、记忆、传播，形成独特性认知和购买意愿（Chan & Huang，2001）；而取名不好的品牌，则不会起到形成积极传播、激发购买意愿的效果（Schmitt & Zhang，2012），甚至还可能对企业和品牌带来损害（Shrum et al.，2012）。

品牌建设涉及的首要问题，就是给品牌取个“好”的名字。事实上，营销学研究已经证明，一个好的产品或品牌名称，能够让顾客对产品有更好的联想与认知，并且能激发顾客的购买意愿（Kotler & Armstrong，1997）。一个好的名称，可能会让公司节约几百万、几千万或者上亿元的宣传费用。

好的名称，一般富有“意义”“表达产品的积极特征”能够有助于将产品与其他竞争品“有效区分开来”。比如农夫山泉旗下的“NFC 果汁”，直接寓意非浓缩（not from concentrate）还原果汁；还有“17.5°橙”，寓意脐橙 17.5 度的糖酸比，是最佳的口感。

好名字是长期成功的最好保障之一（里斯和特劳特，2019）。好的品牌名称在传播范围与力度上，都比普通的品牌名称更有优势。品牌名称作为产品识别的一种载体形式，会给消费者带来迅速的品牌反馈，使之在消费者脑海中建立产品与品牌的联系，从而大大减少吸引消费者选择产品和发生购买行为的成本。品牌命名大多数情况下意味着企业品牌建设的开始。基于企业发展定位和主营业务特色凝练的品牌名，会对企业的发展产生积极的推动作用。具体地，能够在消费者的意识中留下深刻印象、驱动消费者的购买决策，形成独有的品牌价值、增加企业在商业与社会上的品牌资产，甚至可以决定企业生产的产品与服务能否构建长期竞争优势。

由于汉语的独特性，如何在中文情境下进行品牌命名，是企业培育品牌初始阶段要做的重要工作。然而，非常遗憾的是，随便通过“百度”搜索一下“品牌命名”，出现的搜索结果，都是一些“起名网”“算命网”的推荐结果。缺乏专业学术文献的推荐。说明在实践中，品牌命名尚未上升到一个“专业”的高度。

实际上，国外大量的文献探讨英文情境下的品牌命名，以及品牌名称如何翻译成其他语言（如 Arora et al.，2015；Chan et al.，1990；Cui，2017；Schmitt & Zhang，2011；Zhang & Schmitt，2001）。在这些文献的指导下，诸多国外品牌名称，在中国都有非常精妙的翻译。比如“Coca Cola”翻译成“可口可乐”，快餐品牌“Subway”翻译成“赛百味”，牙膏品牌“Colgate”翻译成“高露洁”，“IKEA”翻译成“宜家”。这些精妙的翻译都有一个共同的规律：音 + 意译。这种策略被认为是国外品牌进入中国最好的策略。当然，取不到合意的音 + 意译名字时，音译也是一个可取的策略，比如“LEXUS”翻译成“雷克萨斯”，给国人高端、洋气之感。然而，关于中文情境下的品牌翻译策略，在中国大陆较少被研究。

本章选取《2018 年 Brandz 最具价值的中国品牌 100 强榜单》中的品牌名称进行分析。梳理中文情境下的品牌命名规律。具体地，第一，将品牌根据行业进行分类，由于不同行业的发展受到经济、政治环境的多重影响，因此在命名过程中，会形成与其他行业不同的品牌命名特点，研究不同行业内品牌命名具有的特点，对不同行业的企业品牌命名具有指导作用。

第二，对品牌名的音节进行分析，音节的使用决定着品牌名视觉上的长度，同时也一定意义上决定品牌名的内容表达。因此在品牌命名过程中，需要对音节的多少进行选择。通过分析 BrandZ 最具价值的中国品牌 100 强，能够揭示具有价值的品牌在音节选择上的倾向。

第三，从语义的角度进行分析，汉语将词分为褒义词、贬义词和中性词三种。对于品牌名的语义选择，做出以下定义，如果品牌名中含有褒义字词，则为褒义性的品牌名，含有不具有明显贬义字词的则归类为中性字词，中性字词中存在可以联想到积极含义的则归类为联想褒义词。词性的不同，会对消费者的心理产生不同的影响，因此语义的选择在品牌命名中具有重要意义。

第四，从词性的角度进行分析，词语的结构选择，在品牌命名中也同样具有研究价值。将品牌名根据结构组合方式进行分类，并研究最具价值的品牌在词性选择中的倾向，之后再对其进行分析与解释。

本章从以上几个方面，对 BrandZ 最具价值的中国品牌 100 强榜单中的品牌命名展开分析，揭示其中的规律，供其他企业为品牌命名时参考。

7.2 相关研究回顾

中国香港学者陈和黄（Chan & Huang）等结合中国文化特点和消费

者偏好进行了一系列研究，揭示了汉语语境下的品牌命名规则：①一般为两个字组合；②偏好高声调（发音洪亮）；③品牌名的两个字一般具有“修饰性+名词”结构；④名称最好有积极寓意（Chan & Huang，1997、2001；Huang & Chan，1997）。在汉语言背景下，具有启发性或暗示性含义的品牌名称更受中国消费者偏好（Chang & Huang，1997，2001；Lee & Ang，2003）。

潘成云和陈新仁（2009）认为品牌命名过程中受到社会心理的影响。首先，消费者具有地域情结的社会心理特征。引用地名可以引导和满足社会公众在品牌传播和识别上的需要。其次，是目标消费人群的认同心理特征，即根据特定消费群体的消费心理来进行品牌命名。最后，消费者具有爱国情怀的心理特征，据此企业需要利用商品的价值观来实现与消费者的情感共鸣。李飞和李翔（2004）对世界最有价值品牌的中文品牌名进行分析，发现英文名称翻译为汉语，也遵循着“褒义词+双音节/三音节+偏正结构”的命名模式，同时企业在进入市场的不同时期，也具有不同的特点。

根据已有文献，品牌命名具有一定的语言规律。本章结合已有文献展开分析，一方面，检验已有文献的结论；另一方面，试图揭示品牌命名的新规律和新特征。

7.3　中国品牌命名调查分析

7.3.1　抽样

样本主要选自《2018 年 BrandZ 最具价值的中国品牌 100 强榜单》（以下简称“百强榜单”）中的 100 个品牌名。百强榜单列举的品牌中，最重要的参考指标是其品牌价值。品牌作为企业的无形资产，在品牌形成与发展过程中不断积累，来提升企业在市场中的竞争地位、创造企业在市场中的竞争优势，为企业带来实际的价值和稳定的收益。同时品牌也是企业与消费者之间的联结纽带，消费者通过消费品牌蕴含的功能与情感价值，来表达对企业品牌价值以及相关产品与服务的认可。

对百强榜单中的100个品牌名称进行统计和分析（见表7-1）。

表7-1　品牌百强榜单中企业所属行业

行业	品牌名称	占比（%）
银行	中国光大银行、兴业银行、中信银行、中国建设银行、中国农业银行、中国民生银行、招商银行、交通银行、中国银行、中国工商银行	10
房地产	搜狐中国、金地集团、富力地产、龙湖地产、绿地集团、保利地产、碧桂园、万科、恒大地产	9
保险	中国太平保险、中国人民保险、新华人寿、太平洋保险、中国人寿、平安保险	6
家电	TCL	8
汽车	吉利汽车、比亚迪、长城汽车	3
酒店	如家酒店、汉庭酒店	2
珠宝零售	东方金钰、老凤祥	2
食品和乳品	三全、福临门、光明乳业、双汇、伊利、蒙牛	6
医疗保健	汤臣倍健、华润三九、东阿阿胶、同仁堂、云南白药	5
个人护理	佰草集、大宝	2
婴儿护理	安儿乐	1
旅游	凯撒、去哪儿、携程	3
酒类	古井贡酒、青岛啤酒、哈尔滨啤酒、雪花啤酒、五粮液、国窖1573、洋河、张裕、泸州老窖、茅台	10
服饰	安踏、海澜之家	2
零售	永辉超市、唯品会、苏宁、京东	4
航空	海南航空、中国南方航空、中国东方航空、中国国际航空	4
快递	顺丰速运、申通快递、圆通速递、韵达快运、中通速递	5
教育	学而思、新东方	2
科技	新浪、中兴、爱奇艺、优酷、联想、网易、腾讯、阿里巴巴	9
石油和天然气	中石化、中石油	2
电信服务	中国移动、中国电信、中国联通	3

表7-1中可以看出，企业所分布的行业类型涉及21种。基本涵盖了日常生活中能接触到的大部分行业。由于中国经济的发展模式与社会环境以及多种原因的影响，最具价值的中国品牌主要集中在：银行（10%）、房地产（9%）、家电（8%）、酒类（10%）以及科技（9%）这几个产业，剩下是保险（5%）、食品和乳品（6%）、医疗保健（5%）、快递（5%）。

7.3.2　命名规律分析

（1）基于音节的品牌命名特点。

音节是音位组合构成的最小的语音结构单位。在汉语中，通常情况下一个汉字即为一个音节。从语言学和传播学的角度来看，消费者更倾向于音节少并且语音相对简单的词汇（见表7-2）。

表7-2　百强榜单列举品牌名的音节数量

类型	双音节	三音节	四音节	五音节	六音节	八音节	其他
数量/个	30	14	40	2	10	1	3

从表7-2中可以看出，在百强榜单中，使用四音节品牌名的企业占比最大，占据总统计数据的40%。其次是双音节品牌名，占据总统计数据的30%，而采用八音节的品牌名数量最少，占总统计数的1%，其次是五音节，占据总统计数据的2%。四音节的品牌名的构成，大多数为双音节词汇加与产业相关的名词，如“富力地产”“招商银行”。对于这类品牌名，由于产业相关的名词基本一致，普通人很难去区分“顺丰速运”“申通快递”以及“圆通速递”中“速运”“快递”和“速递”的区别。

因此在消费者眼中，主要区别的要素为其前面的双音节词汇。比如消费者经常将“顺丰速运”称为“顺丰”，“招商银行”称为“招行”，“中国南方航空”称为“南航”，等等。因此也可以归类于双音节词汇当中。在黄月圆和陈洁光（2002）的研究中可以看出，91%的产品品牌名都是双音节的合成词。因为双音节词是节律构词中的基准节奏，汉语使用者对双音节词有更强烈的偏好。双音节词对汉语使用者来说更容易辨识、发音和记忆。

但是随着时间的推移，我国的社会经济文化水平的不断进步，三音节词在汉语中的数量不断增加。李海霞（2009）认为三音节词汇的增长符合汉语词长的发展趋势，三音节词汇具有现代汉语的韵律特点。根据冯胜利（1996）的研究，三音节词是汉语最长的韵律词，同时三音节词汇比双音节词汇能表达更多的含义。如“福临门”为一个包含主谓宾结构的完整词汇，其表达的含义要多于普通的以偏正结构、主谓结构、述宾结构、述补结构、联合结构等的双音节词汇。因此三音节词的品牌名在百强榜单中占有一定的比例，在语言学上具有其存在的意义。

针对六音节词的品牌名，表 7 – 1 所显示的企业名称都为其全称，但由于消费者更偏爱音节少、更加简洁的品牌，因此在消费者的意识和传播过程中，以上大部分品牌名都有相对应的简略名称。如“中国建设银行”通常被称为“建行”；“中国南方航空”被称为“南航”。简称虽然不被品牌名官方使用，但在消费者之间的传播中效率更高，印象也更为深刻。所以，六音节词的品牌名在消费者之间的传播中，简化的双音节词汇更有优势。

六音节的品牌名占榜单所有品牌名的 10%。例如，在银行产业就有五个企业的品牌名为六音节品牌，分别是“中国光大银行”“中国建设银行”“中国农业银行”“中国民生银行”“中国工商银行”。经过分析可以发现，这五个品牌名具有高度的相似度，其命名方式都为“中国 + × × + 银行”。因此在消费者的印象中，“光大”“建设”“农业”“工商”“民生”为重要的记忆点，也是与其他企业区别的关键点。因此六音节的品牌名中，除了引导语，与其他企业区别的词汇都为双音节词。因此在命名过程中也可以被归类为双音节词汇。

其他的品牌名中主要包含英文字母与数字，与本节讨论的中文情景

下的品牌命名特点分析主题不相符，因此这里不做讨论。

（2）基于语义的品牌命名特点。

从语言学的角度来说，语义是文字所承载的内容，文字本身作为符号并不具有含义。因其含义，被使用的文字才能起到传递信息的作用。词语与词语之间形成的词语意义和关系意义也是语义。品牌名的语义，说明了企业向消费者传递的信息，因此在品牌命名过程中，要特别的注意品牌名的语义（见表7－3）。

表7－3　　含褒义词品牌名数量及占所在行业的企业数量

分类	含褒义品牌名	含褒义品牌名占一半以上的行业	含褒义品牌名少于一半的行业	不含褒义字词的品牌名所占的行业
数量（个）	50	14	3	4

百强榜单中，含有褒义字词的品牌名占所有品牌名的比例为50%。主要集中在房地产、家电、食品/乳品以及科技这四个行业中。其中接近80%的房地产企业、55%的家电企业、80%的食品与乳品企业、70%的科技企业所用的品牌名含有褒义词。值得一提的是80%的保险企业、100%的珠宝零售企业、100%的婴儿护理企业、60%的医疗保健企业、100%的服饰企业、100%的个人护理、100%的婴儿护理的品牌名，都含有褒义字词。

百强榜单所涉及的21个行业中，有14个行业，品牌名含有褒义字词的数量比例，超过该行业所有品牌名数量的50%。绝大多数的企业都更倾向于在品牌名中使用褒义字词。黄月圆和陈洁光（1997）在对商品命名的研究中提到，好的品名应该是正面的、积极的、具有时代感的。具有褒义字词的品牌名，除了传达产品或服务的信息，如产品的特征和性能；比如“韵达”给人以安全、完整到达之意；“保利地产”有保护利益、资产被保护的含义；还能给消费者以正面积极的印象，在消费者选择产品与服务的过程中，给予更多的引导。

从表7－1中可以看出，百强榜单中不含褒义词的行业有酒店行业，石油和天然气行业以及电信行业。虽然不含有褒义词，但品牌名所传达的意思可以体现出积极正面的感觉，如酒店行业的品牌命名为“如家酒店”。这个品牌名虽然不含有褒义词，但“如家”二字所表达的含义给消费者也是积极向上的，因为“家”在消费者心中有安稳舒适的印象，所以虽然品牌命名中“家”为中性词，但也能传达与褒义词相似的效果。而“唯品会”则是使用限定副词“唯”对“品”进行定义，体现了唯有品质的含义，“会”则表示企业这一容量，向消费者传递“将唯有品质的产品汇集到一起”的含义。石油和天然气行业以及电信服务行业都采用含有“中国”字词的命名模式，除了表示其国资企业的背景外，也表明了其主要的业务方向，同时也会向消费者传达一种权威与信任感。

从表7-1中同样可以看出，只有银行业、旅游业、酒行业的品牌名中含有褒义词的数量较少。只有30%的银行业、33.3%的旅游业的品牌名含有褒义字词。其中，由于银行业更多的是从业务方向来吸引消费者，而且其命名过程受到时间和经济环境的影响。旅游行业中，“去哪儿”与“携程”两个品牌名不含有褒义字词，但其所表达的含义体现了该行业的特点，也能在消费者心中建立与企业服务相关的联想，因此也能体现其品牌价值。而酒行业的品牌命名特征，根据经济原因以及时代背景更喜欢用地名，原产地地名蕴含酒的品质。

综上，大多数行业的企业都倾向于在品牌名中使用褒义字词。除此之外，在一些特殊行业由于其经济和时代背景，其命名更倾向于使用中性的且与该行业相关的词汇，以及能描述企业产品与服务方向的词汇。

（3）基于词性角度的品牌命名特点。

首先对词的结构进行说明，构成词的语素分为词根与词缀，由一个语素构成的词为单纯词，两个及两个以上语素构成的词为合成词。单纯词分为联绵词与音译词，合成词分为偏正词语、主谓词语、述宾词语、述补词语和联合词语。单个语素本身具有不同含义，而构成的固有词组有时会产生新的含义，比如“青岛”所代表的是一个地名，而“青”字

与“岛”字分别具有不同含义。

在百强榜单中除了固有词汇外，还有许多企业的品牌名属于创造性的词语。除了有其品牌命名背后的深刻含义，包括其命名的背景和命名的由来，还能通过特殊构成的词来吸引人的注意力。这样的词通常是由常见的词构成的，且语音也是常用语音，目的是便于品牌名的传播。

在研究词性的过程中，需要充分了解品牌命名的背景。如“京东”的品牌名并不具有实际含义，“京”字在现代汉语中的释义为北京市的简称或首都，“东”则有方位、主人的意思，但是通过利用两位创始人名字中的两个单个语素“京”和“东”合成而来的词汇，因此就具有了含义。“京东”这样的陌生词汇让消费者产生好奇，并让消费者了解到品牌命名的由来，能在消费者心中留下更为深刻的印象，也是企业在品牌命名过程中的一个特征。

由于“SOHO 中国”“TCL”和“国窖 1573”含有非汉字元素，因此其品牌名的构成不属于汉语词语的构成结构，在此不做讨论。使用偏正词语的品牌名占所有分析的品牌名总数的 67%，联绵词、主谓短语、述补短语和联合短语都占总数的 6.7%，音译词占总数的 5.2%，述宾短语占总数的 3.1%（见表 7－4）。

表 7－4　　百强榜单品牌名的词性统计

词性	单纯词（11）		合成词（86）				
	联绵词	音译词	偏正词语	主谓词语	述宾词语	述补词语	联合词语
数量/个	6	5	65	6	3	6	6

百强榜单中所列举的品牌名，倾向于使用偏正结构的词语。该发现符合黄月圆和陈洁光（2002）对汉语品牌命名的基本原则中，“合成词应遵循‘修饰语＋名词中心语’的偏正结构”的结论。偏正短语在功能上与中心语相同。偏正结构的品牌名在各个行业都被频繁使用，尤其是银行、房地产、保险、酒类、快递和航空业的企业，基本都是由偏正结构构成的品牌名。因为这些行业的品牌名都有在句尾界定行业的字词，为

中心语。所以前面的词汇都是用来修饰行业相关的词汇。如“中国南方航空”，“中国南方”对“航空”起到修饰的作用。“碧桂园”也是一个偏正结构的例子，“碧桂”用来修饰“园”，园也能体现行业特征。因此由于偏正结构的词汇都有中心语，大多数中心语都为行业相关的词汇。企业更偏向于在品牌名中说明行业类型，因此偏正结构被广泛使用。

传统行业与新兴行业相比，其品牌命名模式更加规范，词语结构相对更加单一，而新兴行业如科技行业的品牌命名结构多样。如“新浪”采用的是偏正结构的词汇，而“优酷”则是联合结构的词汇，“华为”属于主谓结构，“阿里巴巴”属于音译词，“联想”为联绵词，而“爱奇艺”为述宾结构。由此可见，品牌名的词汇结构的使用随着时间的推移会越来越丰富。

（4）含有“中国”字词的品牌名分析。

根据《企业名称登记管理规定》，只有全国性公司以及国务院或其授权批准的大型进出口企业、大型企业集团或国家工商行政管理局规定的其他企业，可以在企业名称中冠以“中国”字词。在百强榜单中66.7%的银行产业、60%的保险产业、75%的航空产业、100%的石油与天然气产业，以及100%的电信产业都含有“中国”字样，含有中国字样的品牌名数量占榜单总数量的19%。除了政治因素，该类企业属于垄断性的国资企业，用“中国”字词冠名的品牌会给消费者形成联想：国家背书、国家信誉。

在银行产业，含有“中国”的品牌名，命名模式为“中国+业务方向字词+银行”，中间的词为“建设、农业、民生、工商”，来表明银行的业务重心。由于经济与政策等原因，目前各银行的业务模式对个体消费者来说大致相同，但营业业务在银行成立初期有所区别。品牌名的不同，会让消费者针对不同业务时选择不同的银行。这也属于企业命名的市场细分，在所属业务内建立自己的优势。

含有“中国”字词的保险行业的命名模式是，“中国+××+保险”。

与银行业不同，保险业并未在品牌名中加入侧重业务导向的字词，主要是将表达安全，安稳的语义词加入品牌名之中，比如“太平、人寿、平安、人民”等。在保险业中加入“中国”字词，也会让消费者产生信赖感与安全感。

百强榜单中，石油和天然气产业、电信服务产业的企业都带有“中国”字词。除了其国资企业的身份外，可以在国际上与其他企业形成比较，来凸显自身业务发展地区与其背后的资本力量。

（5）含有“地名”字词的品牌名分析。

含有地名的品牌名在百强榜单中所占比重为10%。主要集中在酒类与医疗保健业。其中60%的酒类品牌名中含有地名。根据陈洁光和黄月园（2003）对酒类产品命名特征的研究，酒类产品含有地名的特点，与中国酒产业发展的历史背景有关。由于中国酒厂地方化的程度高，具有较强的地方特色，同时消费者对酒类产品具有较强的本土意识。因此含有地名的酒类产品，更能得到消费者的青睐。

除此之外，集体所有制经济也对酒类产品的地名、品名倾向具有一定的影响。通常情况下，酒厂或企业在当地具有垄断地位。因此对于当地消费者来说已经形成深刻的印象，其品牌也更容易辨别与记忆。同时由于文化与传统，经过有效的营销传播后，有名的酒厂也会在全国范围内形成知名度，但缺点在于品牌名并不能说明产品的特色和优势，除了特别出名的品牌外。例如，“茅台”，茅台以独特的地理位置以及历史因素的影响，产出具有特色的产品，在很长时间都具有很高的知名度，甚至在消费者的印象中，茅台与高档白酒已经画上等号。事实上，许多消费者并不知道茅台是一个地名。

对于医疗保健行业，含有地名的产业有“东阿阿胶”和“云南白药”。由于其优越和独特的地理位置，拥有全国范围内品质较为突出的特色产品，经过有效的传播，其地域与产品会被消费者联系起来，在消费者心中形成针对该产品的独特印象。

（6）品牌命名的时代特征分析。

品牌命名的时代特征与我国的历史发展具有较强的关联性。我国市场经济的发展大致可以分为：1949 年 10 月以前、1949 ~ 1992 年、1992 年至今。1949 年中华人民共和国成立，开始实行以计划经济为主的经济体制，1992 年市场经济体制改革，市场经济地位逐渐增强。大多数百强榜单中，各个企业的建立时间可大致认为是其品牌名创立时间，因为品牌名要符合当时时代背景和当时语境下消费者的接受程度，所以在一定程度上具有时代特征。根据百强榜单各企业的建立时间如表 7 – 5 所示。

表 7 – 5　　百强榜单各企业建立时间

企业建立时间	1949 年以前	1949 ~ 1992 年	1992 年至今
数量（个）	6	32	62

1949 年以前的品牌名数量较少，基本是以地名和职能型的品牌名为主。同时存在两个老字号品牌，“张裕”和“同仁堂”。其命名方式属于古代中国商业品牌的命名方式，包括语义和词性。如“张裕”是姓氏与一个含有褒义词的修饰词组成的。“同仁堂”则是修饰词加场所名词。“交通银行”是负责将“路、轮、电、邮”互为交通而建立的银行。所以可以总结为，1949 年以前的品牌名可以看到古代中国商业品牌命名方式的影子，同时也更直接地表述行业职能。

1949 ~ 1992 年，品牌名的数量相应增加，所涉及的行业也有所增加，其命名方式也更加多样。但可以发现，使用已有词汇的品牌名较多，如“老板”“格力”“长城汽车”等。与此同时，也有许多自创的词语出现，“华为”可看作是一个主谓短语：“华”可以表示为我国，“为”是制作的意思。类似的有“金地集团”“华帝”“双汇”。这种命名模式体现企业已经开始通过自创词组来吸引消费者的注意，已经拥有了更为灵活的营销意识。

1992 年以后直至今日，我国的市场经济蓬勃发展，企业的市场意识也逐步增强，有 59. 7% 的企业品牌名属于自创词汇，且表达上也更加丰富。1949～1992年的品牌名，所采用的词在词义上相对克制。即便使用褒义词，如“万科”“中兴”“海信”，所使用的褒义词相对传统。1992年后使用的词则更加直接，同时也更丰富。如“大宝”“优酷”都使用两个褒义词，所展现的含义也更加积极。

综上所述，中国企业品牌名的时代特征主要可以总结为：使用的语素越来越丰富，表达的语义越来越直接，词汇构成方式也越来越丰富。但同时发现所属同一行业，其命名方式也会更靠近早期该行业的命名模式。如酒类，三种时代背景下都更偏向于使用地名来命名。

7.4　中文情境下品牌命名规律总结

结合以上分析，并参考中国香港学者黄月园和陈洁光（2002）、陈洁光和黄月圆等（2003）关于中文情境下品牌命名的系列研究。中文情境下的品牌命名策略总结如表7－6所示。

表7－6　　　中文情境下品牌命名规律

主要规律	品牌命名更倾向于使用双音节词	例如：格力、大宝、携程、三全
	品牌命名更偏好褒义词	例如：安儿乐、吉利、优酷
	品牌命名更倾向使用偏正结构的词语	例如：安踏、蒙牛、碧桂园
	含有“中国”的品牌名，企业一般为国有	例如：中国银行、中国石油、中国移动
	含有地名的品牌名与行业发展背景有密切联系，传统行业更倾向使用	例如：海南航空、青岛啤酒、云南白药
	品牌命名随着时代发展语素和表达日益丰富	例如：福临门、爱奇艺、唯品会

第一，“两字”结构。就是说品牌名称，最好是两个字的组合。因为中国文化中，无论是“人名”“事物名”，还是一些日常动作、交流词汇，基本都是两个汉字的结构。比如“山川”“河流”；比如“吃饭”“喝水”“睡觉”……事实上，现代汉语以双音节词为主，常用词汇中，70%以上

都是双音节词，也就是两个字的结构。所以，“两字”结构的命名，更符合人们的习惯，因而更“科学”。

一些知名的品牌，基本都是两个字的结构，比如，华为、联想、腾讯、百度、京东、苏宁……当然，也有一些三个字的命名，比如，七匹狼、九牧王、全聚德、同仁堂，等等。虽然这里有三个字，其实内在结构，也符合后面第三条“修饰词 + 名词”结构。这些三个字的命名，也可以让人接受。

如果品牌的命名超过了三个字，就“不好”。比如，辽宁省有一个主营衣柜、木门的品牌，叫“展志天华”，就不太合适。因为不利于消费者认知、理解、记忆和传播。可能有人会说，“可口可乐”也是四个字啊？但它一是押韵，二是叠字结构。无论是读，还是记忆，都很方便。跟“展志天华”是不一样的。

还有“海澜之家”这个品牌名称，一是字太多，二是寓意容易让人联想到居家用品和家具。这个品牌命名不好。可能该品牌的企业也意识到这个问题，2021 年后开始强化“HLA”这个符号型的名称。此外，百胜餐饮集团旗下中式餐饮品牌“东方既白”，自己标榜“肯德基的兄弟品牌”。但在 2022 年宣布永久关闭在中国的门店①。这个不伦不类、字数过多的品牌名，是其缺乏知晓度、认知度，进而关闭的重要原因之一。

所以，品牌命名的第一个原理，最好是符合中国人的用词习惯，取两个字的结构。

第二，名字最好包含积极寓意。就是说，名称中包含的字，最好是包含产品或企业相关属性的积极含义。包含积极“寓意”，是中文情境下非常重要的原则。

国外一些翻译过来的品牌名称，在这方面做得非常好。比如：“赛百味”，有超过一百种美味之意，它的英文名“Subway”就是“地铁”的意思。“可口可乐”寓意可口还可乐，英文字符“CocaCola”没有这些含

① 东方既白永久关停？巨头百胜为啥也会败走中餐？[EB/OL]. 第一财经，2022 - 3 - 8.

义。“宜家”，也体现了宜家家居产品的行业属性和产品优异特征。还有“奔驰”（Benz）、“宝马”（BMW）等。

产品和品牌的名称，体现产品或企业相关属性的积极寓意，是命名中最理想的状态。现实中，不一定每个产品或品牌命名，都能做到包含积极寓意。但是，至少不要有负面寓意，或者给消费者带来负面联想。下面的一些命名就不太好：比如，一家快餐店命名为“包角布”。这个名字很容易让人想到“包脚布”，进而联想到“老太太的裹脚布”“又臭又长”……看到这个名字，消费者基本都没有了食欲。还有，比较火的炸鸡连锁店“叫了个鸡”。也不好，一看就不像正经企业，不过后来该店名称更改为“叫了个炸鸡”。但字太多，还是不方便记忆与传播。还有“羚羊”汽车，一说到羚羊，消费者可能联想到“慢”“软绵绵”“无力”等。

第三，名称最好是“修饰词+名词中心语”结构。就是说，品牌名称的两个字，最好第一个字是“修饰词”，第二个字是“名词中心语”。举例说明：比如“宜家”，“宜”有适宜、适合的意思，“家”是名词，中心语。再比如，“白猫”洗衣粉，“白”为修饰词，白净、干净；猫为名词、中心语。修饰词+名词中心语的组词模式，是汉语中最为普通的组词模式，这样合成的词语更容易让人理解，符合产品或品牌命名简洁、易懂、易传播的要求。

除了上面讨论的三点之外，根据陈洁光和黄月圆（2003）的研究，品牌名的发音最好是洪亮。汉语中第一声，比如“妈”，第二声，比如“麻”，是以高音结尾，属于“高声调”，用H表示；第三声，比如“马”，虽然第三声的发音是一个先降后升的过程，但第三声的字在连读时，一般只读一半，因此属于低声调。第四声，比如“骂”，属于“低声调”，用L表示。高声调的字读起来响亮度高，低声调的字则响亮度低。中国传统命名习惯里，对高声调的字有明显偏好。

陈洁光和黄月圆的系列研究指出，产品和品牌命名时，在声调的选取上最好遵循“X+H”原则，X表示任意声调，H表示高声调。也就是说，两个字的命名，第一个的声调没有明确要求，但第二个字最好是高声调。如华为、长虹、金龙。第二字声调高，名称发出来的声音一般较为洪亮。

另外，命名还要考虑“合法性”问题。也就是说，产品和品牌拓展到国外市场时，名称是否符合国外法律，在国外市场，是否能够受到保护。比如“联想”，以前的英文名叫“Legend”，出国之后，发现该品牌早被别人注册了。就面临了“合法性”的问题。后来，联想公司又花了很多钱，找咨询公司设计、命名，更换为“Lenovo”。这在国外市场，相当于新推出一个品牌，所需要的市场推广费用可想而知。

类似这里分析的跨国界的“合法性”问题，在中国国内的不同省份、不同区域之间，还要考虑“区域可拓展性”的问题。比如，在沈阳，就有一家二手房交易服务企业，名叫“准成”房产。东北以外的人，并不懂这两个字的意思。在“东北话”里面，“准成”是靠谱、可靠的意思。在东北，人们都好理解。“准成”的命名在东北地区是合适的。但这个企业可能并没有想过，有一天市场扩张到全国其他区域时，该怎么办？东北以外的人们，可能并不理解“准成”的积极寓意，反而可能觉得是一个不伦不类的命名。

综上，企业的产品和品牌命名，应该尽可能地遵循如下要求：

① 两字结构；

② 名字包含积极寓意；

③ 最好是“修饰词＋名词中心语”结构；

④ 发音要洪亮；

⑤ 要考虑跨国界、跨区域的合法性问题。

此外，还需要补充的是，取符号名或“洋名”（看似像外国品牌），也是近年中国品牌命名的一个新趋势。符号名方面，比如前面提及的“17.5°橙”“NFC 果汁”，还有“TCL”“HLA”。如果能通过英文字母、数字等反映产品独特特点，也是不错的选择。比如 NFC 果汁意指“not from concentrate”非浓缩。瓜斯蒂和罗思（Gunasti & Ross，2010）的严谨学术研究表明，如果字母或数字与产品优越属性密切相关，这种命名方式对高认知需求的消费者（即对字母或数字的含义好奇）非常有效。

“洋名”方面，手机品牌如vivo、OPPO，化妆品如“珀莱雅”“欧诗漫”，还有“华莱士”炸鸡汉堡、“哈弗”汽车、“诺贝尔”瓷砖、“达芬奇”家具，等等。这种品牌命名，一是让消费者联想到类似的外国品牌（比如华莱士 vs 德克士），提升感知质量；二是如果企业日后准备进军国外市场，容易让国外消费者认知和理解。当然，如果企业仅仅是让品牌看起来洋气，在产品质量、创新、差异化方面并无独特之处，也不是一个长久之道。

7.5 本章小结

本章从语言学和营销学角度，分析了百强榜单中的品牌名，总结了榜单中品牌名命名的一些规律：首先，品牌名更倾向使用双音节（两字）结构，并且三音节结构也在不断发展，因为信息传递过程中简洁的、容易发音的和特别的词汇，更吸引人的注意。其次，品牌名会影响消费者的心理，因此更偏爱在品牌命名过程中使用褒义，尤其是体现产品独特特征的积极寓意词汇。同时品牌名的词性也越来越多，构词结构也越来越丰富。品牌名在一些特殊行业内具有命名的特点，如酒类行业更偏爱用地名为品牌命名。品牌名的命名特点受到时代的影响，同时也受经济环境的影响，越是开放的经济环境，品牌命名使用的语素、语义、词性、构词结构就越丰富。

因此，企业在品牌命名中在不考虑行业的特殊情况下，可以以双音节结构或三音节结构的词作为品牌名，并最好采用褒义词或正面积极印象的词或短语，以起到有效传递信息的作用。

再次，一些特殊行业的命名有规律，在命名前可以对该行业的其他企业的品牌名进行调查与参考。可以先总结相关品牌的品牌特点，再对其进行品牌命名。结合时代背景，越来越丰富的语义和语素在正确使用的过程中，即结合企业的业务方向和产品服务的特点，能更好地吸引消费者的注意，在引导消费者进行购买的同时，也能使品牌本身的价值得以提升。

在品牌命名过程中还要注意语义，避免发生由于词汇的常用语义过多而产生歧义，使消费者不能准确的接收信息。同时尽量使用音节较少的品牌名，更有利于对品牌展开传播。

最后，还要考虑品牌命名发音洪亮的问题，以及跨区域、跨国际市场时，品牌命名要能被有效保护且易于拓展的问题。

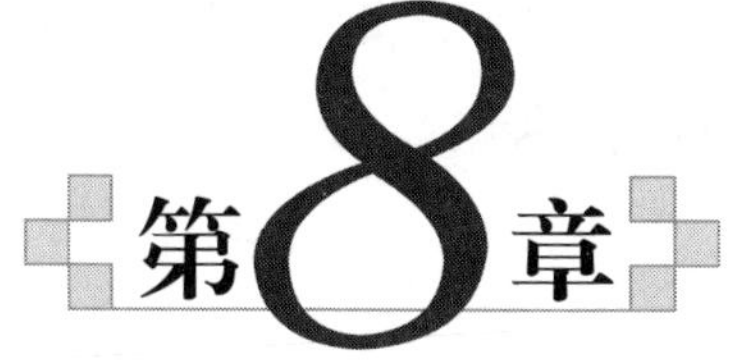

“老字号”贯彻品牌导向的路径

从本章开始，分别结合“老字号”“原字号”“新字号”企业特点，分析不同类型企业如何贯彻品牌导向发展模式。本章先分析老字号贯彻品牌导向的问题，接下来两章分析“原字号”B2B 企业（第 9 章）和“原字号”地理标志产品经营企业（第 10 章）如何贯彻品牌导向的问题，第 11 章分析“新字号”贯彻品牌导向的新逻辑与新路径。

老字号品牌是曾经的市场领导者，在市场上占有非常重要的地位，它们是体现民族文化特色的老品牌，是中华民族的宝贵财富（吴水龙等，2010）。相比“新品牌”，传统的“老字号”在知名度、品牌底蕴方面更具优势，它们悠久的历史是品牌市场价值的来源（Peñaloza，2000）。据此，老字号品牌经营企业贯彻品牌导向发展模式，更具有内涵基础。

然而，在近些年的发展历程中，中国老字号品牌也面临诸多挑战和冲击，众多没经受住环境变化冲击的老字号经营企业破产。因此，在当前的移动互联时代，老字号经营企业如何更好地贯彻品牌导向发展模式，重振老字号品牌，成为需要研究的理论和实践问题。

本章在回顾老字号品牌复兴相关研究的基础上，一是以辽宁老字号

“八王寺”为对象，通过案例研究的范式，探究老字号经营企业在移动互联时代贯彻品牌导向发展模式，复兴老字号品牌的新逻辑、新路径与新策略；二是从代际传承视角，探讨老字号品牌复兴策略。

8.1 引　　言

在质量强国战略、高质量发展号召引领下，具有丰富历史积累的“老字号”迎来复兴与发展的重要机遇。2017 年 1 月，中共中央、国务院颁布了《关于实施中华优秀传统文化传承发展工程的意见》，明确指出要开展中华老字号保护发展工程，支持一批文化特色浓郁、品牌信誉高的老字号品牌做大做强。

然而，近年来中国“老字号”经营企业的发展情况并不乐观。据统计，在新中国成立初期全国大约有 16000 家中华老字号企业，但 1990 年以来商务部评定的中华老字号企业仅有 1600 多家；受国外品牌和国内新兴品牌的夹击，目前老字号企业中发展面临停滞的占 20%、面临破产的占 70%、发展势态较好的仅占 10%（徐伟等，2015；张宇等，2015）。复兴老字号品牌面临巨大的挑战（何佳讯和李耀，2006；卢泰宏和高辉，2007）。

关于老字号品牌复兴，已有文献主要从产品与品牌创新（陈绘和魏梦姣，2014；何佳讯和李耀，2006；刘巨钦和田雯霞，2012；郑春东等，2009）、经营管理创新（安贺新和李喆；2013；彭博和晁钢令，2012；田广等，2015；魏崇红，2018；闫春和赵巧艳，2015；杨桂菊，2013）、利用消费者怀旧心理（郭彦，2017；何佳讯等，2007；何佳讯和李耀，2006；卢泰宏和高辉，2007；张艳，2013）的角度探讨复兴的路径与策略。对于从老字号品牌的先天性优势——次级品牌杠杆和代际品牌资产的角度，探讨复兴路径与策略的研究不足。“老字号”一般具有悠久的发展历史，伴随很多历史故事、事件或传说，这构成了老字号的“次级品牌杠杆”（secondary brand leverage)，即把与品牌相关的知识、故事等，作为提升消费者对品牌认知、联想、偏好的间接途径（凯勒，2009）。另外，“老字号”由于历史上的辉煌，在老一辈消费者心中发展形成了良好的品牌认知、联想和情感，这些积极认知、联想和情感等构成了老字号特有的代际品牌资产，加以利用可以转移到下一代消费者上来（何佳讯，2016）。关于老字号品牌复兴的研究和管理实践，缺乏对这两个先天优势的探讨和利用。

另外，已有关于老字号品牌复兴的研究，在品牌内涵建设上遵循传统的“品牌识别→品牌含义→品牌响应→品牌关系”的“金字塔”逻辑；在品牌传播上遵循“注意（awareness)→兴趣（interest)→欲望（desire)→行动（action)”的AIDA“金字塔”逻辑，即品牌传播效果首先来自大范围的消费者注意，然后通过层层过滤，最后产生行动，忠诚顾客只是金字塔尖的少部分顾客（凯勒，2009；何佳讯，2017）。在社交媒体发达的移动互联时代，品牌建设和传播的逻辑，还可以是“逆金字塔”式的互联网逻辑（何佳讯，2017），即明晰品牌识别后，企业首先依托在线社交平台找到关键的“意见领袖”，利用它们的影响力，通过蜂鸣式、病毒式传播在短期形成口碑扩散效应，层层向外传播，最后到达广泛的大众消费者，基于此快速提升消费者对品牌的响应和行动。

本章结合老字号独有的次级品牌杠杆和代际品牌资产，以及移动互联时代品牌建设的“互联网逻辑”，先分析老字号“八王寺”品牌复兴的案例，探讨移动互联时代老字号品牌复兴的战略逻辑与传播路径；另外，从代际传承视角，探讨老字号品牌复兴的策略。

8.2 相关研究回顾

8.2.1 “老字号”的内涵

“老字号”一般指经营时间长久，具有民族或地域特色、代表传统文化的产品和服务（陶骏和李善文，2012；魏崇红，2018）。“老字号”在一定区域内一般拥有较高的知名度，被广大民众认可。它们曾经是市场的领导者，凭借其独特的经营特色、高质量的产品和精湛的服务得到广泛的认可和敬仰，但随着时代的发展，众多“老字号”日渐没落，面临着前所未有的生存挑战（何佳讯和李耀，2006；卢泰宏和高辉，2007；许衍凤等，2018）。

8.2.2 “老字号”没落的原因

关于“老字号”没落的原因，已有文献的论点可以归纳为三个方面。一是经济体制原因：新中国成立以后实行的产权公有化，使得“连号”经营的大型老字号企业割裂了资产纽带和业务关系，其后在计划经济体制下诞生的企业经营机制和管理方式，又严重束缚了老字号的生存和发展（田广等，2015）。二是企业自身原因：老字号企业的产品或服务缺乏创新，已经无法适应变幻莫测的消费者市场（何佳讯和李耀，2006；卢泰宏和高辉，2007；田广等，2015）；另外品牌宣传不到位（郭欣，2009）、品牌经营管理模式存在局限（徐伟等，2015），都加剧了老字号的品牌资产流失；而且经营企业对老字号品牌的保护力度不够，经常发生产权纠纷问题、冒充老字号店铺和产品的问题，降低了老字号品牌在消费者心中的信誉（许敏玉和王小蕊，2012）。三是市场变化的原因：科技快速发展促使消费者需要不断升级，这给老字号品牌发展带来了重大挑战（安贺新和李喆；2013）。

8.2.3 老字号品牌复兴的路径

已有研究主要分为两派。一派主张创新：创新内容包括产品与品牌本身的创新，以及品牌经营管理的创新；主张老字号品牌应该通过构建新的品牌认知，产生新的品牌联想（安贺新和李喆；2013；凯勒，2009；田广等，2015；魏崇红，2018；闫春和赵巧艳，2015）；再通过实施新的营销与管理活动，建立和传播新的品牌资产来源，提高消费者品牌意识，改善品牌形象（安贺新和李喆；2013；彭博和晁钢令，2012；田广等，2015；魏崇红，2018）。

另一派主张用怀旧情怀来复兴老字号，即强调以品牌情感为基础，唤起消费者与老字号的怀旧联结，以此复活品牌意义（Brown et al.，2003；郭彦，2017；何佳讯等，2007；张艳，2013）。此外，李飞等（2015）从品牌生命周期的视角指出，老字号品牌发展的核心途径是找准自己所处的生命周期阶段，在坚持老资产“意识唤醒、形象复古”，新资产“意识扩展、形象改变”的原则上，选择合适的发展策略。

8.2.4 老字号品牌复兴的保障策略

已有研究指出，需要政府部门做出积极努力，商务部要记录老字号的历史资料以健全老字号档案，出台关于老字号的知识产权和产品工艺宣传保护条例，同时要组织专家整理老字号的传统工艺以发掘传统技艺和商业文化，重点培育一批具有明显发展潜力的优势企业（姚圣娟，2008）。

8.2.5 品牌建设的传统逻辑

品牌建设与传播的传统逻辑（凯勒，2009；何佳讯，2016、2017）（见图8－1）。品牌内涵建设的逻辑遵循图8－1左侧“金字塔”逻辑。品牌内涵建设自下而上包括四层结构：品牌识别（品牌突出性）、品牌含义（功效与形象）、品牌响应（顾客判断与感受）以及品牌关系（与顾客的共鸣）。品牌内涵建设的传统逻辑按照这一顺序从下至上发展。

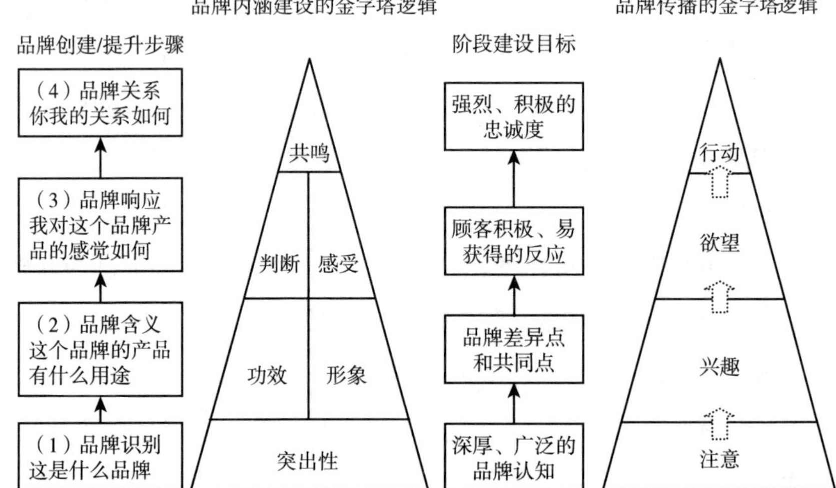

图 8 -1　品牌内涵建设与传播的“双金字塔”逻辑

资料来源：根据凯勒（2009）、何佳讯（2016；2017）整理形成。

品牌传播也是遵循经典的 AIDA 金字塔结构模型（见图 8 -1 右侧所示），即有效的传播流程遵循“注意→兴趣→欲望→行动”过程。品牌传播效果始于大范围的消费者注意，然后部分消费者产生“兴趣”，在此基础上部分消费者产生知晓或购买“欲望”，最后较小比例的消费者产生购买等“行动”；忠诚顾客只是金字塔尖的少部分顾客（何佳讯，2017）。基于这样的逻辑，品牌建设的首要目标是扩大知晓品牌的消费者基数，建立品牌知名度。

8.2.6　相关研究述评

关于老字号品牌的复兴，已有研究主要倡导通过“创新”和“激发怀旧情绪”来复兴老字号品牌。创新既包括产品与品牌本身的创新，还包括品牌经营管理的创新。激发怀旧情绪的主张，主要期望唤醒“老字号”原先的顾客群体对老字号的认知、情绪和购买意愿。然而，关于老字号品牌如何开展经营管理创新，已有研究缺乏深入探讨。另外，已有文献缺乏从代际品牌资产角度，探讨品牌复兴的机制和策略。代际品牌资产开发，可以通过营销活动的开展，将“老一辈”对老字号品牌的积极认知、联想、情感（代际品牌资产），转移到其“下一代”上来。此外，无论是主张“创新”还是倡导激发“怀旧情绪”，两派研究所遵循的基本逻辑都是传统的金字塔逻辑（见图8－1），即通过“创新”或“怀旧”先吸引广泛的“注意”，然后激发“兴趣”和“欲望”，最后获得部分消费者的响应和行动（何佳讯，2017）。

在社交媒体发达的移动互联时代，线上推广与传播已经成为领先企业常用的品牌推广方式。基于在线社交平台的品牌传播逻辑已经发生深刻变革，在充分利用老字号次级品牌杠杆、重塑老字号品牌识别的基础上，老字号可以遵循“逆金字塔”式的互联网逻辑（凯勒，2009；何佳讯，2017；拉弗蕾，2014），开展高效的品牌传播，借此复兴老字号品牌。

据此，这里基于已有相关研究结论，以老字号“八王寺”为案例，分析并提炼老字号品牌在当前移动互联时代复兴的战略逻辑与传播路径。

8.3 老字号“八王寺”品牌复兴的案例分析

8.3.1 研究设计

参考郑伯埙和黄敏萍（2008）梳理的案例研究基本范式，开展本案例研究。

问题界定。本案例分析想要了解的具体问题：第一，老字号是否可以，以及如何围绕“次级品牌杠杆”来重塑能够有效影响消费者的“品牌识别”？这涉及老字号品牌的内涵建设，也是其谋求复兴的内涵基础。第二，老字号在移动互联时代，是否以及如何遵循品牌传播的“互联网逻辑”，开展高效的品牌推广，进而快速提升品牌资产？其中老字号又该如何利用其特有的“代际品牌资产”来影响年轻消费者？这涉及老字号品牌的推广与传播，是老字号谋求复兴的方法基础。

案例选择。老字号“八王寺”隶属沈阳市八王寺饮料有限公司。该公司创办时间可追溯到1920年的民国初期，经过近100年的发展，形成了以碳酸饮料和天然矿泉水为核心的两大生产线，生产55个品种的产品，销售渠道分布于东北三省和周边省份。2008年11月，“八王寺”品牌被沈阳市商业局认定为首批“沈阳老字号”；2013年1月，又被辽宁省服务业委员会评为“辽宁老字号”。从创立一直到20世纪80年代，“八王寺”都处于辉煌时期。20世纪90年代至21世纪，“八王寺”遭受了被收购，以及濒临破产的命运。2004年后，“八王寺”以及八王寺饮料有限公司在新团队的管理下，在继承传统的基础上不断创新，力图复兴老字号“八王寺”。本书研究想要了解的问题，如次级品牌杠杆、代际品牌资产、移动互联时代下的品牌复兴实践，在“八王寺”身上都有体现。因此，本书研究以“八王寺”为案例展开分析。

资料获取。先通过公开网络，搜集了该品牌以及公司的发展历史、经营现状等资料，对该品牌以及公司状况有了初步的了解。然后，通过亲赴公司、对该公司高管人员深度访谈的方式，获取一手信息和资料。具体地，2017年3月初，在与该公司主管日常事务的黎某某副总①预约好之后，于2017年3月7日上午，第一作者与两位研究生一起，针对本研究关心的问题，对黎副总进行了深度访谈。整个访谈持续了约2个小时，其间3人分别进行了记录。访谈之后，黎副总还将“八王寺”相关产品、品牌、发展历史等相关文字和视频资料，分享给我们。2017年访谈后至今，一直对该公司的发展，以及品牌复兴的互联网实践等进行追踪。

综合二手资料、一手访谈记录、公司内部资料以及近来的追踪，展开资料分析，详见下一部分。

---

① 为了表达需要，进行了匿名化处理。

8.3.2 资料分析

（1）“八王寺”发展现状。

1993年，国外某著名可乐公司打着“与中国国营饮料厂合资经营、帮助中国民族饮料发展”的名义①，对“八王寺”商标及相关资产进行了收购。收购之后并没有“帮助”八王寺发展，而是“雪藏”了这个老字号及相关产品。导致1993～2003年，老字号“八王寺”及相关产品在市场上消失达十年之久。

2003年，“沈阳市八王寺汽水厂”及“八王寺”“金铎”商标等资产被目前的董事长以承债式的方式收购。根据与黎副总的访谈得知，新的八王寺公司于2007年开始“重新做市场”，并于2009年“重新在沈阳欧盟经济开发区建造将近4万平方米的工厂，2010年新工厂正式投产，并对生产线重新进行了配置”。新工厂、新的生产线“传承了原来的生产工艺、配方”。新的八王寺公司自此进入新的发展轨道。

从2010～2016年，新的八王寺公司以沈阳为基地，布局东北三省市场。在沈阳市场，八王寺已经在超市、餐饮等传统渠道，以及“新天地”“兴隆大家庭”等大型卖场上实现了100%的覆盖。到2016年，已经在辽宁、吉林、黑龙江、内蒙古、河北这五个省份展开销售。2017年开始进军山东、山西、天津、北京这几个周边省市的市场。

“此外，我们与各种企业机关也都有合作，我们与‘南航’‘深航’合作，在沈阳桃仙机场出发的南航、深航航班都会提供八王寺矿泉水；从沈阳出发的高铁、‘绿皮’列车上也有八王寺汽水销售；我们还与政府部门、机关单位等合作，进行大型团购”；“接下来我们将在保证二、三线城市市场份额的同时，到乡镇继续拓展渠道”，八王寺公司黎副总

① 袁少锋，高永美．移动互联时代老字号品牌复兴的战略逻辑与实现路径——以“八王寺”为例［J］．科技与管理，2020，22（3）：94－102.

指出。

（2）“八王寺”品牌复兴面临的挑战。

同黎副总的访谈也得知，虽然新的八王寺公司走上了新的发展轨道，但仍面临国外软饮料品牌和国内新兴品牌的激烈竞争。实际上，新“八王寺”公司目前的总销售额还非常有限[①]。对老字号“八王寺”有高度认知、情感和积极联想的消费者，仅限于沈阳及周边市区的老一辈“八王寺”消费者。辽宁省以外市场上的消费者及辽宁省内年轻消费者对“八王寺”的认知都还非常有限。

具体地，“八王寺”在拓展市场、谋求复兴中，面临的最大问题是年轻一代消费者的断层。因为 1993 ~ 2003 年，被某著名可乐公司收购和“雪藏”的历史，导致“八王寺”“金铎”牌汽水，以及其他关联产品被迫退出市场达十年之久，这导致年轻一代消费者对“八王寺”缺乏认知。我们前期进行的一项针对 202 位消费者的调查显示，20 世纪 80 年代末出生的消费者普遍对“八王寺”品牌情感不深；“90 后”和“00 后”对“八王寺”的认知则非常少，明显区别于年长消费者（“60 后”、“70 后”）对“八王寺”的认知、联想和情感。年轻消费者普遍不了解甚至根本没有听说过“八王寺”的历史与文化，只是将其作为一个新品牌来看待。所以如何将沉淀的企业文化、品牌故事等向年轻消费者进行传递，培养年轻消费者对“八王寺”品牌的认知、联想和情感，是老字号“八王寺”在新的市场环境下、寻求复兴的重要挑战之一。

虽然面临挑战，但“八王寺”由于历史的积淀，具有良好的次级品牌杠杆和代际品牌资产。

（3）“八王寺”的次级品牌杠杆。

历史故事：1920 年，张作霖的私人秘书，东北三省官银号总稽查，奉天储蓄会会长张惠霖在八王寺旁，建立了以八王寺井水为原料的“八王寺汽水厂”，公司在同期拿到了第一张农商牌照，注册了“金铎”商

① 因销售额涉及商业秘密，应公司黎副总要求，这里未做披露。

标。1928 年，八王寺汽水的产量就达了 288 万瓶。当时，东北少帅张学良都是“八王寺汽水”的忠实“粉丝”①。

品牌故事：“八王寺”名称来源于沈阳市的八王寺寺庙和寺庙中的八王寺井。努尔哈赤第十二子“阿济格”的家庙，在当时被人们称为八王寺。在寺庙东南有一眼清泉叫“八王寺”井，井水清冽甘甜。据记载，乾隆年间，皇帝东巡，用银勺舀出井水品尝，称其堪比玉泉水甘洌，因此封为御用之水，并赐“东北第一甘泉”美名。

八王寺公司旗下的“金铎”商标也具有历史故事和含义，“铎”字意指一种大钟，古人云：“宝铎含风，响彻天外”。“金铎”具有“宝铎”之意，其响彻天外的声音蕴含唤起民众、警觉外敌入侵掠夺的含义。在20 世纪 20 ~ 30 年代，中国的经济命脉受制于外国人，民众吃穿用的商品大多来自国外。在洋火、洋油、洋米、洋面等洋货疯狂席卷的年代里，唯独洋汽水在沈阳没有市场，因为“八王寺”汽水占据着沈阳市场。当时的“金铎”商标广为人知。

有形载体：2005 年，八王寺公司建立了具有历史文化价值的微型水文化博物馆。其不仅是国家 AA 级景区，同时也是爱国主义教育基地。馆藏包括保存较为完好的民国时期的蒸馏机、流水生产线、瓶盖机等。博物馆的馆藏能让人感受到“八王寺”作为一个老字号品牌的历史文化底蕴。

以上分析意味着“八王寺”具有良好的次级品牌知识杠杆。可以围绕这些知识杠杆，重塑“八王寺”的品牌识别。基于这些次级品牌知识杠杆重塑的品牌识别，如能深入当代消费者的心里，理论上会显著提升消费者对“八王寺”品牌的认知和联想，甚至形成品牌忠诚。

（4）“八王寺”的代际品牌资产。

“老一辈”的积极认知。1982 ~ 1993 年，“八王寺”的发展进入鼎盛时期，成为当时全国的八大饮料厂之一。在此期间，八王寺汽水厂主导

① 参考“八王寺”微信公众号中“品牌故事”。

制定了全国汽水饮料工业标准，并成为东北地区最受欢迎的饮料品牌。对于“60后”“70后”和部分“80后”消费者，“八王寺”品牌承载了他们在那个并不富裕年代里的美好回忆，甜甜的口味、玻璃瓶的汽水，以及过往的一段人生时光让众多消费者至今记忆深刻。

消费者的评价体现了老一辈对“八王寺”的积极认知。在某知名购物网站上，消费者对“八王寺”汽水评价高频次出现的词语是：“小时候的味道”“童年的最爱”“小时候的回忆”……有一位顾客甚至写道：“我是60年代的人，无论过去多久，无论你走到哪，当今饮料再多再好，也忘不了儿时的味道，八王寺汽水是其他饮料无法替代和复制的”。

“老一辈”的积极传播意愿。“老一辈”消费者对八王寺的积极认知和情感，决定了他们是“八王寺”品牌的积极传播者。黎副总指出：有很多外省的人要代理我们的产品，如有在深圳、福州经商的沈阳人，开始经销“八王寺”；甚至有澳门、香港人在网上买我们的产品，他们都是从东北走出去的。

以上分析意味着，老字号“八王寺”在“老一辈”消费者心里具有非常积极的认知、联想和情感，并且他们愿意将这种认知、联想和情感同自己的下一代人进行分享和传播。“八王寺”具有良好的代际品牌资产，如果有效加以利用，会促进老字号“八王寺”在当今市场上的复兴。

（5）“八王寺”谋求复兴的“线上”举措。

在新团队的管理下，“八王寺”也积极寻求依托互联网的“线上”复兴。线上渠道方面，八王寺公司设立了“电商部”，并与京东展开深度合作，开通了“八王寺水饮旗舰店”。当用户在京东搜索饮料类产品时，会在首页看到八王寺饮料产品的推送。网上旗舰店为消费者在线上购买“八王寺”产品提供了便利。京东的一站式配货，能够让消费者喝到正宗的八王寺汽水。据黎副总透露，2017年八王寺饮料在京东的销售额近300万元。

线上推广方面，老字号“八王寺”也在积极地寻求线上传播。注册了官方微信公众号“沈阳八王寺”，通过公众号积极传播“八王寺”的历史起源和品牌故事。微信公众号还积极地向大众传播“八王寺”所开展的一些活动。比如，2016 年 6 月，德国总理默克尔访问沈阳，“八王寺”和依云等国际大品牌一起，亮相于总理招待晚宴上，呈现于各大媒体的报道图片之中。基于这一事件，八王寺在微信公众号撰文“‘八王寺’火了”，积极传播“八王寺”身上发生的最新故事；同时传播“百年老字号、百年民族品牌”的形象。该文被阅读 3863 次，并获得大批“粉丝”的点赞。

再比如，2018 年的沈阳国际马拉松比赛，八王寺公司一方面通过线下赞助成为赛事饮料赞助商，另一方面通过自己的微信公众号以及第三方线上媒介，基于活动的举办不断地推广“八王寺”品牌。比如“不想和你说再见：2018 沈阳马拉松”的微信文章获得了 2504 次的阅读，并获得大量热心“粉丝”的留言。

（6）“八王寺”品牌复兴需要进一步解决的问题。

以上分析表明，在老字号品牌复兴的内涵基础方面，老字号“八王寺”具有优秀的次级品牌知识杠杆：历史故事、品牌故事、传说、有形载体等。八王寺公司也积极地通过赞助活动、线上传播等举措，依托品牌知识杠杆推广“八王寺”百年老字号、百年民族品牌的形象。在老字号品牌复兴的传播方法方面，八王寺公司也积极通过京东旗舰店、微信公众号等途径传播产品与品牌。然而，在当前的移动互联时代，“八王寺”的品牌复兴还至少要解决如下两个重要问题：

第一，围绕次级品牌知识杠杆，进一步重塑清晰地“品牌识别”。也就是说，一说道“八王寺”，除了“老字号”，还能给消费者留下什么功能或心理联想。“八王寺”还需要进一步解决“品牌识别”塑造的问题。

第二，线上推广方面，企业自主设计的传播方案，无论是“推广内容”、还是推广频率都需要进一步强化。另外，线上推广过程中，缺乏对“老一辈”意见领袖的利用。八王寺并未很好地围绕老一辈对“八王寺”拥有的代际品牌资产，开展有效的品牌内涵与形象传播。在八王寺的老一辈“粉丝”之中，肯定具有一些“粉丝”数量较大的网络意见领袖。如何发挥他们的网络影响力，来传播八王寺品牌内涵与形象，需要进一步强化。

8.4 老字号谋求复兴的战略逻辑与传播路径

结合老字号“八王寺”近年来的品牌复兴实践、八王寺所具有的次级品牌杠杆和代际品牌资产，以及品牌复兴需要进一步解决的问题，再参考已有研究关于品牌传播的互联网逻辑（何佳讯，2017），提炼移动互联时代老字号品牌谋求复兴的战略逻辑与传播路径（见图8－2）。

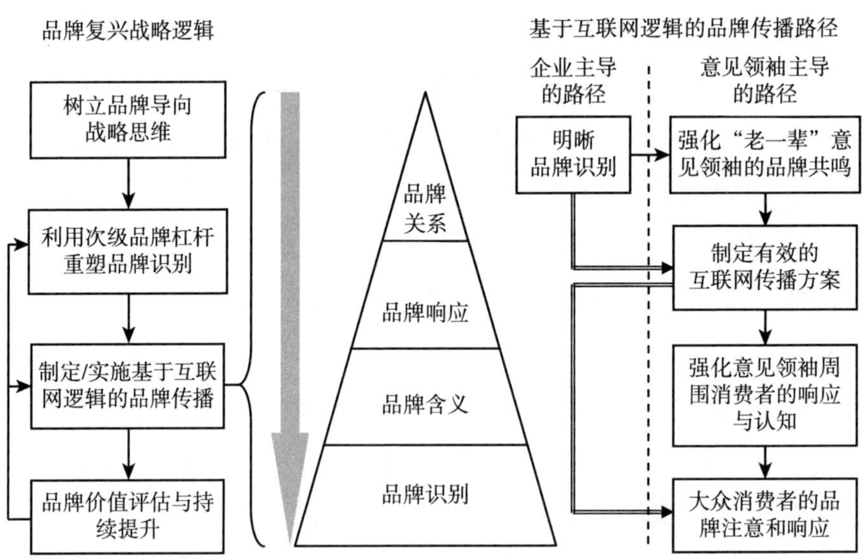

图8－2 移动互联时代老字号品牌复兴的战略逻辑与传播路径

注：图右侧部分双线箭头为“企业主导”的路径，单线箭头为“意见领袖主导”的路径。

8.4.1 强化品牌导向战略思维

老字号谋求品牌复兴，首先要求老字号经营企业的高层管理者强化品牌导向战略思维，即从战略上确立依托老字号品牌来构建竞争优势的发展思路。诸如“八王寺”这样的老字号，主营产品为碳酸饮料和矿泉水，难以从“技术”或其他层面获取竞争优势，战略上必须重视老字号品牌，并且要依靠品牌来谋求企业竞争优势和超额利润。“八王寺”新的管理团队意识到了这一点，已围绕品牌建设付出了诸多努力。事实上，具备悠久历史的老字号，一般也具备依托品牌构建竞争优势的先天基础。

8.4.2 利用次级品牌杠杆重塑“老字号”的品牌识别

结合“八王寺”的案例，在开展各种助力品牌复兴的推广活动前，老字号还需要进一步明晰其品牌识别。品牌识别是品牌渴望创造和维持的一组独特的功能与心理联想（拉弗蕾，2014）。品牌识别可以简单理解为品牌的“身份”，即品牌希望以一种什么样的“身份”展示在世人面前。让人们一提及该品牌，能立刻想到什么。比如一提及“王老吉”，想到“预防上火”；一提及“沃尔沃”汽车，想到“安全”。这是老字号品牌谋求复兴的内涵基础。老字号一般具有较长的发展历史，具有丰富的故事、传说或事件等，这构成了老字号优越的次级品牌知识杠杆。老字号需要利用这些次级品牌知识杠杆，重塑品牌识别。

比如对于“八王寺汽水”，可以结合其历史感（20 世纪 20 年代创立）、故事性（八王寺寺庙、八王寺井的传说和故事）、民族感（八王寺的发展史体现了中华民族近代工业史）、爱国情感（八王寺的发展伴随着抵抗日寇等外敌侵略的历史）等，塑造诸如“中华民族近代史上的一款高品质汽水”的品牌识别。既凸显老字号“八王寺”的功能价值：高品质汽水；还凸显其情感价值：民族的、历史的、爱国的。

8.4.3 制定与实施基于互联网逻辑的“老字号”品牌传播

依托次级品牌杠杆重塑品牌识别后，老字号经营企业需要进一步制定与实施基于互联网逻辑的品牌传播，强化消费者对老字号品牌识别的认知与理解。老字号品牌传播的互联网逻辑如图 8 - 2 右侧部分所示。这一逻辑可以有两种实现路径，第一条路径是意见领袖主导的路径，即在重塑老字号的品牌识别后，先强化同“意见领袖”的品牌共鸣。老字号的意见领袖可以从“老一辈”忠实顾客中挖掘具有较强网络影响力的人。鉴于老字号在老一辈消费者身上一般具有优秀的代际品牌资产，老字号明晰品牌识别后，很容易与老一辈意见领袖形成新的品牌共鸣关系。之后，再利用老一辈意见领袖的影响力和互联网的快速扩散效应，快速扩大意见领袖周围消费者对老字号品牌的“响应”，同时提升他们对老字号品牌含义的认知和理解。最后，基于互联网的持续品牌线上推广活动，强化最广泛的大众对老字号品牌识别的认知和理解。

这一路径，一方面，要充分利用老字号具有的代际品牌资产——老一辈对老字号的积极认知、联想与传播意愿；另一方面，要充分利用移动互联网的快速、病毒式传播功能。具体方案层面，传播内容上，可以围绕“八王寺”的次级品牌杠杆（历史、故事、奇闻趣事等）进行设计，还可以围绕“老一辈”消费者对“八王寺”的回忆、相关的故事进行设计。媒介选择上，主要依靠“八王寺”意见领袖的社交账号。传播激励上，可能需要给予“意见领袖”一定的报酬，强化他们积极传播“老字号”品牌的意愿与行动。

第二条路径是企业主导的传播路径。对于该路径，首先同样要求老字号明晰品牌识别，然后企业自主设计与实施基于互联网（在线社交平台等）的品牌传播方案，再利用在线社交媒体的“点对面”式的传播

(Grégoire et al., 2015)，激发最广泛的大众消费者对老字号品牌的注意、响应和行动。在企业具备品牌导向观念、较好的品牌管理与品牌传播能力的基础上，可以采取这一路径。

针对企业主导的路径，在传播内容上，可以围绕“老字号”的次级品牌知识杠杆等进行设计。在传播媒介上，企业自主建立和发展在线社交账号（如微信公众号、微博）或利用第三方社交平台（如今日头条、抖音）。在传播方式上，可以是纯“线上”的内容推广，也可以是“线上”+“线下”相结合的推广。在传播技巧上，纯“线上”的内容推广，需要考虑内容的趣味性；“线上”+“线下”相结合的推广活动，还需要考虑消费者的可参与性。只有可参与性高、趣味性强的品牌推广才会受到消费者的广泛关注，才能在社交媒体上引发“病毒式”传播和消费者的广泛参与。

8.4.4 老字号品牌价值评估与持续提升

经过上一阶段的品牌推广传播之后（比如以一年为一个周期的推广），要在一个周期末对传播的效果进行评估与控制。具体地，消费者对品牌识别的认知与理解（品牌认知度）、对品牌的感知质量、品牌联想以及对品牌的忠诚度是否有明显的提升。对于符合预期计划的推广活动与内容，在下一个周期继续予以维持。而对于未达到预期计划的推广活动和内容，在下一个周期要进行调整。其中尤其需要注意的是，目标消费者心理上理解的品牌识别，与企业期望的识别是否一致。如果不一致，则需要寻找原因，调整传播方案与内容，或者修正企业品牌识别。经过一轮又一轮的品牌传播，不断提升老字号品牌的市场认知度与影响力。

“品牌资产评估与持续提升”环节，好比管理基本职能中的“控制”职能。针对某一个或一整套的品牌传播方案，在方案实施后一定要有一个“控制”的环节。一方面，可以检验方案实施效果的好坏，考查哪些推广方案和活动是有效的，哪些可能是无效的，为后续方案的实施提供修正依据；另一方面，事后“控制”环节的存在，客观上会给方案制定与实施主体（品牌管理部门和负责人）一个“考核”的压力，促使他们在方案制定、实施环节都高度认真负责。

我们前期通过管理咨询服务过的一家化肥生产企业，每年花费150余万元用于“产品防伪技术设计与市场推广”项目；结果该产品防伪技术推广6年后（花费1000余万元），市场上只有不到15%的购买者（农民）熟悉并会使用该防伪技术。根本原因就是公司没有项目实施后的“控制”，项目实施后没有效果评估与考核。

8.5 老字号品牌复兴：代际传承视角

8.5.1 代际影响

从广义上讲，代际影响（intergenerational influence）是指家庭中上一辈向下一辈传递消息、资源和信念，并对下一辈产生影响（Moore et al.，2001）。消费领域的代际影响，指家庭中上一辈向下一辈传递与市场有关的价值观、态度、技巧和行为（Shah & Mittal，1997）。父母被认为是在社会化过程中最有影响力的因素（Xu et al.，2004）。在家庭中，父母直接或间接地将他们对某一事物的态度和认知传递给子女，这就是代际影响的过程（Moore & Lutz，2002）。

家庭作为一种社会化因素，对年轻人知识、技能和态度发展产生的影响，是代际消费影响研究的重点（Mandrik et al.，2018）。代际影响可以体现消费态度和消费行为的各个方面。弗朗西斯和伯恩斯（1992）的研究发现，母女在感知服装的价值和对服装满意度上一致性较高。不仅如此，代际影响在两代之间的消费导向（Mandrik et al.，2005）和购物行为偏好（Lueg et al.，2006）方面都发挥显著作用。在品牌态度方面，代际影响作用于两代之间的品牌偏好，对两代之间品牌偏好的一致性起到促进作用（Moore & Lutz，2002；Mandrik et al.，2005；Perez et al.，2011）。布拉沃等（2007）将家庭因素列为除广告、促销、价格之外的第四大品牌资产来源，他们用深度采访法采访了30名年轻消费者，证实了家庭因素显著影响下一代对品牌的质量感知。

家庭特征是代际影响效应的第一大因素（何佳讯，2007）。第一，经济条件较好的家庭，子女在消费决策上拥有更大的决策权，父母不会过多干涉子女的消费选择；经济条件较差的家庭，父母往往在购买决策上拥有独断权，子女受父母的代际影响更大。第二，当家庭中充满较多的尊重、信任、家庭氛围融洽时，或者父母的婚姻状况良好时，两代之间的代际影响较为明显，在品牌忠诚度上具有较高一致性。第三，家庭成员互动越多，老一辈和下一辈之间在消费习惯和倾向上的一致性就越高（Moore & Lutz，2002），高效率的沟通促使上下两辈在消费行为上具有较高的一致性（Viswanathan et al.，2000；胡晓红，2006）。第四，家庭关系强度越大，两辈之间的代际影响的作用越明显，而父母对子女缺乏关心或家庭氛围紧张，会使得子女对父母使用的品牌产生抵触心理。另外，产品品类对两代之间的代际影响产生调节作用，相较于选购品来说，代际影响在便利品上发挥的作用更大。还有研究指出，相比于低风险购买的情况，在高风险情况下代际影响发挥的作用更大。

大多数学者将青少年及儿童作为代际影响研究的对象（何佳讯，2007）。同时，许多研究也证实了代际影响也存在于青少年后期（Moore - Shay & Lutz，1988）。这表明，在儿童和青少年阶段以及青少年成年后不与父母同住的阶段，都会受到父母代际影响的作用。根据社会化理论，两辈之间的代际影响作用会随时间的推移而减弱，尽管老一辈和下一辈在品牌态度、消费行为等相似性减弱，但父母对下一代的影响会持续到子女的中年时间（何佳讯，2007）。换言之，代际影响会持续到成人阶段（Moore et al.，2001）。在对消费行为的研究上，大多以大学生群体为样本（Moore & Lutz，2002；Viswanathan et al.，2000），这些群体已成年并脱离父母，自主购物，研究表明代际影响对成人消费者依旧发挥作用。

8.5.2 代际品牌资产相关研究

在家庭成员长期的互动交流沟通中，来自上一辈的品牌态度得以传承到下一辈中。在家庭中，父母和子女有更多的机会一起购物和交流，共同购物的体验，会给子女留有更好的品牌联想。如果父母表达了对某个品牌的积极态度，那子女很可能对该品牌的态度也是积极的。摩尔和卢茨（2002）采用定性和定量的方法，最早明确提出代际影响可以是品牌资产的关键来源；他们选取多位母女为样本，探讨了针对不同品类的品牌，母女的品牌态度和品牌选择行为的一致性程度。在此之后，布拉沃等（2007）证实，除广告、促销和价格外，家庭因素也是品牌资产的来源途径。在家庭中，诸如家庭旅游、故事叙述等代际活动，实际上是让子女认同自己在家庭中的身份，选择与父母相同的品牌或产品被视为家庭成员身份认同的象征（Epp & Price，2008）。

何佳讯等（2011）将“代际品牌资产”（Intergenerational Brand Equity，IGBE）定义为：消费者受代际影响而形成的特定品牌态度，区别于其他方式形成的品牌资产来源，该概念是建立在一般品牌资产概念基础上的。代际品牌资产分为正向和反向，正向代际品牌资产是上一辈影响下一辈而形成的，反向代际品牌资产是下一辈对上一辈影响而形成的，在本节只关注正向代际品牌资产。在初期的研究中，虽然学者们没有清晰地表达“代际品牌资产”的定义，但伍德森等（1976）已经把代际影响运用到品牌领域。继而，学者们逐渐证实了代际影响在品牌质量、品牌偏好、品牌忠诚等品牌资产要素上发挥的作用（何佳讯，2007）。

8.5.3 代际品牌资产的维度

布拉沃等（2007）通过定性研究得出，代际影响对品牌资产的四个维度产生作用，即品牌意识、品牌联想、感知质量和品牌忠诚。何佳讯等（2011）在此基础上重构代际品牌资产的维度，对十对母女进行多阶段的深度访谈，确立了代际品牌资产的五个维度，具体如下：

① 品牌意识。品牌意识是指在消费者的联想网络记忆模型中，品牌记忆节点的强度，它反映了消费者在不同的情境下能够辨认并回忆出某品牌的能力。

② 情感联想。通过在家庭中对品牌的使用，下一代与品牌建立浓厚的感情联结。消费者通过品牌，会联想到自己的童年经历、与父母相处的时光等，甚至会将品牌与父母的形象联系起来。

③ 感知质量。感知质量是消费者对品牌好坏的总体评价。保证产品质量是企业树立品牌形象的前提，好的产品质量能够让消费者在品牌名称与感知质量之间建立积极联结。

④ 品牌忠诚。品牌忠诚是品牌资产的重心，对品牌忠诚的消费者，不受购买情景和营销活动的影响而坚持购买和使用同一品牌。

⑤ 品牌信任。从代际影响的角度，在家庭中，下一辈通过上一辈的口碑推荐、使用经验推荐等，形成了对某品牌的间接经验；之后下一辈在自己的使用过程中形成了对品牌的直接经验，进而增加品牌信任。

8.5.4 研究假设

代际品牌资产的具体表现形式，是将老字号在上一辈心中形成的积极口碑、情感、信任等，通过家庭代际影响传递到下一辈中。在下一辈心中也形成对老字号品牌积极的口碑、情感等。这是对“老字号”积极认知的传承，代际品牌资产是从消费者角度确认的资产。父母向子女介绍老字号的品牌历史、产品质量或他们与老字号品牌之间的联系时，增加了子女与父母之间互动，“老字号”品牌成为子女与父母互动之间的桥梁。这种互动，不仅使年轻消费者接触到老字号产品，也使他们更加了解“老字号”的品牌文化、品牌历史、质量，形成对老字号品牌的积极认知，可能会让他们摒弃对老字号品牌的刻板印象，更愿意使用老字号的产品。因此，提出总体假设：老字号的代际品牌资产正向影响年轻消费者对老字号产品的购买意愿。

按照具体维度：第一，品牌意识。品牌意识可以影响消费者对品牌偏好，是影响购买意愿的关键因素之一。杨梦泓和刘尊礼（2017）的研究也支持品牌意识对购买意愿的正向促进作用；唐孜彦（2007）的研究证实消费者对自有品牌的感知质量影响其购买意愿。在家庭代际影响下，老一辈向下一辈针对老字号品牌进行沟通交流，传递使用体验；在长期交流中，会增强下一辈对老字号品牌的熟悉度，形成对老字号品牌的品牌意识。在作出购买决策时，相对于不了解的品牌，老字号品牌更具优势。因此，提出以下假设。

H_{8-1}：代际品牌资产的品牌意识维度正向影响年轻消费者对老字号产品的购买意愿。

第二，情感联想。当消费者看到某个品牌时，能够引发他对该品牌评价、感觉、定位的联想，被视为品牌联想。消费者对某一品牌产生积极的联想，会加深记忆中关于品牌信息的积极认知，从而对该品牌产生积极的购买倾向（Aaker，1991）。类似地，情感联想是当年轻消费者看到某个老字号品牌时，能够唤起他对父母或家庭生活的美好回忆，并将情感寄托在老字号产品上。如果老字号品牌能够通过家庭代际影响，使得下一代对老字号产生积极的情感联想，将老字号品牌与家庭幸福时光挂钩，那么在一众相似产品中，老字号品牌就具有了独特的情感优势，更易激发购买的意向。

H_{8-2}：代际品牌资产的情感联想维度正向影响年轻消费者对老字号产品的购买意愿。

第三，感知质量。好的产品质量使得消费者在品牌名称和感知质量之间形成积极的联想（Aaker，1996）。刘枚莲和徐丽芳（2019）依据刺激—反应理论，从价格促销出发，证实了感知质量对消费者购买意愿的正向促进作用；袁佳春（2017）以 OTO 购物环境为背景，研究了消费者感知质量影响购买行为的路径。在代际影响下，老一辈将自身对老字号品牌的积极质量感知，传递给下一辈，在下一辈心中形成对老字号品牌的积极感知质量。

H_{8-3}：代际品牌资产的感知质量维度正向影响年轻消费者对老字号产品的购买意愿。

第四，品牌信任/忠诚。品牌忠诚是品牌资产的核心，直接影响消费者购买意愿的强弱。在家庭中，受父母代际作用的影响，下一辈很容易对父母推荐的老字号品牌形成良好的认知，信任父母对质量的把控。在不断接触的过程中，年轻消费者认同老字号产品的质量和优势，形成对老字号产品的品牌忠诚。基于此，年轻消费者对老字号的品牌忠诚很可能会促进其对老字号产品的购买意愿。

乔杜里和霍尔布鲁克（2001）提出，信任是消费者主动相信某一品牌及其产品，消费者信任程度越高，在做出购买决策时的风险性越低。王兴标和谷斌（2020）基于信任研究移动电子商务购买意愿的影响因素，研究支持信任对购买意愿的正向促进作用；刘伟江等（2005）依托网络购物情景，构建了购买行为模型，证实了信任在引发购买行为中的重要作用。从代际影响的角度，在家庭中，下一辈通过上一辈的口碑推荐、使用经验推荐等，形成下一辈对老字号品牌的间接经验，之后下一辈在自己的使用过程中又会形成对老字号品牌的直接经验，这都会增加对老字号的品牌信任（何佳讯等，2011）。因此，年轻消费者对老字号的品牌信任对其购买意愿有积极作用。基于此，提出如下假设：

H_{8-4}：代际品牌资产的品牌信任/品牌忠诚维度正向影响年轻消费者对老字号产品的购买意愿。

8.5.5 实证检验一：基于行为实验

（1）方法。

被试与研究设计。本次研究以大学生为主要样本群体。首先，年轻消费者是比较活跃的消费群体，本实验主要研究老字号的代际品牌资产对年轻消费者购买老字号产品的意愿研究，高校学生群体符合要求。其次，学生样本与其他样本相比具有较高的同质性，可以很好地降低个体差异对结果造成的影响。为了尽可能全面地验证主效应，参考陈瑞等（2017）对产品的分类，用饮料作为享乐品代表，洗衣液作为功能品代表，共同验证研究假设。参考魏华等（2018）实验研究方法，采用双因素组间设计，四种情境分别为：①代际享乐品组；②控制享乐组；③代际功能品组；④控制功能品组。为了控制被试不受已知老字号品牌认知和体验等干扰因素的影响，本书研究采用虚拟品牌“BW”进行实验操纵，并利用“Credamo”线上问卷平台流程控制中的随机功能，随机将样本分配到4种情境中的一种。具体地，4种情境下的被试阅读的引导语分别为：

代际享乐品组：请您试想象如下场景：炎炎夏日，酷暑难耐，不愿出门，所以你想在京东商城上买一箱饮料。浏览时，看到一家老字号饮料品牌BW，品牌简介如下：BW是中华老字号企业，其创办时间可追溯到1920年，现主营各种口味的汽水和饮料。这时，你想起，在微信朋友圈看到父母（妈妈或爸爸）发过关于BW饮料的评价，出于好奇，你向她（或他）询问BW饮料，得到了如下回答：这就是我们家曾经常备的饮料，我从小就喜欢喝，一直是那个味，口味清爽！

控制享乐品组：请您试想象如下场景：炎炎夏日，酷暑难耐，但又不愿出门，所以你想在京东商城上购买一箱饮料。在京东商城浏览时，看到一家老字号饮料品牌 BW，品牌简介如下：BW 饮料有限公司是中华老字号企业，其创办时间可追溯到 1920 年，现主营各种口味的汽水和饮料。你在商品界面看到了许多条相关评论。

代际功能品组：请您试想象如下场景：炎炎夏日，你的洗衣液刚好用完了，又不想出门买，所以想在京东商城上买一些。浏览时，看到一家老字号洗衣液品牌 BW，品牌简介如下：BW 是中华老字号企业，其创办时间可追溯到 1920 年，现主营各种功效的洗衣液、香皂等产品。这时，你想起，在微信朋友圈看到父母（妈妈或爸爸）发过关于 BW 洗衣液的评价，出于好奇，你向她（或他）询问 BW 洗衣液，得到了如下回答：这就是我们家曾经常用的那款洗衣液，我小时候家里长辈就在用，衣服洗得干净！不伤手！

控制功能品组：请您试想象如下场景：炎炎夏日，酷暑难耐，你的洗衣液刚好用完了，又不想出门买，所以想在京东商城上买一些。在京东商城浏览时，看到一家老字号洗衣液品牌 BW，品牌简介如下：BW 洗化有限公司是中华老字号企业，其创办时间可追溯到 1920 年，现主营各种功效的洗衣液、香皂等产品，在商品界面有诸多评论。

阅读完引导语后，被试填写购买意愿测量量表，最后被试需要给出性别、年龄、学历等信息。

变量测量。购买意愿的测量借鉴滕和拉罗什（2007）开发的量表，根据研究需要共选取三个题项（见表 8－1），使用 7 级量表打分。本次研究中购买意愿量表的一致性信度 α 值为 0. 783。

表 8－1　　　　购买意愿量表

变量	题号	题项
购买意愿	Y1a	我打算购买该产品
	Y1b	我肯定会购买该产品
	Y1c	未来我愿意购买该产品

被试。本实验以大学生为主要样本，通过问卷星平台设置并发放问卷，通过微信群和 QQ 群渠道收集问卷，并委托朋友帮忙扩散问卷链接，扩大收集范围，对于问卷填写者给予 2 元报酬作为感谢。在为期 2 周的问卷发放期，共收集到问卷 241 份，删除有明显选择规律的问卷后，有 200 份有效问卷，样本包括 130 位女性，占样本的 65%；70 位男性，占样本的 35%。样本年龄集中在 18～26 岁，86% 为本科及以上学历。具体如表 8－2 所示。

表 8－2　样本描述性统计

特征值	类型	频数	频率（%）
性别	男	70	35
	女	130	65
年龄	18～20 岁	46	23
	21～23 岁	87	43.5
	24～26 岁	36	23
	26 岁以上	21	10.5
受教育程度	大专及以下	28	14
	本科	156	78
	硕士及以上	16	8
月消费水平	1000 元以下	36	18
	1000～2000 元	119	59.9
	2001～3000 元	31	15.5
	3000 元以上	14	7

（2）结果。

首先考察变量之间的相关系数。代际品牌资产与购买意愿的相关系数在 99% 的置信区间上为 0.611，呈显著正向相关关系，初步证明代际品牌资产对消费者购买意愿的积极效应。接下来，使用单因素方差分析法检验代际品牌资产对年轻消费者购买意向的主效应，分析结果如表 8－3 所示。

表 8-3　　老字号的代际品牌资产量表

维度	题号	测量题项
品牌意识	Xa1	我从母亲（父亲）那里知道这个老字号品牌
	Xa2	我最初从我母亲（父亲）那里了解到这个老字号品牌
	Xa3	我从母亲（父亲）那了解到关于这个老字号品牌的信息
情感联想	Xb1	每次看到这个老字号品牌我就想到我的童年
	Xb2	这个老字号品牌唤起我美好的回忆
	Xb3	对我来说这个老字号品牌就是某某产品的代名词
	Xb4	这个老字号品牌让我想起我的母亲（父亲）
感知质量	Xc1	我知道母亲（父亲）为什么喜欢这个老字号品牌
	Xc2	我母亲（父亲）跟我介绍过这个老字号品牌的优点
	Xc3	购买母亲（父亲）推荐的这个老字号品牌有很多好处
	Xc4	我母亲（父亲）教会我如何辨识这个老字号品牌
品牌信任/忠诚	Xd1	我觉得我母亲（父亲）推荐的这个老字号品牌确实很好
	Xd2	我接受母亲（父亲）的推荐后尝试这个老字号品牌，确实不错
	Xd3	因为我母亲（父亲）一直用这个老字号品牌，我也会继续用
	Xd4	我购买这个产品的时候就认准这个老字号品牌，因为母亲（父亲）告诉我质量有保证
	Xd5	我相信我母亲（父亲）对这个老字号品牌质量的评价
	Xd6	受我母亲（父亲）的影响，我使用这个老字号品牌产品已经习惯了

分析代际品资产对年轻消费者购买意愿的影响。图 8-3 显示，相比无代际的控制情境，在有代际影响的情境下，年轻消费者购买意愿显著更高，$M_{控制组}=4.223$，$M_{代际组}=5.483$，$F=(1, 198)=117.80$，$p<0.01$。进一步证明了假设 H_{8-1}，即代际品牌资产影响年轻消费者的购买意愿，相比无代际的控制情景，代际品牌资产显著正向影响年轻消费者对老字号的购买意愿。同时，在代际情景下，年轻消费者对老字号功能品和老字号享乐品的购买意愿的对比（见图 8-4）。结果显示，两种情境下购买意愿无显著差异。说明产品类型（享乐品 vs 功能品）的调节作用不显著。

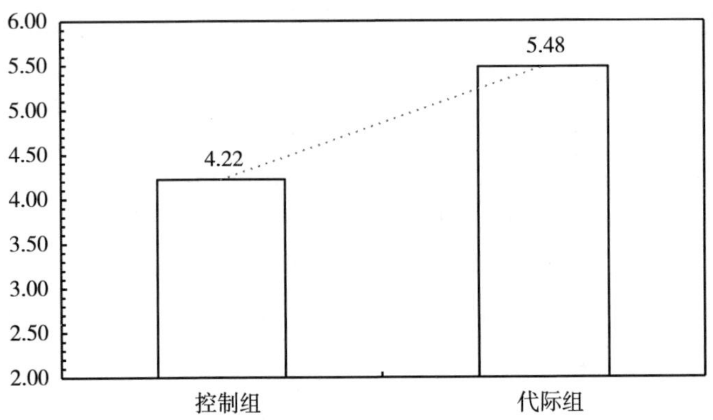

图 8－3　代际品牌资产对购买意愿的主效应

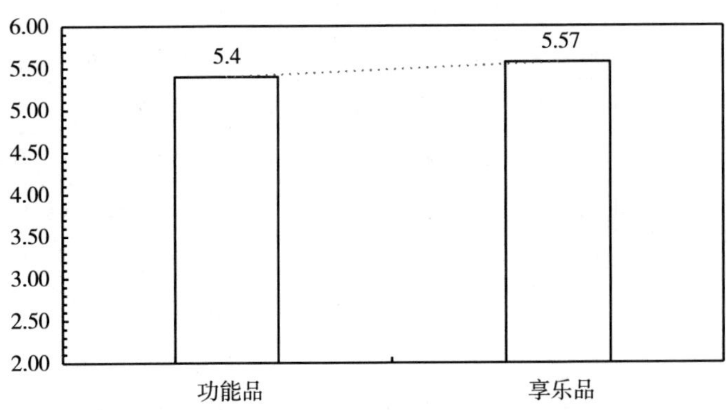

图 8－4　产品类别的影响对比

8.5.6　实证检验二：基于问卷调查

为了保障主效应的外部效度，进一步通过不同的样本，利用回归分析检验代际品牌资产及各个维度与购买意愿的关系。

（1）方法。

被试与研究设计。通过多个问卷 QQ 互助群在全国范围内收集样本数据，每份问卷给予 2 元回报。QQ 群人数均超 500 人，成员分布全国各地，基本为需要他人为其填写问卷需求的高校学生，管理学、心理学类专业偏多。研究设计上，被试需回忆一个受父母影响而使用的老字号品牌，然后完成代际品牌资产、消费者感知价值及购买意愿相关题项的测量，并要求填写性别、年龄等人口统计变量信息。

变量测量。老字号的代际品牌资产测量。代际品牌资产的测量主要参考何佳讯等（2011）开发的量表，将代际品牌资产分为四个部分：品牌意识、情感联想、感知质量、品牌信任/忠诚，品牌信任和品牌忠诚两个维度用同一量表体现，量表采用7级量表的测量方法，具体题项如表8－3所示。

购买意愿的测量。购买意愿量表主要参考邓和拉罗赫（Teng & Laroch, 2007）的量表，得到文本老字号购买意愿的量表，量表共有4个题项，量表采用7级量表的测量方法，具体题项为：我期望购买该老字号的产品；我购买该老字号产品的可能性很高；我将会考虑购买该老字号的产品；该老字号的产品对我具有很高的吸引力。

（2）结果。

在为期3周的问卷发放周期中，共收集问卷428份。对问卷进行有效性检测，主要从以下几个方面对问卷进行筛选：第一，如果问卷答题时间短于90秒，认为被试未认真填写，数据予以剔除；第二，问卷连续多题项选择同一数值或有规律的选择数值，则该问卷无效。最终确认有效样本372份，问卷有效率87%。

在性别分布上，男性占37.9%，女性占62.1%；在年龄分布上，主要集中在18～27岁，这一群体消费活跃，是购物市场上的主力军，符合本书研究对样本年龄的要求；从学历上来看，本科学历占比最高，为83.9%；从生活费支出上看，50%以上月消费在1000～2000元，被试绝大部分是大学生，消费水平相对偏低。样本具体描述性统计信息如表8－4所示。

表8－4　样本描述性统计

特征值	类型	频数	频率（%）
性别	男	141	37.9
	女	231	62.1

续表

特征值	类型	频数	频率（%）
年龄	18 岁及以下	4	1.1
	19～22 岁	234	62.9
	23～27 岁	129	34.7
	27 岁以上	5	1.3
受教育程度	大专及以下	26	7.0
	本科	312	83.9
	硕士	22	5.9
	博士	12	3.2
月消费水平	1000 元及以下	34	9.1
	1001～2000 元	199	53.5
	2001～3000 元	95	25.5
	3000 元及以上	44	11.8

信度分析。代际品牌资产及各维度量表、消费者感知价值量表、购买意愿量表的 Cronbach' α 系数均大于 0.7，说明变量测量的内部一致性较好，具体如表 8－5 所示。

表 8－5　信度分析

变量	维度	题项	α 值
代际品牌资产		17	0.941
	品牌意识	3	0.800
	情感联想	4	0.791
	感知质量	4	0.787
	品牌信任/忠诚	6	0.848
购买意愿		4	0.805

结构效度分析结果如表 8－6 所示。问卷整体 KMO 值为 0.970，$p < 0.001$，问卷各个变量的 KMO 值均在 0.7 以上，$p < 0.001$。因此，结合总体和各变量的检验结果，本书研究中的数据可进行因子分析。

表 8 -6 各个变量的效度指标

变量	维度	KMO	Sig
代际品牌资产		0. 956	0. 000
	品牌意识	0. 701	0. 000
	情感联想	0. 776	0. 000
	感知质量	0. 770	0. 000
	品牌信任/忠诚	0. 873	0. 000
购买意愿		0. 788	0. 000

在样本符合标准的前提下，采用主成分分析法和方差最大正交旋转法进行因子分析，具体结果如表 8 -7 所示。

表 8 -7 代际品牌资产成分矩阵

题项	成分 1	成分 2	成分 3	成分 4
Xa1	0. 837			
Xa2	0. 828			
Xa3	0. 875			
Xb1		0. 786		
Xb2		0. 758		
Xb3		0. 799		
Xb4		0. 792		
Xc1			0. 706	
Xc2			0. 776	
Xc3			0. 834	
Xc4			0. 809	
Xd1				0. 742
Xd2				0. 738
Xd3				0. 770
Xd4				0. 749
Xd5				0. 802
Xd6				0. 719

根据表 8 -7，代际品牌资产的各个维度因子载荷均在 0. 7。代际品牌资产及各维度与购买意愿的相关系数在 99% 的置信区间上分别为 0. 842、

0.728、0.826、0.578、0.832（见表8-8），显著正相关，初步支持假设 H_{8-1} ~ 假设 H_{8-4}。

表8-8　各变量相关系数

变量	1	2	3	4	5	6
(1) 代际品牌资产	1					
(2) 品牌意识	0.897**	1				
(3) 情感联想	0.858**	0.697**	1			
(4) 感知质量	0.810**	0.594**	0.553**	1		
(5) 品牌信任/忠诚	0.922**	0.837**	0.778**	0.629**	1	
(6) 购买意愿	0.842**	0.728**	0.826**	0.578**	0.832**	1

注：** 代表 $p<0.01$，* 代表 $p<0.05$，N = 372。

在分析代际品牌资产对购买意愿的影响时，本书将代际品牌资产及其各维度分别作为自变量，做回归分析（见表8-9）。

表8-9　代际品牌资产及其维度对购买意愿影响的回归分析

自变量	标准系数	标准误差	R^2	调整后 R^2	Sig	VIF
代际品牌资产	0.842**	0.031	0.709	0.709	0.000	1.000
品牌意识	0.728**	0.032	0.531	0.529	0.000	1.000
情感联想	0.826**	0.030	0.681	0.681	0.000	1.000
感知质量	0.578**	0.037	0.334	0.332	0.000	1.000
品牌信任/忠诚	0.832**	0.032	0.692	0.691	0.000	1.000

注：** 代表 $p<0.01$，* 代表 $p<0.05$，N = 372。

由表8-9的标准化系数和p值可知，代际品牌资产对购买意愿的标准系数为0.842，p值小于0.01，说明老字号的代际品牌资产正向影响年轻消费者对老字号产品的购买意愿。

代际品牌资产的品牌意识维度（$\beta=0.728$，$p<0.01$）、情感联想（$\beta=0.826$，$p<0.01$）、感知质量（$\beta=0.578$，$p<0.01$）、品牌信任/忠诚（$\beta=0.832$，$p<0.01$）维度均与购买意愿显著正相关，支持假设 H_{8-1} ~ 假设 H_{8-4}。说明年轻消费者在接触老字号的过程中，形成的对老字号的品牌意识、情感联想、感知质量、品牌信任/忠诚，均积极正向影响其对

老字号产品的购买意愿。同时发现，代际品牌资产的各维度对购买意愿的影响程度各不相同，按照回归分析中的标准系数从大到小排列，分别是：品牌信任/忠诚 > 情感联想 > 品牌意识 > 感知质量。在不受其他因素影响的情况下，消费者对品牌的信任/忠诚，最能影响年轻消费者对老字号产品的购买意愿，而年轻消费者对老字号产品的感知质量对购买意愿的影响相对小。

8.6 本章结论与启示

在当下追求经济高质量发展的新时代，老字号品牌迎来复兴的机遇。然而国内老字号品牌的发展并不尽如人意。关于“老字号”复兴的已有研究，主要遵从品牌建设与传播的“双金字塔逻辑”（见图8-1），从产品与品牌创新、经营与管理创新，以及利用怀旧情感的角度，探讨了老字号复兴的策略。本章在回顾老字号品牌复兴已有研究论点、品牌建设的传统与现代逻辑的基础上，以老字号“八王寺”为案例展开分析，提炼了“老字号”在当前移动互联时代，谋求品牌复兴的战略逻辑与传播路径；还从代际传承的角度，探讨了老字号代际品牌资产对年轻消费者购买意愿的影响。

老字号品牌复兴的战略逻辑，首先，要求经营者强化品牌导向战略思维，明确依靠品牌构建竞争优势的发展思路。在战略上重视品牌，将品牌资产作为企业核心竞争力的主要来源。同时，在观念上要避免品牌培育的观念约束，即规避“小企业不适合搞品牌”“小企业谈品牌并不合适”“搞品牌对小企业而言过于昂贵”等观念。在线社交媒体发达的市场环境下，老字号企业可以依托自媒体、在线社交平台等进行低成本的品牌塑造与传播。

其次，要通过老字号的次级品牌知识杠杆重塑品牌识别，这是老字号谋求复兴的重要内涵基础。之后，制定与实施依托互联网逻辑的品牌传播方案，有效强化消费者对老字号品牌识别的认知与理解。最后，老字号的品牌复兴不是一个周期的事情，需要跨越多个周期的品牌推广与持续提升。其中需要在每个周期对品牌资产展开评估与控制，目的一方面是检验上一个周期品牌整合传播的效果，另一方面是为下一个周期的传播内容、方式等的修正提供依据。

其中，制定与实施依托互联网逻辑的品牌传播方案，是老字号谋求复兴的传播实现路径。本章梳理了两条路径（见图 8－2 右侧）。一条路径是“意见领袖”主导的传播路径，即企业在重塑老字号品牌识别的基础上，先发掘老一辈顾客中的“意见领袖”，强化同他们的品牌共鸣关系，再利用他们的网络影响力，层层激发消费者对“老字号”的注意和响应。另一条路径是企业主导的传播路径。首先，同样需要明晰品牌识别，然后企业自主设计与实施基于互联网在线社交平台的推广传播方案，利用互联网在线社交平台的“点对面”式的传播，激发广大消费者对老字号品牌识别的注意和响应。两条路径都需要“老字号”经营企业以品牌识别为基础，创新性地设计趣味性高的传播内容、可参与性强的推广活动，激发老字号品牌在社交平台上的“病毒式”传播。

再次，本章以“八王寺”为案例，提炼的移动互联环境下老字号品牌复兴的战略逻辑与传播实现路径，对其他老字号品牌复兴的管理实践也具有参考意义。其中的四个关键要点是：第一，树立品牌导向战略思维，是“老字号”寻求复兴的战略基础；第二，依托次级品牌知识杠杆重塑“品牌识别”，是“老字号”在新市场环境下寻求复兴的内涵基础；第三，遵循品牌传播的“互联网逻辑”，是“老字号”在新时代谋求复兴的传播逻辑基础；第四，创新性地设计趣味性高、可参与性强的推广内容和活动，是“老字号”依托互联网逻辑、快速获取消费者注意和响应的方法基础。

最后，本章还探讨了老字号的代际品牌资产对年轻消费者购买意愿的影响。研究揭示：老字号的代际品牌资产及其维度正向影响年轻消费者的购买意愿。在家庭代际影响下，父母在购买、使用老字号产品时，向子女介绍老字号品牌故事、品牌价值观，使得子女对老字号品牌有基本的认识和了解。久而久之，老字号品牌会成为下一代的记忆，促使年轻消费者形成对老字号品牌的品牌意识，这种意识进一步激发购买行为。同时，父母在向子女介绍老字号品牌时，会传递出产品的使用效果及使用感受，使得子女了解老字号产品的属性和优势，形成对老字号产品质量的感受和评价，再与其他品牌进行竞争时，老字号产品就更具质量优势。

首先，在家庭环境下，父母与子女就老字号产品进行交流互动，如在家庭聚会中、户外旅行中、超市购物中，父母与子女就老字号产品产生的交流越多，老字号品牌就越容易成为两代之间的情感符号。在子女成年离家后，老字号的产品代表着童年的回忆、家庭的温馨，唤醒子女与父母相处时光的美好回忆，这种情感联想会提升了年轻消费者对老字号的好感。其次，在父母推荐下形成的对老字号产品使用的间接经验和自己使用时的直接经验的影响下，对老字号产品产生情感依赖，年轻消费者会慢慢形成对老字号的信任和忠诚。综合来看，老字号的代际品牌资产越高，年轻消费者对老字号品牌的积极认知、情感和态度越好，越能激发年轻消费者对老字号产品的购买意愿。

因此，从代际传承的视角，老字号经营企业唤醒“老字号”在老一辈心中的积极认知，有助于老字号在年轻消费者心中的复兴。要想利用老字号的代际品牌资产，老字号品牌在老一辈心中先要有积极的认知和情感，老一辈才有主动性向子女进行产品推荐。老字号企业可以发挥老字号“老”的优势，深入曾经具有较大影响力的地区，在年长群体中开展品牌回忆活动，利用老一辈的怀旧情感，鼓励其分享自己与老字号品牌的故事，并邀请人们重新体验老字号的工艺、服务，唤起老一辈对老字号品牌的积极体会。

老字号企业可将分享内容制作成宣传视频，在抖音、快手、微信等新兴社交媒体上传播，利用蜂窝效应，扩大老字号品牌影响区域，唤醒更多的老一辈群体对老字号产品的积极认知和情感，提升年长群体自身对老字号产品的复购率，增加品牌的美誉度和声望。

开拓营销新角度，利用家庭联结开展家庭式营销。代际品牌资产的形成，需要家庭中两代的共同参与。只有将老一辈的积极认知和情感转移到下一辈中，才能形成代际品牌资产，从而提升年轻消费者对其产品的购买意愿。老字号的营销人员，可以设计家庭式营销活动，促进两辈之间对老字号认知和情感的转移。在线下购物场景中，可在周末设计子女陪同父母购物享受折扣活动，并对企业品牌故事、文化进行宣传。对企业来说，可以利用这样的机会，增进两代之间关于老字号产品的交流，让年轻一代明白自己的父母为什么选择这个品牌，并能更加了解这一品牌的信息，形成对老字号的品牌意识。对父母来说，这种集体活动会增加与子女相处、沟通交流的机会。另外，还可将父代与子代的情感放大，通过举办亲子活动、赞助家庭户外旅行等，积极将老字号品牌成为两代之间的情感符号，并通过两代之间的亲密活动，让年轻消费者感受老字号产品的质量与情感价值，培养其对老字号产品的信任与忠诚。

抓住年轻消费者需求，进行适度创新。年轻消费者是消费市场上的主力军，也是品牌的传承者。如果老字号产品只依靠传统的工艺、产品等，不根据年轻人的消费习惯进行适度创新，就无法形成稳固的代际品牌资产，无法提升消费者对老字号的感知价值，很难引起其对老字号的购买意愿。若老字号产品能根据当下年轻人的需求，对产品的设计、包装、销售、渠道等进行适度创新，实现“老”与“新”的结合，摆脱“土”的固化形象，这样既能提高老一辈向下一辈推荐老字号产品的积极性，增强两代之间的互动，也能提高年轻消费者对老字号产品的接受度。在家庭互动中，形成稳固的代际品牌资产，进而对老字号产生积极的感知价值，刺激年轻消费者的购买意愿。

第9章

“原字号”B2B企业贯彻品牌导向的路径

本章旨在分析“原字号”B2B企业贯彻品牌导向的路径。原字号主要涉及石化、冶金、建材等原材料及深加工行业的企业，主要为B2B企业（客户主要为下游企业等机构客户）。

关于企业品牌塑造的已有研究，绝大部分针对的是面向终端消费者的B2C（business to consumer的简称）企业的品牌。关于B2B（business to business的简称）企业的品牌塑造（学界也叫“品牌化”，branding），近些年才受到学界关注，“相关重要的论著都出现在2004年之后”（卢泰宏，2020）。B2B公司指那些为组织客户提供原材料、能源、零部件、工业品、大型设备，以及服务等的供应商。比如，2020年《财富》世界500强排行榜中，中国大陆（含香港）上榜公司数量排名前五的行业依次是：采矿和原油生产、金属产品、贸易、银行/商业储蓄、工程与建筑①；其中大部分为B2B公司，比如，“国家电网公司”“中国建筑集团有限公司”“鸿海精密工业股份有限公司”“鞍钢集团公司”。

---

① 资料来源：2020年《财富》世界500强排行榜［EB/OL］. 财富中文网，2020-08-10.

9.1　B2B 企业品牌塑造的特殊性

B2B 企业的品牌塑造之所以日益受到重视，是因为以下几点。

（1）管理者逐渐意识到，随着降低成本的策略逐渐丧失盈利能力，通过品牌塑造来实现盈利增长势在必行（阿克和王宁子，2019）。

（2）B2B 品牌在降低组织购买决策风险上，可以发挥重要作用。在 B2B 领域，组织客户购买的不是产品，而是“信任”，而公司品牌是信任的关键来源。品牌承载了供应商产品质量、持续跟进服务，以及附加情感和象征利益的承诺（卡普费雷尔，2019）。

（3）B2B 企业打造强势品牌，有助于企业在整个供应链上获取优势地位，从而获得更高的利润率。比如英特尔在电脑行业（科特勒和弗沃德，2010）。

（4）在长期通过延伸 B2B 强势品牌来支持新业务［开发新的 B2B 业务或者 B2C 业务，如华为（B2B2C 的跨越）］，是 B2B 企业实现持续增长的重要支撑。

（5）塑造强势品牌是中国大型 B2B 企业由大到强、走向国际市场的必经之路（库马尔和斯廷坎普，2013）。

然而，关于 B2B 公司如何结合行业特点，打造强势品牌，已有研究探讨不足（Leek & Christodoulides，2011；卢泰宏，2020；斯廷坎普，2019）。关于 B2B 企业的品牌塑造，企业实践在前，学者研究在后。“壳牌”和“杜邦”在 20 世纪初，就开始了品牌塑造实践，“英特尔”在 20 世纪 90 年代将 B2B 品牌化推至高峰（卢泰宏，2020）。2006 年才出现了专门针对 B2B 品牌的第一本论著《要素品牌战略》（科特勒和弗沃德，2010）。然而，根据科特勒和弗沃德（2010）的论述，要素品牌战略是要素供应商主导的，针对最终消费品的某种关键要素（如原材料、成分或零部件），面向终端消费者打造品牌知名度和形象，进而通过价值链产生对“关键要素”拉动效应的品牌战略。具体的品牌沟通策略，“跟普通品牌管理一样，只是重点在于创造需求拉动效应”（科特勒和弗沃德，2010）。他们也将这一战略称之为“B2B2C”的差异化竞争之道。

这一战略逻辑对掌握关键原材料、关键成分或零部件的大型企业，可能是可行的。然而对于有形要素产品仅仅在特定范围占有相对优势的企业，对于占有某种技术优势的新创小企业（如智能机器人设计企业），对于主要提供无形服务的广大中小 B2B 企业，以及非要素类的 B2B 供应商企业（如卡车生产商“三一重工”）而言，这一品牌化路径并不适合。广大中小 B2B 企业，也可以通过理念或文化创造独特的品牌识别，如高效率、真诚、可靠、稳定、负责任、专业化服务。关于 B2B 企业如何品牌化，已有研究探讨不足。

鉴于 B2B 与 B2C 企业有如下不同：顾客的数量、购买决策过程、顾客的产品知识水平（帕克，2019；Leek & Christodoulides，2011）。这些特点（尤其是顾客数量少）决定了 B2B 企业应该采取不同于 B2C 企业的品牌化路径。

9.2 B2B 品牌的独特战略价值

传统上，人们认为 B2B 品牌是没有必要的。因为传统上人们认为，在 B2B 市场，组织购买者的决策是非常理性的，品牌为 B2B 市场的功能性产品贡献不了什么价值。近期的研究表明，不论是 B2C 还是 B2B 情境，品牌都非常重要。因为品牌能够帮助解决供应商和客户之间的信任问题，并且有助于建立双方的认知和情感联系（Leek & Christodoulides，2011）。此外在 B2B 行业，不同供应商之间，产品和服务的同质化问题越来越严重，数字时代的到来也削弱了人际间的联系，这都让 B2B 品牌越来越重要（Baumgarth, 2010）。

具体而言，塑造强势的 B2B 品牌对企业有如下独特战略价值。

9.2.1 强势品牌帮助解决信任难题

在我国，产品的风险和信任问题是一个大问题，因为普遍存在产品与服务质量不高的问题。这是为什么国家层面要突出强调质量强国的重要原因。塑造强势品牌，是解决风险和信任问题的重要且可行的路径（卡普费雷尔, 2020）。塑造强势 B2B 品牌，有助于构建信任，降低客户购买的风险感知，帮助 B2B 企业获取客户。

利克和克里斯托多里德（2012）的分析指出，在理性购买决策情境下，购买者更看重产品或服务的功能属性，因而品牌在理性购买决策中显得并不重要。但目前在中国的制造和服务业，品牌可能尤为重要。因为质量和服务水平普遍有待提高。这个时候，尤其需要通过品牌来彰显质量和服务水平，抵消购买者风险和不确定性感知。巴克豪斯等（2011）通过电话访谈方式，调研了德国 630 家 B2B 企业（涉及 20 个行业），研究揭示 B2B 品牌在降低购买风险和信息搜寻成本方面发挥突出作用。B2B 品牌资产的重要组成部分，就是构建“供应商—客户”之间的信任（Viardot, 2017）。

9.2.2 帮助 B2B 企业获取和维系组织客户

品牌有助于企业发起一段合作伙伴关系，即获取新的顾客（Ozdemir et al. , 2020）。在 B2B 的环境下，供应商能够利用企业品牌向顾客传达价值承诺。在初始的关系构建阶段，组织客户首先评估供应商企业品牌的有形价值利益，如品牌竞争力、经济利益、保证等，能否支持本公司（即客户）的业绩目标和利润（Kuhn et al. , 2008）。因此，供应商可以利用企业品牌的有形利益，来发起和客户之间的关系，即帮助 B2B 企业获取客户。

另外，B2B 企业品牌的无形利益，在客户购买决策制定过程中也是重要的，对有形利益发挥着补充作用，增加关系建立的概率。尤其是当顾客之前对供应商不了解的时候，品牌的无形利益更加重要。客户会根据品牌名称、品牌声望、品牌形象，来形成对供应商企业品牌的情感联想。由此强化对供应商的信任感，减少对供应商未来发生机会主义行为的担忧。因此，作为供应商的 B2B 企业，也需要向潜在顾客沟通他们企业品牌的无形价值，来构建顾客关系。

如果 B2B 供应商能够在供应品（零部件）的功能层面，创造独特的差异性，技术先进、功能一流，品牌相对不重要；如果不能，或者供应品同质化，基于品牌创造与客户之间的情感价值越发重要（Leek & Christodoulides, 2012）。总体上，拥有强势品牌的供应商，更容易在招标的时候，被考虑和选中（Leek & Christodoulides, 2012）。在长期，品牌忠诚也是组织购买者习惯性购买和重复购买的重要决定因素。

对中国的 B2B 企业，在塑造 B2B 品牌的过程中，需要注意：要经常创造机会（建立机制），让组织客户与供应商销售团队会面、会晤，这样让客户不是和某个供应商的销售代表建立私人关系，而是和供应商、供应商品牌建设关系。从而避免销售代表和客户私人关系建立下的商业伦理问题，即销售代表离职时带走企业客户。

9.2.3 强势品牌帮助组织客户降低购买风险

组织客户的采购代表，在面对不同的供应商时，如果购买的是知名品牌供应商的产品，一是产品一般不会出问题，另外即使出问题个人担责任的风险也会很低。反之，采购代表如果买了不知名供应商的产品，如果产品好用，采购代表属于完成了自己的本职工作，如果产品一旦出现不好用的情况，采购代表很可能会被“炒鱿鱼”（Leek & Christodoulides, 2012）。

9.3 塑造“企业品牌”更适合 B2B 企业

为什么 B2B 企业要搞企业品牌而不是产品品牌？库恩等（2008）将凯勒基于顾客的品牌资产模型应用于 B2B 领域，发现该模型并不完全适合。“供应商—客户”之间的融洽关系，对 B2B 品牌资产的构建更为关键。他们基于半结构化访谈研究发现，在评价品牌价值时，相比单个产品品牌，发现组织购买者更在乎的是企业品牌。

奥兹德米尔等（2020）进一步研究发现，站在整个企业层面，企业品牌能够为组织客户带来全方面的功能（有形）和情感（无形）价值。实践中，B2B 领域主要采用单一公司品牌，比如 ABB、西门子、GE；通过公司品牌传递潜在的核心价值观：创新、可靠、安全等。多渠道的营销方式、购买方式，也进一步降低了多品牌战略的吸引力（Ohnemus, 2009）。扎布拉等（2010）的研究也揭示，相比 B2C 领域，B2B 领域更多采用企业品牌。

9.4 B2B 企业品牌化的本质

B2B 品牌资产中，与客户的关系至关重要。因为 B2B 品牌的关键接触点是“关系”，组织客户购买的不是产品，而是选择试图长期合作的供应商，着眼于长久的联合发展（斯廷坎普，2019）。另外，客户也主要通过与供应商品牌代表（员工）之间的交互，来认知品牌（Leek & Christodoulides, 2011）。因此，相比 B2C 情境，客户与供应商之间的关系，对 B2B 情境下的品牌塑造更重要。

利克和克里斯托多里德（2012）基于 8 家 B2B 企业的深度访谈研究揭示，客户—品牌关系资产，是 B2B 品牌资产最核心的内容。另外，在 B2B 情境下，供应商—组织客户之间的关系超过 5 年的占 70% ~ 88%（Leek & Christodoulides，2012）。鉴于中国是一个关系型社会，关系尤其重要。因此需要基于关系构建过程中的体验，来构建 B2B 企业的强势品牌。

对于 B2B 企业，顾客主要通过与企业的员工打交道，通过员工的服务、能力、形象，以及产品的实际体验与感受，来认知和理解品牌。这意味着，对于从零开始的中国 B2B 企业，“关系”（同客户的关系）和“员工”（内部品牌化）是企业开展品牌化的两个突破口。

9.4.1 B2B 品牌的关系属性

库恩等（2008）将凯勒（2003）基于顾客的品牌资产品牌金字塔模型，应用于 B2B 领域，专门提炼了 B2B 企业品牌的金字塔模型（见图 9－1）。

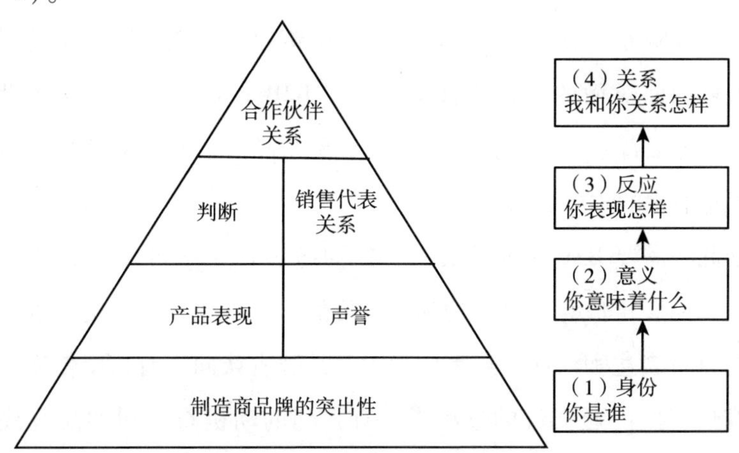

图 9－1 B2B 品牌金字塔

他们的研究指出了 B2B 品牌塑造的关键：

（1）相比 B2C 领域的产品或产品线的品牌资产，在 B2B 领域，企业或制造商品牌资产概念更有现实意义。

（2）相比产品品牌化，在 B2B 领域，与销售代表的关系构建对品牌塑造更为重要。

（3）B2B 的品牌联想，更多体现为产品在使用过程中的表现特征上。

（4）在 B2B 领域，购买决策过程更为理性，因此用户对品牌的感受与个性认知等，没那么重要。

根据图 9－1 可知，B2B 品牌的价值，主要来自供应商—组织顾客关系的体验。这又具体表现在：减少购买风险、降低不确定性、增加信任、保证、信誉。当然，这些情感价值离不开功能价值（质量、技术、创新、能力、产能、设备设施、售后服务、可靠性、价格）的支撑。

9.4.2 B2B 品牌的“员工”属性

虽然互联网改变了众多企业的沟通策略，但是在 B2B 行业，人员销售仍然是主要的销售与沟通方式（Baumgarth & Schmidt，2010）。B2B 行业的产品或服务一般价格比较高，购买决策比较复杂，这就决定了进一步的解释和面对面的沟通非常重要。在 B2B 行业，虽然品牌化没有像 B2C 行业那么普遍，但是强大的品牌形象与品牌识别，对公司的持续成功仍然是非常的重要。

据此，需要 B2B 企业的员工，在沟通过程中尽可能一致地传达品牌识别和品牌价值观。为了达到这个目的，不仅仅是需要员工进行一个简单的自我表达和沟通，还需要员工对品牌有认同，有情感依恋。并且在与客户直接沟通交流的过程中，有强烈的动机将公司的品牌战略传达出去。已有文献将这一系列的员工品牌识别内化的过程，界定为内部品牌资产。内部品牌资产的定义指的是，员工行为对品牌价值的贡献

(Baumgarth & Schmidt, 2010)。

9.5　B2B 企业的品牌化路径

9.5.1　通过关系体验打造 B2B 品牌

上一节的分析意味着，B2B 企业需要通过关系体验和内部品牌化构建品牌。相比 B2C 业务，B2B 领域的企业品牌构建，更少使用大众化的沟通方式如电视广告。因为 B2B 品牌打造的核心，是围绕品牌识别塑造与传播，打造积极的声望、声誉以及整个企业的承诺。B2C 领域，一般有数以百万计的客户，然而 B2B 企业客户数量非常有限。西门子的电厂业务部门，只有 2700 个 B2B 客户，可口可乐则有 10 亿客户。因此，B2B 企业主要依靠面对面的人和人之间的交互来开展业务，这也决定 B2B 企业的品牌塑造，主要需要依靠人际交互的体验（Ohnemus, 2009）。具体逻辑如图 9－2 所示。

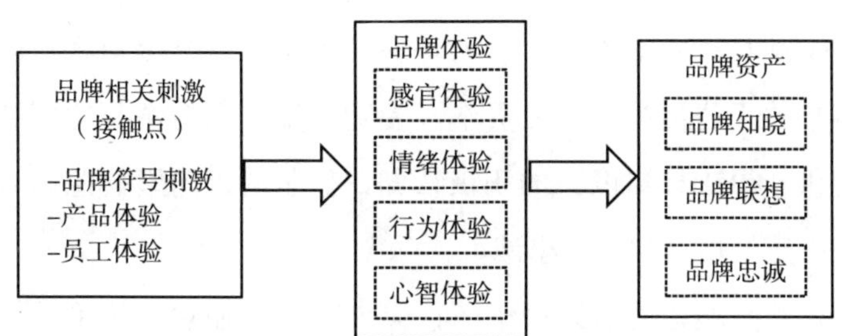

图 9－2　基于品牌体验的 B2B 企业品牌化路径

具体的品牌体验来自：

品牌符号相关的刺激——颜色、形状、字体、设计、口号、吉祥物。

品牌下的功能体验——质量、技术、创新、能力、产能、设备设施、售后服务、可靠性、价格。

员工体验——员工的产品或服务知识、市场知识、对客户和客户需要的理解程度，以及员工的业务专业性。

站在组织客户的角度，供应商—客户关系体验的关键接触点为销售人员的特质，具体指销售人员对产品知识、市场知识的掌握程度、对顾客的理解程度，以及技能和专业化程度。站在供应商的角度，供应商—客户关系的关键，还包括雇员的品牌认同、卷入度、情感依恋、主动传播的动机强度（角色内外行为）等（Baumgarth & Schmidt, 2010）。

一项面对德国 B2B 公司高层经理的研究也表明，经理人员关于供应商销售人员个性和行为的判断，直接影响他们对供应商品牌的感知（Baumgarth & Binckebanck, 2011）。还有一项针对德国机械设备工程公司采购员的调查表明，相比其他因素，销售员的特质（产品与市场知识掌握程度，对顾客需要的了解，技能和专业化程度）对他们的情感性品牌联想有直接影响，对他们的客户满意度和品牌忠诚有间接的促进作用（Elsäßer & Wirtz, 2017）。一项针对瑞典专业化服务公司客户的研究表明，员工的角色行为、良好的客户—员工关系，对品牌联想、感知质量和品牌忠诚，有积极的促进作用（Biedenbach et al. , 2011）。此外，比德巴赫等（Biedenbach et al. , 2018）针对瑞典 4 大审计服务公司客户的研究也揭示，客户关于公司员工人力资本（专业技能、创造性与聪明才智、专业性、提供新想法与知识）的积极认知，显著的正向影响他们对公司的品牌联想、感知质量和品牌忠诚。

品牌体验是顾客关系的精华，它应该是令人愉悦，超乎预期，令人瞩目，甚至能够激发人们积极的互动交流。品牌体验不应该是令人疲惫和失望的，更应该杜绝促使人们去讨论一些关于品牌的负面事件。卓越的品牌体验，能够成为品牌价值主张，或者品牌识别的一个具有区别性的特征。史泰博（staples）办公用品就是这样，因为它营造了轻松的入店体验，从而积极影响了一系列的店内接触点。

品牌体验是由品牌接触点带来的，品牌接触点可以发生在人们与品牌

接触的任何时间，虽然所有接触点的影响、体验上的弱点及成本结构并非完全相同，但通过以下 5 个步骤可以优化和改进接触点（Brakus et al.，2009）。

第一，明确所有存在的和潜在的接触点。

第二，评估接触点的体验。

第三，确定每个接触点对消费者决策和态度的影响。

第四，确定接触点重要性的优先次序。

第五，建立行动方案。

品牌体验，是建立和夯实品牌关系的一种方式。然而更重要的是要综合考虑客户全程的体验，也就是一系列的接触点。这一系列的品牌接触点，通过帮助客户完成任务或解决问题而被感知。比如一位顾客或许需要取得产品信息，启动或改变一下服务，或者是解决一个技术问题，每一项情况或许都包括了不同的接触点，而且这些接触点可能来自企业内部的不同部门（阿克和王宁子，2019）。

从客户全程体验的角度来看，其目标是让整个进程简单、容易、清晰且有效率，有些改进与接触点相联系的体验，有时还不如让过多的接触点优胜劣汰或者集中起来，这样也许会让一个接触点与下一个接触点之间有更好的衔接。或者对体验中不尽如人意的深层次原因进行检查，这样可能会导致整个体验被重新定义甚至淘汰。对此，以上提到的 5 个步骤依然有效，但是这种情况下就要从整个体验而非每个单独的接触点来考虑。

9.5.2 通过内部品牌化打造 B2B 品牌

先面向员工贯彻品牌识别，打造员工理解与认同。尤其是要面向销售团队和售后服务团队，因为他们与客户经常直接交互。他们的言行，传播公司的品牌识别。B2B 公司的客户代表是传达公司品牌的关键人物（Leek & Christodoulides，2012）。“如果一个代表品牌并负责向外界兑现品牌承诺的人，自身都不崇拜这个品牌，他又怎能令人信服地、诚恳地说

服客户，使他们崇拜品牌呢?”（Parker et al.，2019）

内部品牌化，还能保障不同的员工，向外一致地传达品牌识别，一致性很重要。只有不同的员工一致地向外传播品牌识别，顾客才能感知到一个清晰的品牌识别。

企业内部品牌化的目的，就是要确保员工知道他们的品牌愿景（识别），他们真的在意才是重要的。拥有强大的企业内化品牌，将具有如下优势（阿克和王宁子，2019）：

第一，一个清晰强大的企业内化品牌，可以为员工和合作伙伴提供导向和激励。

第二，企业品牌化可以激励员工发现并实施创造性、突破性的品牌建设计划——可将其延展为一个伟大的创意。

第三，一个被强势品牌感召的员工，会主动和他人谈论自己的品牌。不管是一个销售员跟零售商谈，一个咨询顾问和消费者谈，还是一个银行职员和客户交流，或者是一个汽车公司的工程师跟他的社交媒体跟帖者交流，甚至是家电公司的高管和一个邻居交谈，他们总有机会进行一次有影响的营销传播。在今天的互联网时代，这些看似细小的营销机会，所传播的信息，甚至可以在一夜之间变得家喻户晓。但这一切需要员工对自己的品牌有所了解并深切的关心。

第四，一个包含更高目标愿景的品牌，更有可能让员工体会到工作的意义和成就感。

第五，一个有活力的内化品牌战略可以支持企业文化。

所以试图打造强势 B2B 品牌的企业，在进行品牌定位、制定清晰的品牌识别后，首先需要进行内部品牌化。通过内部品牌化，让员工深刻理解品牌定位和品牌识别，强化员工对品牌产生理解、认同和拥护行为。然后再基于他们跟顾客的互动，向顾客传递品牌定位和识别，由此塑造企业 B2B 品牌。

要使企业品牌内化变得具有生命力，需要两个必要条件：首先需要有一个已经被证明在市场上可行的、清晰强大的品牌愿景（品牌识别）；其次要得到高层管理团队的支持，他们要相信一个强大的内化品牌对商业战略有非常重要的作用。如果首席执行官和高层管理者不赞同这一政策，那么所有的努力便失去了支撑。高层管理者参与品牌愿景（品牌识别）的发展，或让他们与客户接触，以便对这个竞争性环境有进一步的认识，这是企业内部品牌化的一部分（阿克，2019）。

那么，具体如何开展内部品牌化，如何把品牌传播给员工？根据阿克和王宁子（2019）的建议：要在企业内部针对不同员工制定不同的计划；比如，针对企业高层、与客户直接接触的员工、或是充当企业内部品牌代言人角色的员工，都需要有不同的培训计划。具体培训一般包含如下三个阶段。

第一，“学习”品牌愿景阶段。这一阶段的主要工作，是了解品牌愿景主要包含哪些内容，本企业品牌和其他品牌有哪些区别。

第二，是“相信”品牌阶段。这一阶段，可以在愿景的引导下不断向前推进，要让员工相信品牌愿景会帮助企业带来最终的成功。

第三，是“活化”品牌阶段。这一阶段，员工要受到激励，并得到授权实施品牌愿景，不管是在企业外部还是内部，员工都要成为品牌愿景的坚定拥护者。

根据帕克等（2019）的主张，内部品牌化的最高目标，就是要在员工中建立品牌崇拜。因为对品牌崇拜的员工：（1）愿意为品牌效劳，不愿意轻易离开它；（2）对品牌有主人翁意识，以品牌的成功和成就为己任；（3）将品牌融入自己的工作和生活之中；（4）对品牌相关的负面信息和威胁保持警惕。

B2B 企业的顾客数量非常有限，通过内部品牌化，通过企业训练有素的员工与客户持续交互和接触，会传递 B2B 品牌的核心利益和识别，由此在客户心里塑造品牌资产；再依托不断地口碑积累，提升品牌在业内的影响力、声誉和形象，最终打造强势 B2B 品牌。

第10章

“原字号”地理标志产品贯彻品牌导向的路径

无论是B2C还是B2B企业，在贯彻品牌导向发展模式、培育与塑造品牌方面，执行主体都非常明确。本章的目的是分析品牌培育与塑造主体不明确的一类产品——原字号地理标志产品，即那些具有地域特色的农副产品。

在中国，有很多独特的地理标志产品。比如辽宁省的“盘锦河蟹”、丹东“九九草莓”、黑龙江的“五常大米”、“阳澄湖大闸蟹”；等等。正宗的地理标志产品，深受消费者喜欢，人们也愿意为具有地域特色的优质农副产品支付更高的价格。据此，一些非法商家抓住消费者偏好地理标志产品，并且愿意为之支付高价的心理，以假冒的商品充当特色地理标志产品，借此获取暴利。

比如每年中秋节，正是河蟹销售的旺季，在辽宁省各地市场都会出现大量打着“盘锦河蟹”旗号进行销售的商家。每年草莓上市的季节，各地同样会出现众多售卖“丹东九九草莓”的商家。有过上述相关产品购买经历的消费者可能都知道，不可能所有商家卖的都是正宗的“盘锦河蟹”，也不可能所有卖主卖的都是货真价实的“丹东九九草莓”。

由此，地理标志产品的品牌培育与塑造，相关经营主体（农户、农村合作社，或者相关产品经营企业）贯彻品牌导向发展模式，就显得非常特殊。一方面，某一类地理标志产品（比如盘锦大米），一般存在多个分散的不同主体；正如俗语“一个和尚挑水喝，多个和尚没水喝”，多主体并存的情况，让地理标志产品的品牌培育与塑造成为一个“难题”。另一方面，由于多主体并存的局面，当某个地理标志产品遇到前面描述的“假冒伪劣”等利益侵犯行为时，缺乏代表性主体站出来维护地理标志产品的权益，维护地理标志产品的品牌形象与消费者权益。

为此，本章专门以地理标志产品为对象，就其相关经营主体如何贯彻品牌导向发展模式，开展有效的地理标志产品品牌培育与保护展开探讨。

10.1　相关研究回顾

所谓品牌化，是指商家通过名称、口号、标志、符号或设计，或者这些要素的整合，来让人们识别其产品或服务的过程（Keller et al.，2011）。一个强势的品牌是对产品与服务信誉的保障，会激发人们的购买欲望，并促进消费者变得忠诚。被人们认可的品牌，会为商家带来销售溢价、更高的市场份额（Chaudhuri & Holbrook，2001）。可见，品牌化以及打造优秀品牌对商家和地域经济发展至关重要。从单个企业的角度，如果其品牌受到市场上其他商家的侵害，作为一个独立的法人，他们一般会采取积极措施进行干预，维护自己的品牌与利益。然而，地域特色品牌一般涉及众多中小商家或农副产品种植、养殖户。针对地理标志产品的“以假乱真”的侵害，很难像单个企业那样进行利益维护。为此，探讨地域特色产品的品牌化及保护，成为一个迫切的理论与实践问题。

本章对此展开探讨。

10.1.1 地理标志产品的品牌化

随着人们消费水平的提升、消费结构的升级，人们作出购买决策时，品牌所发挥的作用日益重要。在购买农产品时，品牌同样开始发挥重要作用（杨肖丽等，2020）。基于此，农产品的品牌化开始受到研究者和实践者们的重视。

具体关于农产品的品牌化问题，喻建中（2008）以湖南“麻阳柑橘”为对象，分析了农产品品牌化的具体做法。第一是在地方政府的领导下，成立专门的行业协会，利用地域特色资源，向国家商标局申请注册专门的农产品商标（如“麻阳柑橘”），建立品牌。第二是明确使用特色农产品商标的标准与规则；具体明确符合什么样标准的产品才可以使用商标，使用商品的权利与责任等。第三是通过技术层面的不断改进，完善标准与规则，并积极地进行品牌宣传。李大垒和仲伟周（2019）、王文龙等（2016）的研究，也强调了农民合作社或行业协会在区域农产品品牌建设中的重要主体作用。费威（2020）的分析，则提出了标准体系建设在农产品区域品牌建设中的重要作用，具体地要强化“标准体系的制度建设”“标准执行的人才支撑”与“标准完善的科学管理”；其中标准体系的制度建设主要包括技术标准化体系、质量标准化体系与运营管理标准化体系等。

另外，胡正明和王亚卓（2010）参照工业区域品牌建设路径，提出了农产品区域品牌形成和成长的路径模型，并特别强调了农产品品牌化在孕育期的三个关键要素：一是基于地理位置、土壤、气候的“资源优势”；二是基于政策、资金、技术的政府带头人引领作用；三是基于致富、观念、信任的农民意愿。此外，崔世俊（2012）以内蒙古羊肉产品为对象，提出要从政府的政策、制度、质量标准体系构建以及市场监督

几个方面，为农产品的品牌化提供基础，在此基础上通过品牌宣传、品牌内涵挖掘、品牌个性塑造来不断提升农产品的品牌化。刘金花等（2016）、张耘堂和李东（2016）还讨论如何依托农产品的原产地效应，强化农产品的地理标志，从而构建与提升农产品品牌。李建军（2015）则强调了要将品牌知名度、品牌联想、质量与品质认知、价格适合度和品牌忠诚等，作为农产品品牌建设的主要抓手。

10.1.2　农产品的品牌保护相关研究

关于农产品的品牌保护，相关文献非常缺乏。喻建中（2008）在针对“麻阳柑橘”的分析中，提及了农产品品牌保护的问题；他的主张是强化农村专业协会的作用，通过协会组织来注册商标，保护品牌和相应的地理标志。实际上，《中华人民共和国商标法》是目前唯一一部直接与品牌保护相关的法律。在《中华人民共和国商标法》的框架下寻求品牌相关权益的保护，首先是要“注册商标”，然后是要有明确的诉求主体（自然人、法人、团体、协会等）。实践中，很多地域的农产品种植与加工行业，并没有成立相对应的行业协会或团体，自然也缺乏相应的商标注册与权益保护。

根据曹琳（2012）的分析，除了《中华人民共和国商标法》之外，中国曾经还由政府部门出台了一些保护区域品牌的规章制度；譬如1999年由原国家质量技术监督局发布的《原产地域产品保护规定》、2005年颁布的《地理标志产品保护规定》。总体上国内从法律和制度层面，对地理标志产品的品牌保护比较淡薄。管理上也存在一些问题，比如对“地理标志”的管理，存在商标局、农业农村部和质检总局（现国家市场监督管理总局）共同管理的问题；这样可能造成重复注册、资源浪费、法律纠纷等问题。

总体来看，虽然已有研究进行了积极的探索，但对农副产品品牌化及其保护问题的研究还有待进一步深入。接下来，10.2 章节以辽宁省地理标志产品为对象，分析地理标志产品的品牌化现状。然后 10.3 章节在分析澳大利亚农副产品品牌化及其保护做法的基础上，提炼适合中国地理标志产品品牌化与保护的逻辑模型。

10.2　地理标志产品的发展与品牌化现状

本章节以辽宁省内已经获得“中国地理标志产品”称号的产品为对象，分析地理标志产品发展及其品牌化的现状。根据中国地理标志网的公开披露，并通过公开渠道搜索整理相关产品资料，辽宁省地理标志产品的发展及品牌化现状（见表 10－1）。

根据表 10－1，可以总结辽宁省地理标志产品发展与品牌化的如下现状：

第一，总体销售状况非常不理想。我们针对每一种地理标志产品，逐条查阅其在线上“京东商城”和“淘宝商城”（包括“天猫”）的销售情况。在“京东商城”只显示“评论数”，在“淘宝商城”显示“已付款人数”。针对两个商城上的评论和已付款人数，我们将少于 10（人/次）的界定为销售状况“极差”，11～100（人/次）的界定为“很差”，101～500（人/次）界定为“较差”，501～1000（人/次）界定为“尚可”，1001～2000（人/次）界定为“良好”，2001～5000（人/次）界定为“较好”，5000（人/次）以上界定为“非常好”。具体描述性统计结果如图 10－1 所示。

线上销售状况“较好”（网上付款或评论数 2001～5000 人/次）、“非常好”（网上付款或评论数 5000 人/次以上）只有 18 个。剩下绝大部分的线上销售状况都不理想。

表 10－1　辽宁省地理标识产品的发展与品牌化现状

产品名	地域特色/独特故事	核准企业	企业官方网站	质量技术要求	京东/淘宝相关品牌	京东/淘宝销售状况[a]	线上销售主体
辽砚	有/有	无	无	明确	无	极差	个体户
丹东塔醋	有/有	无	无	明确	光华	极差	企业
盘锦碱地柿子（盘锦盐碱地番茄）	有/无	无	无	明确	无	良好	种植户/经销店
弓长岭矿泉水	有/无	辽宁岭秀山矿泉饮品有限公司	有	明确	铁秀泉/汤泉谷	较差	企业
腾鳌温泉草莓（丹东 99 草莓）	有/无	无	无	明确	无	非常好	种植户/经销店
建平荞麦	有/有	无	无	明确	无	极差	种植户/经销店
阜新玛瑙雕	有/有	无	无	明确	无	极差	个体户
建平红小豆	有/无	建平丽佳食品加工有限公司等 3 家企业 辽宁宇丰食品科技有限公司	无 有	明确	硃碌科	非常好	企业
大连虾片	有/无	大连天佑食品有限公司等 6 家企业 大连华龙食品有限公司	无 有	明确	无	非常好	企业
梁山西瓜（小梁山西瓜）	有/无	新民市梁山西瓜生产服务专业合作社联合社等	无	明确	无	极差	种植户
五龙山葡萄	有/无	沈阳宏君葡萄科技有限公司	无	明确	无	极差	企业
凌塔白酒	有/有	朝阳凌塔酿造科技开发有限公司	有	明确	凌塔	非常好	企业
泉盛河酒	有/有	朝阳思源酒业有限公司	无	明确	无	很差	企业
盘锦河蟹	有/无	盘锦光合水产有限公司等 5 家企业 盘锦旭海河蟹有限公司等 2 家企业	无 有	明确	无	较差	养殖户/经销店

续表

产品名	地域特色/独特故事	核准企业	企业官方网站	质量技术要求	京东/淘宝相关品牌	京东/淘宝销售状况[a]	线上销售主体
傅家花生	有/无	无	无	明确	无	极差	种植户
桓仁山参	有/无	桓仁荣泰参茸药业有限公司等	无	明确	永旺堂	很差	企业
桓仁蛤蟆油	有/无	桓仁荣泰参茸药业有限公司等3家企业 辽宁三达药材有限公司	无 有	明确	无	极差	企业
西丰鹿茸	有/有	辽宁鹿源参茸饮片有限公司	无	明确	无	较差	个体户
西丰鹿鞭	有/无	辽宁鹿源参茸饮片有限公司	无	明确	无	很差	个体户
桓仁红松籽	有/无	无	无	明确	无	极差	不明确
桓仁大榛子	有/无	无	无	明确	裕祥明	较好	企业
岫岩辽五味子	有/无	辽宁益民药材发展有限公司	无	明确	无	极差	不明确
盘锦河豚	有/无	盘锦市华鲀产业开发有限公司	无	明确	无	极差	企业
清源龙胆	有/无	无	无	明确	无	极差	不明确
黑山花生	有/无	辽宁绿色芳山有机食品有限公司等	无	明确	绿色芳山	尚可	种植户/经销商
岫岩玉	有/无	岫岩满族自治县城镇满玉雕刻厂等	无	明确	无	很差	个体户/经销商
红崖子花生	有/无	辽宁正业花生产业发展有限公司	无	明确	无	很差	种植户/经销商
桓仁大米	有/有	辽宁省桓仁粮食储备库等	无	明确	无	较差	个体户
桓仁冰酒	有/无	辽宁张裕冰酒酒庄有限公司	无	明确	五女山/张裕	较差	经销商
龙潭绿豆粉丝	有/无	辽宁巨龙有机食品有限公司	有	明确	巨龙	很差	企业

续表

产品名	地域特色/独特故事	核准企业	企业官方网站	质量技术要求	京东/淘宝相关品牌	京东/淘宝销售状况[a]	线上销售主体
清水大米	有/有	沈阳狮子王工贸有限公司等	无	明确	沈北七星	良好	企业
永乐葡萄	有/无	无	无	明确	永乐葡萄	极差	企业
东陵红树莓	有/无	无	无	明确	无	尚可	个体户
老龙口白酒	有/无	无	无	明确	老龙口	非常好	企业
朝阳绿豆	有/无	辽宁朝阳农品农业科技发展有限公司	无	明确	硃碌科	非常好	企业
朝阳小米	有/无	辽宁朝阳农品农业科技发展有限公司	无	明确	硃碌科	非常好	企业
三十家子鳞棒葱	有/无	无	无	明确	无	极差	不明确
大连河豚	有/无	大连天正实业有限公司	有	明确	无	很差	经销商
北票金丝王大枣	有/无	北票市拓林林果农民专业合作联社	无	明确	无	极差	个体户
凤城老窖酒	有/无	无	无	明确	凤城老窖	较好	企业
辽中大米	有/无	无	无	明确	无	极差	经销商
苏家屯大米（红菱大米）	有/无	沈阳金地丰米业有限公司	无	明确	无	极差	企业
辽中葡萄	有/无	无	无	明确	无	极差	不明确
西丰柞蚕丝	有/无	西丰县明德乡利泽丝棉厂 辽宁采逸野蚕丝制品有限公司等 2 家企业	无 有	明确	无	极差	个体户
抚顺琥珀	有/无	抚顺琥珀泉艺术品有限公司	有	明确	无	很差	个体户/经销商
建平苦参	有/无	辽宁意成林药开发有限公司	无	明确	无	极差	无

续表

产品名	地域特色/独特故事	核准企业	企业官方网站	质量技术要求	京东/淘宝相关品牌	京东/淘宝销售状况[a]	线上销售主体
博洛铺小米	有/无	大石桥市博洛铺向阳米业加工厂	无	明确	向阳米业	较差	企业/扶贫馆
康平地瓜	有/无	无	无	明确	无	较差	种植户
獐子岛鲍鱼	有/无	无	无	明确	獐子岛	非常好	企业
獐子岛海参	有/无	无	无	明确	獐子岛	非常好	企业
獐子岛虾夷扇贝	有/无	无	无	明确	獐子岛	较好	企业
清原马鹿茸	有/无	无	无	明确	无	极差	不明确
法库牛肉	有/有	沈阳伍丰畜牧有限公司	无	明确	无	极差	不明确
喀左紫砂	有/无	喀左县凤华晚窑紫砂艺术制品有限公司	无	明确	无	很差	个体户
草河口红松籽	有/无	无	无	明确	无	极差	不明确
抚顺林下参	有/无	无	无	明确	无	极差	不明确
三块石大果榛子	有/无	无	无	明确	无	很差	种植户
抚顺辽五味子	有/无	无	无	明确	无	极差	不明确
抚顺哈什蚂	有/无	辽宁哥俩好科技有限公司	无	明确	无	极差	不明确
连山关刺五加	有/无	无	无	明确	无	极差	不明确
新农寒富苹果	有/无	无	无	明确	无	极差	经销商
柳河沟香瓜	有/无	无	无	明确	无	极差	不明确
九龙川香菇	有/无	无	无	明确	无	极差	经销商

续表

产品名	地域特色/独特故事	核准企业	企业官方网站	质量技术要求	京东/淘宝相关品牌	京东/淘宝销售状况[a]	线上销售主体
盘锦泥鳅	有/无	盘锦鑫顺达水产养殖有限公司	无	明确	无	极差	不明确
建平小米	有/无	建平丽佳食品加工有限公司等4家企业 辽宁宇丰食品科技有限公司	无 有	明确	硃碌科	非常好	企业
锦州道光廿五贡酒	有/无	无		明确	无	很差	经销商
大连鲍鱼	有/无	大连獐子岛渔业集团股份有限公司等8家企业 大连三山岛海产食品有限公司等8家企业	有 无	明确	无	非常好	渔民/经销商
大连海参	有/无	大连棒棰岛海产企业集团有限公司等21家企业 大连三山岛海产食品有限公司等34家企业	有 无	明确	无	非常好	渔民/经销商
鞍山南果梨	有/无	鞍山千山王绿色果品有限公司等13家企业 海城市天鹰果业有限公司等2家企业	无 有	明确	无	良好	种植户/经销商
喀左陈醋	有/无	辽宁省塔城陈醋酿造有限公司 辽宁塔城陈醋酿造有限公司	无 有	明确	喀左塔城陈醋	良好	企业
朝阳大枣	有/无	朝阳县二十家子镇纯栋枣业专业合作社	无	明确	无	较差	种植户/经销商
高桥陈醋	有/无	辽宁高桥陈醋股份有限公司	无	明确	无	极差	不明确
桓仁山核桃油	有/无	无	无	明确	长白仙子	极差	经销商
要路沟小米	有/无	建昌县要路沟杂粮种植专业合作社等	无	明确	无	较差	种植户/经销商

续表

产品名	地域特色/独特故事	核准企业	企业官方网站	质量技术要求	京东/淘宝相关品牌	京东/淘宝销售状况[a]	线上销售主体
凌源蓝莓	有/无	无	无	明确	无	极差	不明确
朝阳杏仁油	有/无	无	无	明确	无	极差	不明确
辽中寒富苹果	有/无	辽中县龙湾寒富苹果专业合作社等	无	明确	无	极差	不明确
辽中鲫鱼	有/无	辽中县冷子堡镇精品鱼养殖场等	无	明确	无	极差	不明确
雷家店薄皮核桃	有/无	建昌县雷家店正旺核桃生产专业合作社	无	明确	无	很差	企业
盘锦大米	有/无	大洼县鑫乐粮谷加工厂等 130 家企业 辽宁盘锦辽禾米业有限公司等 47 家企业	无 有	明确	金龙鱼/福临门/众聚德	非常好	企业/经销商
铁岭榛子	有/无	辽宁铁岭榛子开发有限责任公司等	无	明确	无	非常好	种植户
辽中玫瑰	有/无	辽中县呈祥花卉专业合作社等	无	明确	无	极差	种植户/经销商
抚顺林下参	有/无	无	无	不明确	无	极差	不明确
三块石大果榛子	有/无	无	无	不明确	无	极差	不明确
丹东板栗	有/无	丹东市食用菌公司等 26 家企业 丹东亿佳食品有限公司等 8 家企业	无 有	明确	无	较好	种植户/经销商

注：a 表示付款（淘宝）/评论（京东）人员少于 10 人/次（极差），11 ~ 100 人/次（很差），101 ~ 500 人/次（较差），501 ~ 1000 人/次（尚可），1001 ~ 2000 人/次（良好），2001 ~ 5000 人/次（较好），5000 人/次以上（非常好）。统计日期 2020 年 5 月 24 日。

资料来源：笔者在中国地理标志网提供信息的基础上、逐条整理形成。

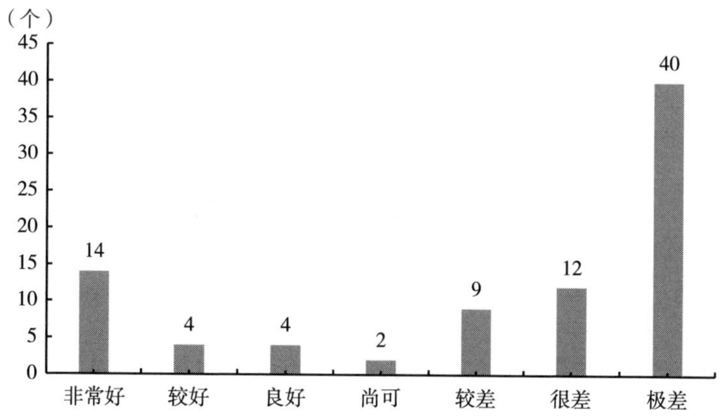

图 10 -1 辽宁省地理标志产品“线上”销售状况

第二，相关品牌非常匮乏。85 个中国地理标志产品，只有 22 个产品有相关品牌，其中在全国具有知名度的地域特色品牌几乎没有。广为消费者熟悉的“盘锦大米”更多是在“金龙鱼”“福临门”品牌下展开销售。地方品牌盘锦“众聚德”几乎没有知名度。线上销售较好的“硃碌科”，包括“建平红小豆”“建平小米”“朝阳绿豆”“朝阳小米”4 种产品。高端的“桓仁冰酒”部分在“张裕”品牌下进行销售，“五女山”品牌知名度非常小。“獐子岛”则既有海参、鲍鱼，还有扇贝产品。

第三，经营主体类型杂乱、规模小。根据中国地理标志产品网的信息，85 个产品中，有 36 个产品没有相关“核准企业”。另外，49 个有“核准企业”的产品中，绝大多数相关经营企业规模小。另外，即使诸多产品在中国地理标志产品网有“核准企业”，但在京东/淘宝的线上，销售主体大多是个体种植户/渔民、经销商。

第四，经营主体缺乏基本的宣传意识。49 种有“核准企业”的产品中，只有 17 种产品的相关经营企业有自己的“官方网站”。根据《第 49 次中国互联网络发展状况统计报告》，截至 2021 年 12 月，我国网民规模达到 10. 32 亿人，互联网普及率达到 73. 0%；其中手机网民规模达 10. 29 亿人。互联网，尤其是移动互联网日益普及，促使人们的生活由传统的线下空间，向线上空间转移。在这样的背景下，如果“官方网站”都没有，反映出企业没有基本的宣传意识，更别谈品牌建设与宣传了。

第五，所有产品都具备品牌塑造的良好基础。事实上，根据中国地理标志网的介绍，每一种产品都具有突出的、明显的地域特色。以“獐子岛海参”为例，其特色为：“产自北纬39°獐子岛无污染纯净海域，经过标准的加工工艺进行加工，营养价值极高，海参富含高蛋白、低脂肪、低糖、几乎无胆固醇；含有精氨酸、谷氨酸、甘氨酸等18种氨基酸（其中8种是人体自身所不能合成的）；含有酸性粘多糖、皂甙等生物活性物质；含有硒、锌、铁、碘、钙等多种人体所需的微量元素”①。

另外，一些产品还具有独特的品牌故事，比如“辽砚”的故事为：“辽砚兴于辽金时代，距今有上千年的历史，相传辽砚深得萧太后的厚爱，并被封为御砚”②。此外，绝大多数产品都有清晰的“质量技术要求”或“标准（规范）”。

这些独特的地域特色、品牌故事、技术要求或标准，为相应产品的品牌塑造提供了良好的基础。因为品牌塑造的关键是要界定清晰的品牌识别，而品牌识别主要由产品相关的独特功能或心理联想过程。针对每一种地理标志产品，都可以围绕其独特的地域特色、品牌故事、技术要求或标准，在消费者心中打造独特的功能或心理联想。

10.3 “澳大利亚种植”的经验借鉴

“澳大利亚种植”（Australian Grown）与“澳大利亚制造”（Australian Made）一起，是于1986年在澳大利亚制造运动机构（the Australian Made Campaign Limited，AMCL）的指导下，由肯·凯图（Ken Cato）创立的商标标志；该机构是由澳大利亚商业与工业协会，以及其他各商会共同创

---

① 獐子岛海参［EB/OL］. 特色优联网，2018-1-13.

② 王金梅. 千年辽砚［J］. 兰台世界，2001（10）：43.

立的一家非营利性公益基金会。AMCL 机构为每个商标标志进行了明确的定义，并且制定了严谨的申请条件、使用规则[①]等。

“澳大利亚种植”标志的定义是：每种重要的成分必须是在澳大利亚种植，并且所有或者接近所有的生产流程必须在澳大利亚完成。该商标标志的申请条件是：

（1）申请主体方面，任何澳大利亚个体公民、企业、组织，或者在澳大利亚有业务经营的外国企业，都可以提出申请在其产品上使用该商标标志。

（2）申请要求方面，所有的商标标志使用申请必须参加“符合性测试”（the compliance test），该测试最基本的两个条件：一是根据澳大利亚消费者法（The Australian Consumer Law）第 255 款规定，产品的每种重要成分或构成必须是在澳大利亚种植；二是所有或几乎所有的产品生产或加工流程在澳大利亚完成；另外，所有提出申请的主体还必须接受 AMCL 机构的系列审计活动，以确保所申请的产品符合“澳大利亚种植”商标标志的定义；所有申请者还需要根据年销售额支付一定的申请费用。

（3）申请获批后需要履行的义务，首先是每年需要根据年销售额支付一定的商标标志许可费；另外要持续地不定期地接受并配合 AMCL 机构的审计活动，确保被许可者是按照规定在使用许可商标标志；再者是必须根据澳大利亚相关法律和 AMCL 机构的规定，在所申请的产品上，严谨使用“澳大利亚种植”商标标志，不能随意修改或不规范地使用标志；此外，AMCL 机构还在“实务守则”（code of practice）中针对“商标标志许可与更新”“消费者投诉与争议处理”等议题进行了详细的规定。

（4）申请使用商标标志的权利，简单而言就是在 AMCL 机构的“实务守则”等文件的规定下，在其所申请的产品上使用“澳大利亚种植”商标标志；利用该商标标志进行产品与品牌宣传，促进销售并提升产品

① 详细可参阅 AMCL 机构颁布的“实务守则”（Code of Practice）。

和品牌的市场影响力。

申请“澳大利亚种植”商标标志能为经营者带来巨大的利益。第一，获得 AMCL 机构的商标标志许可，等于获得了真宗澳大利亚原产地产品的第三方“认证背书”，对产品形象、企业形象、产品品牌塑造与提升无疑会有积极作用。实际上，根据 AMCL 机构在其网站上提供的资料，98.8% 的澳大利亚消费者能立即识别该商标标志；并且 91.9% 的澳大利亚消费者表示在作出购买决策时会受到该商标标志的影响①。申请获批后，企业相关产品还会出现在 AMCL 机构的网站上，供感兴趣的消费者查阅。

第二，能积极地促进企业产品销售，提升销售额。因为消费者愿意为带有“澳大利亚种植”商标标志的商品支付更高的价格。再者，对于企业的国际化也具有积极作用；该商标标志在中国、韩国、新加坡以及美国也都获得官方注册，对于使用该商标标志的澳大利亚农副产品经营企业的出口，以及其他跨国化经营都具有显著促进作用。此外，AMCL 机构本身还定期不定期地举办一些宣传活动，这对于获得 AMCL 机构商标标志许可的企业及其产品，都相当于获得了间接的宣传与推广。正是由于使用该商标标志有众多积极的利益，截至 2016 年底，已经有超过 2200 家公司在其超过 15000 种商品上申请并使用“澳大利亚种植”以及相关商标标志。

10.4 中国地理标志产品品牌化的逻辑与策略

根据“澳大利亚种植”商标标志设立、申请、使用以及保护的经验，为中国地理标志产品的品牌化与保护提供了启示。结合中国国情，图 10－2 提出了一个中国地理标志产品品牌化及其保护的逻辑模型（见图 10－2）。

① Using the Logo the Mark of Aussie Authenticity ［EB/OL］. 澳大利亚制造官网，2023－6－8.

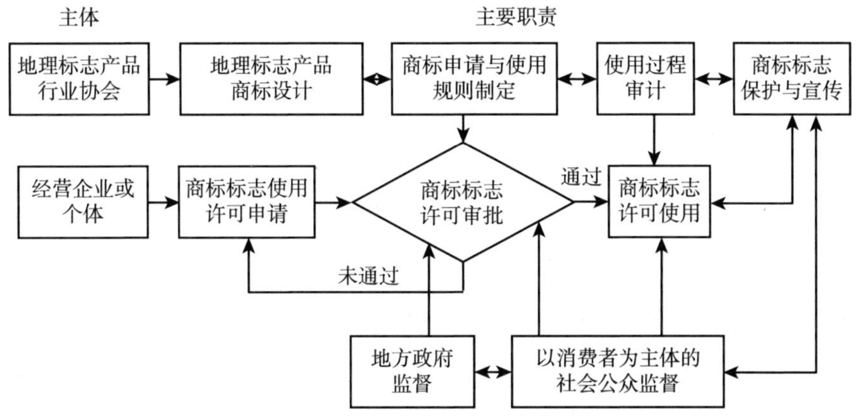

图 10-2 地理标志产品品牌化及保护的逻辑

地理标志产品品牌化的主体涉及行业协会、经营企业或个体户、地方政府、以消费者为主体的社会公众。地理标志产品要想品牌化并做好后期的品牌权益保护，需要成立核心的利益主体：农副产品行业协会，由它代表地理标志产品企业、个体户、团体来行使相关职责。

该机构的主要职责是：(1) 根据地理标志产品的主要特色、优点以及地理标志等信息，设计或委托专业机构设计针对地域特色产品的商标标志；(2) 在《中华人民共和国消费者权益保护法》以及其他相关法律和规定的框架下，制定面向企业或个体户的商标标志申请和使用的详细规则；(3) 在此基础上受理地理标志产品经营企业或个体户的商标标志使用许可申请，并严格遵照根据上述规则进行审批；(4) 如果相关企业或个体户获得商标标志许可，在后期使用过程中，行业协会还要负责对其产品以及商标标志使用规范性等，进行定期或不定期的审计；(5) 最后，行业协会还要通过各种媒体和手段对地理标志产品的商标标志，以及获得许可的企业及产品进行宣传，比如建设对应的行业协会网站，并在网站上列出获得许可的企业及其对应的产品，供消费者以及其他感兴趣社会公众查阅，提升商标标志的认可度和影响力；另外，对涉嫌盗用商标标志的违法违规行为进行调查与起诉，保护受许可企业和个体户的权益。

该机构的收益方面，在行业协会设计的商标标志获得一定的影响力和认可度之后，可以参照澳大利亚 AMCL 机构的做法，对被许可企业或个人收取适当的许可费用。维持机构的正常运营，并得到一定的商标标志维护与推广费用。

针对地理标志产品经营企业或个体户，他们的主要职责是，依法依规向行业协会提出商标标志使用许可申请并缴纳一定的审批费用。如果审批获得通过，按照行业协会制定的商标标志使用规则使用商标标志，获得面向本企业或个体户产品的正宗第三方认证背书，借此提升产品认可度、提升品牌形象、促进产品销售等利益。

当然，整个过程还需要政府以及以消费者为主体的社会公众监督。政府的监督主要体现在对行业协会审批商标标志许可过程中，监督并控制行业协会、经营企业或个体户可能的腐败行为。以消费者为主体的公众监督，一方面是要对行业协会的商标标志许可审批过程进行监督；另一方面是要对地理标志产品相关企业或个体户使用商标标志的情况进行监督，监督企业或个体户以地理标志产品商标标志所出售的产品，是否是行业协议所审批的产品，是否存在“挂羊头卖狗肉”等行为，发现违法违规行为后及时向行业协会和政府相关监督机构举报，维护地理标志产品的品牌权益和消费者自身的权益。

整个过程中，地方政府和消费者等社会公众也会获得积极的收益。如果构建了受消费者认可的有影响力的地理标志产品商标标志，无疑会有助于打造地方特色产品品牌和支柱产业，促进地方经济的发展。对消费者而言，会确保自己购买到的是正宗的地域特色产品，避免假冒伪劣产品的伤害。

10.5 地理标志产品贯彻品牌导向路径小结

传统市场情境下，地理标志产品（如盘锦河蟹）涉及众多不同的经营企业和个体户，面对违法侵害行为（如山东河蟹冒充盘锦河蟹）时，缺乏对相应品牌（盘锦河蟹）和消费者权益的保护。从消费者的角度，部分人支付了相对的高价却购买了假冒商品，对其经济利益和心理会造成伤害，减少后续购买的可能。部分人可能因为担心买到假货而减少购买量或不购买。对消费者的伤害，会直接体现到对正宗地域特色产品经营企业或个体户（如盘锦河蟹养殖户和企业）利益的侵害上来。消费者对假货的担心会降低人们的购买意愿和购买量，随之抑制正宗地理标志产品的市场价格。同时损害相关产品品牌形象和声誉。

基于此，本章提出：以行业协会为引领，地理标志产品经营企业或个体户参与，地方政府和以消费者为主体的社会公众进行监督，共同做好地理标志产品商标标志设计、商标标志申请与使用规则制定、申请受理与审核、使用过程审计、商标标志保护与宣传等工作，会促进地理标志产品的品牌化过程，形成有影响力的地理标志产品品牌。同时，在这一框架体系的运作下，还可以明确地理标志产品品牌的利益代表主体，从而改变传统市场环境下，地理标志产品品牌受侵害而无法进行有效保护的状况。

10.6 关于培育农副产品公共品牌的对策建议：以辽宁省为例

本章最后，以前面内容为指导，以辽宁省农副产品（大部分为优质地理标志产品）发展实际为例，提出培育农副产品公共品牌的对策建议。

《中国共产党第十九届中央委员会第五次全体会议公报》提出了“十四五”时期经济社会发展主要目标，其中明确强调“经济发展取得新成效，在质量效益明显提升的基础上实现经济持续健康发展”；另外“全会提出，优先发展农业农村，全面推进乡村振兴”。辽宁省农业和农产品在国内占有数量优势，但对经济增长贡献的质量效益优势没有发挥出来。本节针对辽宁省农副产品发展现状、存在的问题、发展潜力等进行分析，结合国家有关政策取向，借鉴外省经验做法（见第 12 章），对辽宁省培育农副产品公共品牌，促进农业农村高质量发展提出对策建议。

10.6.1 辽宁省农副产品发展现状与存在的问题

（1）产量在全国占有优势。

辽宁是农业大省，诸多经济作物、牲畜、水/海产品产量大，在全国排名靠前。根据国家统计局数据，以 2018 年为例，经济作物方面，辽宁省谷子、高粱、花生产量分别为 18.62 万吨、28.24 万吨、76.82 万吨，分别位列全国第四、第四和第七；水果方面，梨、草莓、苹果、葡萄产量分别为 126.26 万吨、39.83 万吨、237.04 万吨和 76.23 万吨，分别位列全国第二、第三、第六和第七；牲畜方面，驴期末保有量 46.37 万头、禽蛋产量 297.20 万吨、羊绒产量 1055.59 吨，分别位列全国第二、第四和第四；海水产品产量 367.01 万吨，全国排名第五①。

（2）农副产品质量优异。

辽宁省地理和气候条件优渥，省内种植和加工的诸多农副产品质量优异。仅以“中国地理标志产品”为例，截至 2020 年 5 月 25 日，辽宁省有 85 个产品获得“中国地理标志产品”认证（具体名录见表 10－1）。已经具有一定市场影响力的如“盘锦大米”“盘锦河蟹”“丹东草莓”“獐子岛海参”。尚缺乏市场影响力的如“鞍山南果梨”“辽中富寒苹果”“法库牛肉”“黑山花生”。

（3）产品售价低、销路没完全打开。

即使是获得“中国地理标志产品”认证的辽宁省农副产品，产品售价和一般普通商品没有明显差异。比如在京东商城，“盘锦大米”的售价

① 资料来源：笔者根据国家统计局“统计年鉴”数据计算整理。

在3元/斤左右，标示为精品的盘锦大米售价也只有5元/斤左右；而“五常大米”的售价在6~9元/斤。

通过前期（2020年6月25日、26日两天进行）逐个分析辽宁省获得“中国地理标志产品”认证的85个产品、在线上京东和淘宝商城（包括天猫）的销售情况，发现线上销售状况“较好”（网上累计付款或评论数大于5000人次）的产品只有14个，其余71个产品在线上商城的销售状况都不理想（见10.2章节）。

另外，在线下市场，“朝阳小米”“鞍山南果梨”“永乐葡萄”“桓仁冰酒”“西丰鹿茸”等众多优质辽宁农副产品，也存在“难卖”的问题。

（4）优质产品缺乏品牌支撑。

优质农副产品售价低、难卖的根本原因，是缺乏品牌支撑。辽宁省85个获得“中国地理标志产品”认证的产品，只有22个有关联的注册品牌，其中在全国具有知名度的品牌几乎没有①。广为消费者熟悉的“盘锦大米”，更多是在“金龙鱼”“福临门”品牌下进行销售；盘锦地方品牌“众聚德”几乎没有知名度。高端的“桓仁冰酒”，部分在“张裕”品牌下进行销售，本地品牌“五女山”知名度小，市场影响力非常有限。

10.6.2 培育强势农副产品公共品牌对农业农村高质量发展的潜在贡献

培育公共品牌“辽宁种植”，给予其政府权威背书，利用各种传统和现代媒介提升其市场影响力和美誉度；获得“辽宁种植”认证的大量农副产品，将会获得更广阔的销路和更高的售价，最终促进辽宁农业农村高质量发展和乡村振兴。

一方面，有强势公共品牌“辽宁种植”及其背后的政府信誉做支撑，辽宁优质农副产品可以开拓更广阔的国内外市场，尤其是融入“一带一

---

① 笔者根据表10-1对应名录产品逐个分析，整理形成。

路”倡议，开拓“东北亚”和“中亚”等国外市场。

另一方面，在强势公共品牌“辽宁种植”的支撑下，优质辽宁省农副产品可以获得更高的售价，创造更高的产值。以“盘锦大米”为例，2019年盘锦市大米产量约70万吨，产值50亿元左右[①]；如果有强势公共品牌“辽宁种植”进行权威背书，将其售价从目前的3.5元/斤，提升至“五常大米”的平均水平（约7元/斤），盘锦大米这一项就能为辽宁省GDP贡献约50亿元的增量[②]。再比如，2019年“盘锦河蟹”产量5.67万吨，产值约40亿元[③]；若有强势公共品牌支撑，价格提升至“阳澄湖大闸蟹”的水平（增加一倍），能为辽宁省GDP贡献40亿元以上的增量[④]。

再延伸到辽宁省全部农副产品，以2019年为例，包括434.8万吨水稻、55.1万吨其他谷物（小米、高粱等）、22.8万吨豆类、1885.4万吨蔬菜及食用菌、820.7万吨水果、307.9万吨禽蛋、80.0万吨淡水养殖产品、294.7万吨海水养殖产品，等等；对其中大量的优质产品及其衍生加工品，赋予“辽宁种植”公共品牌的有力支撑，将极大地促进农业高质量发展和乡村振兴[⑤]。

综上，如果能通过3~5年的努力，打造具有国内外影响力的“辽宁种植”公共品牌，给予优质辽宁省农副产品在销路和价格两方面的有力支撑，将积极促进辽宁省农村地区就业、农民增收以及乡村振兴目标的实现。

10.6.3 培育辽宁农副产品公共品牌的对策建议

（1）明确管理机构，培育“辽宁种植”公共品牌。

培育强势公共品牌“辽宁种植”，首先需要明确领导和管理机构。借

---

① 稻田养蟹“第一人”的稻蟹双收梦［EB/OL］. 中国新闻网，2020-8-5.

② 资料来源：笔者根据京东商城获得五常大米的平均售价，据此测算获得。

③ 今年盘锦市河蟹丰收在望［EB/OL］. 盘锦发布，2020-9-2.

④ 笔者根据阳澄湖大闸蟹平均市场售价减去盘锦河蟹平均售价，再乘以盘锦河蟹产量估算获得。

⑤ 2020年辽宁省国民经济和社会发展统计公报［R］. 辽宁省统计局，2020-3-3.

鉴浙江省面向制造业的“品字标”公共品牌建设经验，建议由辽宁省市场监督管理局领导，成立专门机构（或委托省内高校的相关品牌研究机构）作为“辽宁种植”公共品牌培育的管理机构。具体需要该机构开展“辽宁种植”标准制定与贯彻、产品认证与监督、品牌培育与保护、宣传推广等工作，不断提升“辽宁种植”公共品牌的市场知名度与美誉度。

（2）制定“辽宁种植”产品标准体系。

在“辽宁种植”公共品牌管理机构的组织下，参考“中国地理标志产品”已有认证体系和辽宁省标准化研究院已有相关标准，制定“辽宁种植”标准体系。标准体系除了要合规（符合相关法律法规、产业政策以及强制性标准），可操作（可验证、可核实、可追溯）外，更重要的是，标准体系界定的产品，能有效提升消费者感知质量、消费体验和用户满意度。保证入选“辽宁种植”标准体系的农副产品，是真正高品质的产品。

（3）开展“辽宁种植”农副产品项目申报。

标准体系制定之后，开展“辽宁种植”农副产品项目申报工作，鼓励辽宁省范围内农副产品种植/养殖大户、经营企业、合作社等主体积极申报。对入选的产品和经营者，授权其在市场推广与销售时，使用“辽宁种植”商标。

为了尽快支持辽宁优质农副产品打开销路、提升产值和利润，在申报初期阶段（比如前3年），建议秉承“公益”原则，对申报者少收费或不收费。尽快将所有优质辽宁省农副产品纳入“辽宁种植”认证体系。

（4）积极推广“辽宁种植”公共品牌。

辽宁省政府相关部门和“辽宁种植”公共品牌管理机构应该利用一切资源，不断推广“辽宁种植”公共品牌，打造该品牌的市场知名度和美誉度。借鉴浙江“品字标”建设经验，一方面可以利用辽宁卫视资源，长期传播推广“辽宁种植”公共品牌；另一方面与中央电视台合作，围绕“辽宁种植”制作宣传推广节目，塑造“辽宁种植”公共品牌的知名度和美誉度。

（5）打造政府主导的线上传播平台，积极推介“辽宁种植”认证产品。

参考浙江“品字标”建设经验，一是通过辽宁省品牌建设促进会网站、微信公众号、微博等线上渠道，设立“线上展厅”，积极向国内外推介“辽宁种植”认证的优质农副产品；二是辽宁省政府相关部门出面与京东、淘宝等平台合作，依托这些平台，打造线上“辽宁种植精品馆”。不断赋予“辽宁种植”认证产品更高的顾客价值感知，同时显著提升相关产品销量和利润率。

第11章

“新字号”贯彻品牌导向的新逻辑与新路径

本章在具体策略层面，讨论现代企业尤其新字号的中小企业应该如何贯彻品牌导向发展模式，如何培育与塑造强势品牌。本章从品牌塑造的逻辑、移动互联时代的品牌塑造与传播等方面，具体地讨论新字号中小企业应该如何贯彻品牌导向发展模式，如何以具有性价比的方式培育与塑造强势品牌。

11.1 品牌塑造的传统逻辑

本章节分析品牌塑造的传统与现代逻辑，即传统的品牌管理理论认为，品牌应该如何培育和建设；以及现代的研究认为，移动互联网时代，应该如何培育与建设品牌。先来分析传统品牌管理理论关于品牌培育与建设的传统逻辑（见图11-1）。

根据品牌培育与建设的传统逻辑，从内容上，品牌建设从下到上包括四层结构：第一，品牌识别。对应的是品牌的突出性，也就是企业品

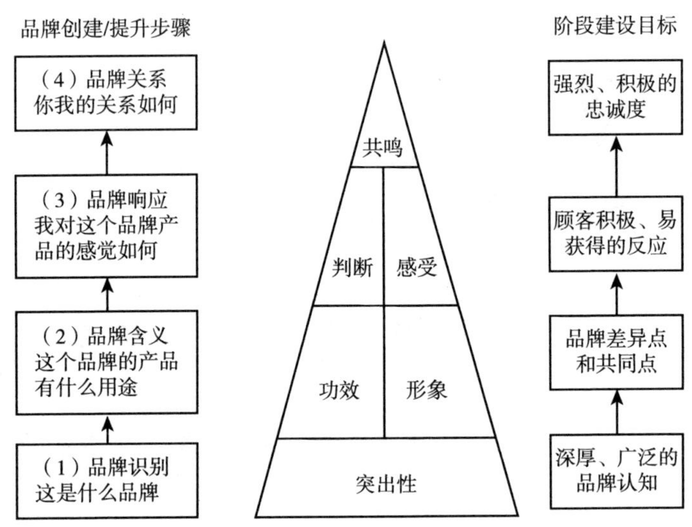

图 11－1　品牌培育与建设的传统逻辑

资料来源：凯文·莱恩·凯勒．卢泰宏，吴水龙，译．战略品牌管理（第3版）［M］．北京：中国人民大学出版社，2009.

牌的独特点，或者说，独特价值主张是什么。比如，一说到“百岁山”矿泉水，很多人能想到“水中贵族百岁山”；这就是百岁山矿泉水的“突出性”或品牌识别（贵族的水、高端的水）。在第一步，品牌建设的主要目的，是围绕品牌识别，建立消费者对品牌的“深厚、广泛的品牌认知”。

第二，品牌意义。对应的是品牌的功效与形象；功效指的是产品的主要特色、耐用性、可靠性等。还以“百岁山”矿泉水为例，功效特点突出强调的是：天然饮用矿泉水、采自地底、有益元素多样。形象，更多指的是品牌能给消费者带来的象征性含义。比如“百岁山”，力图打造的品牌形象是——水中贵族。

第三，品牌反应。对应的是顾客的判断与感受；在企业不断地传播品牌识别、品牌意义之后，品牌塑造的第三个层次，就是顾客的品牌判定与感受。“判断”指消费者对品牌质量、信誉、优势等的判断。还以百岁山为例，多次看过百岁山“水中贵族”的广告之后，很多消费者形成了“高品质”“高端”矿泉水的判断。“感受”指消费者对于品牌“温暖感、乐趣感、安全感、认同感”等方面的心理感受。比如，现如今很多消费者觉得“百岁山”很“高端”、有“贵族气息”。

第四，品牌关系。指的是与顾客的共鸣。品牌培育的最高层次，就是希望和一部分顾客建立品牌共鸣。能与品牌共鸣的顾客，在行为上是品牌的持续购买者，在态度和情感上，是品牌的坚定支持者。能与品牌共鸣的顾客，都是品牌的忠诚顾客。获取一批忠诚顾客，或者我们通常所说的“粉丝”，是品牌建设的终极目标。

传统品牌管理理论认为，品牌内涵建设的路径，按照上图的顺序，从下至上发展。为了实现上面品牌内涵建设 4 个层次涉及的内容和目标（见图 11 -2），传统品牌管理理论认为，企业应该按照图 11 -2 所示的金字塔路径，开展品牌传播。

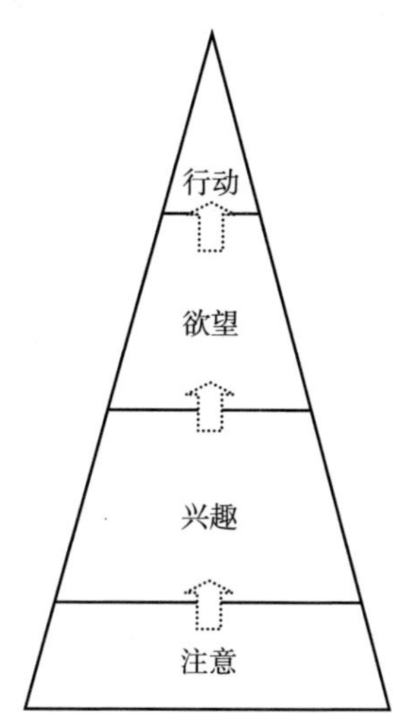

图 11 -2　品牌传播的金字塔路径

有效的传播流程，从下到上，依次遵循“注意→兴趣→欲望→行动”的过程。品牌传播的效果，始于大范围的消费者注意，企业首先应该通过广告等手段，开展大规模的宣传，尽可能地引起广泛的消费者对品牌识别的“注意”。比如“百岁山”矿泉水，我们经常能在电视上看到它的广告。

引起最广泛的消费者注意之后，部分消费者可能会对品牌产生“兴趣”，促进他们理解品牌的含义。了解品牌的功效、形象等方面的含义之后，部分消费者可能会对品牌产生积极的判断和感受，进而激发起进一步的了解或购买的“欲望”。最后，一定比例的消费者会购买品牌，并对品牌产生态度和情感上的支持“行动”。需要指出的是，忠诚顾客只是金字塔尖的少部分顾客。

基于这样的传播路径，传统品牌管理理论认为，品牌识别确定之后，品牌建设的首要目标，是扩大品牌知晓的消费者基数，建立品牌知名度。所以，在传统的品牌建设逻辑下，需要企业开展大规模的广告等传播活动，来推广品牌。

11.2 品牌塑造的逆金字塔逻辑

在传统的逻辑指导下，品牌培育与建设，在明确品牌识别之后，需要开展大规模的广告和宣传，这需要耗费大量的企业资源。所以，一些人据此认为，中小企业可能并不适合塑造品牌。5.1 章节的研究表明，中小企业面临资金短缺等资源约束。

在社交媒体发达的移动互联时代，线上推广与传播已经成为领先企业常用的品牌推广方式。移动互联时代的到来，在线社交媒体的兴起，使品牌传播的路径发生深刻变革。品牌的塑造与传播可以遵循“逆金字塔”式的互联网逻辑（见图 11 –3）。

根据图 11 –3，企业可以首先结合品牌发展的历史、品牌的故事、品牌的次级知识杠杆（指与品牌相关的人物、事件、故事、原产地）等要素，梳理并确定品牌识别。然后，依托互联网平台找到关键的“意见领袖”，强化他们对品牌识别的认知，发展同他们的亲密品牌关系，再利用他们的网络影响力，以及在线社交平台的“蜂鸣式”“病毒式”传播，在很短的时间内形成品牌的口碑扩散效应，借此将品牌识别层层向外传播

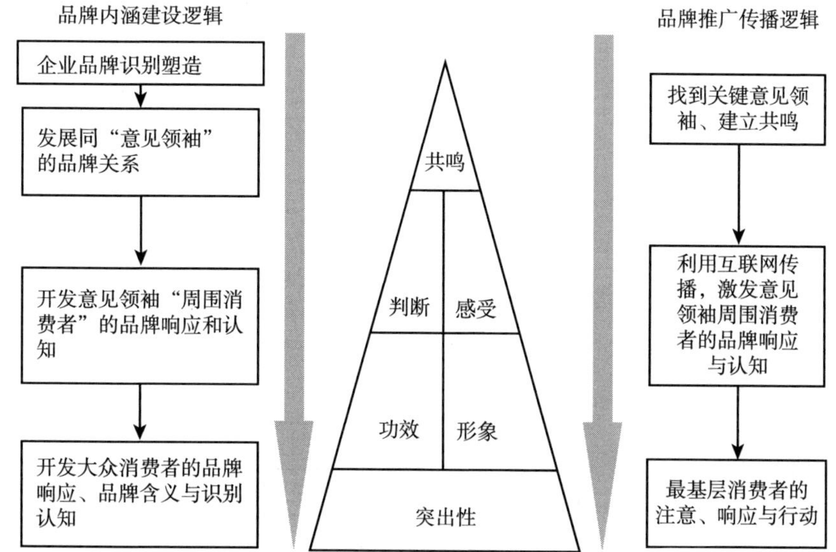

图 11－3 品牌塑造与传播的“逆金字塔”逻辑

资料来源：何佳讯．品牌的逻辑［M］．北京：机械工业出版社，2017.

至最基层的大众消费者。

初期的意见领袖，可以是品牌最忠诚、资深的用户，企业也可以仅仅是利用他们的网络影响力进行传播。比如，“小米公司”在开发小米手机和 MIUI 系统时，就是首先找到“发烧友”参与开发，之后先让这些“发烧友”使用产品、传播产品的功能与特点，逐渐形成产品的口碑传播效应；最后让普通大众都知晓小米品牌，了解小米产品的特点，形成购买意愿，同时快速提升“小米”的品牌资产（何佳讯，2017）。

“小米”品牌塑造的逻辑总结如图 11－4 所示。整个品牌塑造的过程，“小米公司”并没有在传统电视媒体上投放广告，完全依靠互联网、社交媒体的口碑传播。当然，口碑的前提是，小米智能手机相比竞争者，有卓越的性价比。另外，小米公司创始人雷军，之前一直从事软件与互联网行业，这让整个公司有了倾听网民声音（网络上的消费者）的基因。这种基因，让小米公司收获了智能手机的“发烧友”，“发烧友”们的意见和建议，让小米手机和 MIUI 系统快速成长、成熟、发展壮大。第一批发烧友在互联网上的口碑，影响了他们的周围人群，周围人群的口口相传，让最广大的人民群众都了解了“小米”品牌。这是因为第一批发烧友的“突出贡献”，让小米公司在10周年公司庆典之际，“向小米1首批用户赠送1999元红包，约3.7亿元”①。

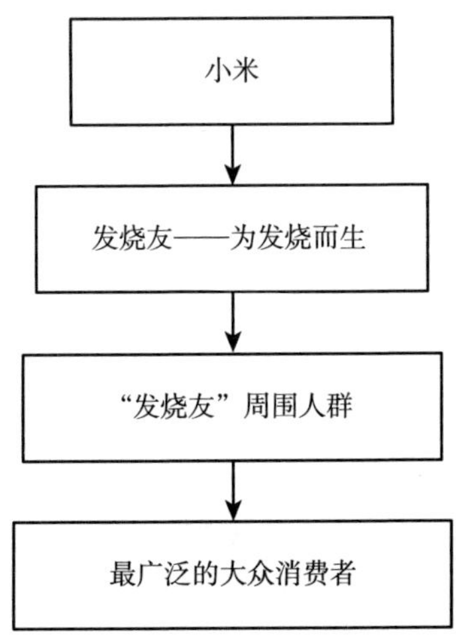

图11－4 “小米”品牌塑造的逻辑

“小米”品牌塑造的逻辑，就是品牌建设与传播的现代逻辑，华东师范大学的何佳讯教授称之为“逆金字塔”式的互联网逻辑。广大的中小企业，可以好好学习这一逻辑。因为按照传统的逻辑，中小企业没钱打广告，难以进行品牌建设。但是，按照品牌建设的“逆金字塔”式的互联网逻辑，企业只要能制定打动消费者的“品牌识别”，就可以依托互联网、依托具有传播力的品牌推广方案来建设品牌。

11.3 移动互联时代品牌塑造的新逻辑

移动互联时代，微信、微博、今日头条、抖音、快手等社交媒体的

① 小米发钱了！首批用户每人1999元红包，总共3.7亿［EB/OL］. 融资中国，2021－8－11.

兴起，为企业自主培育和传播品牌，极大地进行了赋能。

下面进一步深入分析，移动互联时代，品牌培育与塑造的新逻辑。基于何佳讯等（2017）的研究，并结合我们前期的研究和实践咨询工作，梳理形成的移动互联时代的品牌塑造逻辑（见图11－5）。移动互联时代，对于中国企业，尤其是中小企业，可以遵循这一逻辑来培育、塑造强势品牌。

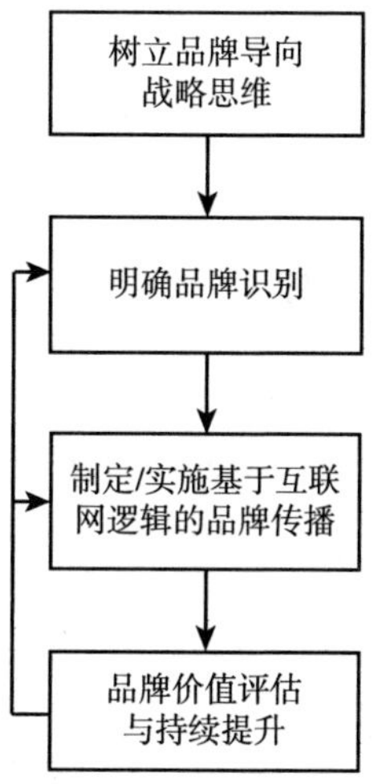

图11－5 移动互联时代的品牌塑造逻辑

第一步，需要企业树立品牌导向的战略思维。现代企业，要塑造品牌，首先要求企业管理者，尤其是高层管理者，先要打破观念约束、树立品牌导向思维。这跟华东师范大学何佳讯教授在多个演讲场合，经常提到的“品牌顶层战略”的思想是一致的。企业要想建设品牌，首先需要高层管理者将品牌放在企业战略的重要位置。

打破观念约束，就是要打破传统上，认为中小企业不适合塑造品牌的观念。在移动互联时代，社交媒体赋能的背景下，中小企业也是可以塑造品牌的。

树立品牌导向，就是说从战略上要重视品牌，要意识到品牌对现代企业构建竞争优势、获取超额利润的关键作用。认识到企业之间的竞争，最终都会落脚到“品牌”的竞争上来。只有具有强势品牌的企业，才会获得生存与发展。

著名品牌管理学者戴维·阿克在其著作《品牌大师》提炼了品牌塑造的20条法则，第一条是“品牌是推动战略的资产”。开篇第一句话：“成功品牌的背后都有企业战略的支持”（阿克和王宁子，2019）。

第二步，明确品牌识别。观念上的问题解决之后，接下来第二步，就是要明确品牌识别。关于品牌识别，英文对应的是 brand identity 或 brand identification，直译可以理解为“品牌的身份”。也就是说，企业的品牌，想要在市场上给人们一种什么样的身份认知。企业塑造品牌，在内涵上，需要分析、需要界定好，品牌想要以一种什么样的“身份”标签，展示在世人面前？

这个身份标签可以是产品功能层面的独特“卖点”，比如：

- “格力空调，一晚只需一度电”
- “农夫山泉，大自然的搬运工”
- “怕上火、喝王老吉”

还可以是心理层面可以给人留下的“积极联想”，比如：

- “水中贵族百岁山”
- “vivo 照亮你的美”
- “懂生活，更快乐，老村长酒”

学术概念上，品牌识别是品牌渴望创造和维持的一组独特的功能和心理联想（拉弗雷，2012）。任何想要塑造强势品牌的企业，在品牌内涵上，要先明确，品牌能够给顾客带来什么样的功能或心理层面的独特联想，也就是明确品牌识别。然后，将品牌识别以“品牌口号”的形式固定下来。

这里需要进一步说明的是，实践中，界定品牌识别时，还需要结合产品类别进行分析，也就是说，产品是属于“功能品”还是属于“享乐品”。

对于功能品，功能层面的效用主导了消费者的购买决策；对于“享乐品”，心理层面的效用主导了消费者的购买决策。因此，功能产品的购买决策，更多受“理性思维”所主导，产品独特的功能、特征、效能等，是消费者决定是否购买的关键。所以，功能品的品牌识别，可以重点围绕产品功能上的独特“卖点”来设计和界定。

比如，“格力空调，一晚只需一度电”，对于空调这一功能性产品来说，作为“格力空调”的品牌识别是合适的。再比如，“霸王防脱”“霸王育发”，对于洗发水来说，作为品牌识别也是合适的。

与之对应，享乐型产品的购买决策，更多受到“感性思维”的主导，享乐型产品，能够给消费者带来的心理效应，是决定顾客是否购买的关键。所以，针对享乐品，品牌识别应该更多围绕产品能够给消费者带来的心理联想去设计。比如：“vivo 照亮你的美”“睿变由我、九牧王男装”“百事——新一代的选择”，等等。

此外，对于同时具有功能和享乐属性的产品，比如手机。一定程度上，基于心理联想的品牌识别界定，比基于功能联想的界定，更可能“打动”消费者。比如，“照亮你的美”，就比“4800 万双摄、拍照更清晰”，更可能打动消费者，尤其是打动女性消费者。这可能也是为什么“一晚只需一度电”的格力空调能够成功，但“三年不用换”的格力手机难以成功的重要原因。

由于品牌资产的构成中，心理层面的品牌联想，是一个重要的构成部分。因此，无论是功能品还是享乐品，那些试图打造“强势品牌”、塑造高端形象品牌的企业，在界定品牌识别时，打造心理层面的积极联想是重中之重。比如“水中贵族”的“百岁山”，就比“大自然的搬运工”“农夫山泉”更让人觉得高端、有品位。事实上，虽然“农夫山泉”在国内市场份额上占据第一的位置，但在出口海外市场方面，“百岁山”则占据第一的位置①。

① “为什么要从中国进口瓶装水？”——“水贵”百岁山的出海之路［EB/OL］. 搜狐网，2020－10－25.

戴维阿克也明确指出：相比功能价值，能够俘获人心的是品牌的感性价值：情感利益、自我表达利益和社会利益（阿克和王宁子，2019）。

第三步，制定并实施基于互联网逻辑的品牌传播方案。明确品牌识别之后，接下来的工作，就是要制定与实施基于互联网逻辑的品牌传播方案。

为了充分利用资源，高性价比地传播品牌，需要制定并实施基于互联网逻辑的品牌传播方案。具体的实现路径，由于涉及的内容比较多，将在下面11.4节单独展开分析。

第四步，品牌价值评估与持续提升。经过上一阶段的品牌推广之后，比如，以一年为一个周期的推广之后，企业要在一个周期的末尾，对传播的效果进行评估与控制。具体来说，消费者对品牌识别的认知与理解，也就是品牌认知度，对品牌的感知质量、品牌联想，以及对品牌的忠诚度是否有明显的提升。对于符合预期计划的推广活动与内容，在下一个周期，要继续予以维持。而对于未达到预期计划的推广活动和内容，在下一个周期，则要进行修改和调整。

其中尤其需要注意的是，企业需要调查：目标消费者心理上理解的品牌识别，和企业期望打造的品牌识别是否一致？如果不一致，则需要寻找原因，调整传播方案与内容，或者修正企业品牌识别的内容。

最终，经过一轮又一轮的品牌传播，不断提升品牌的市场认知度与影响力，打造强势品牌。

11.4　移动互联时代品牌传播的新路径

明确了移动互联时代的品牌塑造逻辑之后，接下来的问题是：移动互联时代，企业应该如何进行品牌传播？移动互联网环境下，企业进行品牌传播，可以依靠哪些新的路径，本部分对此展开分析。

移动互联时代，企业品牌传播的两条新路径如图11－6所示。双线箭头表示“企业主导”的路径，单线箭头表示依靠“意见领袖”的传播路径。

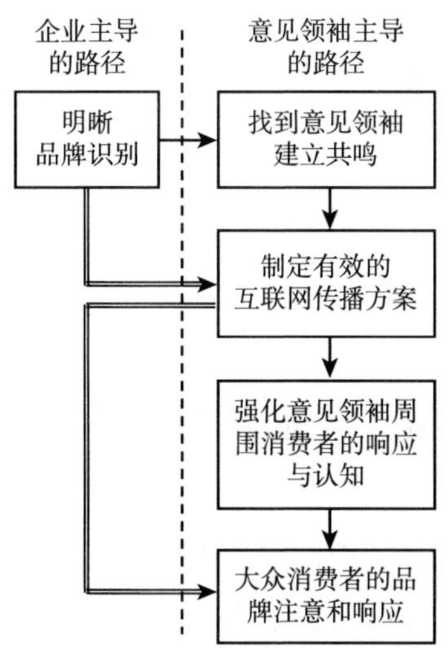

图11－6 基于互联网逻辑的品牌传播路径

注：双线箭头为“企业主导”的路径，单线箭头为“意见领袖主导”的路径。

11.4.1 企业主导的传播路径

首先，要求企业明确品牌识别。就是品牌的核心价值主张。其次，需要企业自主设计并实施基于互联网的品牌传播方案。在传播内容上，可以围绕品牌的核心价值主张、品牌故事、品牌相关事件等展开；在传播媒介上，企业自主建立和发展在线社交账号，比如，如微信公众号、企业微博，或者利用第三方社交平台，比如今日头条、抖音、快手等进行；在传播方式上，可以是纯“线上”的内容推广，也可以是“线上”+“线下”相结合的推广；在传播技巧上，纯“线上”的内容推广，需要考虑内容的趣味性；“线上”+“线下”相结合的推广活动，则需要考虑消费者的可参与性和趣味性。

只有可参与性高、趣味性强的品牌推广，才会受到消费者的广泛关注，才会在社交媒体上引发“病毒式”传播和消费者的广泛参与。纯“线上”推广的经典案例，可以参考“家安”牌空调清洗剂在“优酷”等视频播放平台上推出的“搞笑”视频[①]。“线上”和“线下”相结合、参与度高、趣味性强的推广活动，可以参考“百度地图”和“麦当劳”联合推出的“樱花甜筒跑酷0元抢”活动[②]。这些推广内容和活动，都是在投入非常有限的情况下，实现了传播效果。最后，通过在线社交媒体“点对面”式的传播，将品牌的品牌识别传达给大众消费者，激发大众消费者对品牌的注意和响应。

11.4.2 意见领袖主导的品牌传播路径

第一，同样是明确品牌识别的具体内容。

第二，需要找到品牌的“意见领袖”。意见领袖可以来自三部分，第一部分，可以从企业内部员工中进行培育，他们最了解品牌的历史和现状，应该是品牌传播的重要力量。第二部分，可以从产品和品牌的忠诚顾客中开发。忠诚顾客已经与企业建立较为亲密的产品或品牌关系，企业可以从中挖掘具有网络影响力的人。利用他们的网络影响力传播品牌。第三部分，企业还可以与一些具有网络影响力的“意见领袖”，比如微博“大V”、网络红人等合作。在强化跟他们的“品牌关系”的基础上，利用他们的网络影响力和互联网的层层快速传播功能，短期内扩大品牌的市场认知和影响力。

第三，设计基于互联网的有效传播方案。传播内容上，同样需要围绕品牌识别、品牌相关故事等进行设计。媒介选择上，主要依靠意见领袖的社交账号。传播激励上，可能需要给予“意见领袖”一定的报酬，强化他们积极传播品牌的意愿与行动。

---

① 家安空调清洁剂广告－谍战剧－胡戈［EB/OL］. 优酷网，2012－10－3.

② 麦当劳樱花甜筒0元抢——现实版跑酷［EB/OL］. 搜狐网，2015－1－9.

比如，可以学习云南潘祥记工贸有限公司的鲜花月饼品牌——“潘祥记”的传播方案。主要是基于微信公众号、微博等社交平台，与云南籍艺人杨丽萍合作，开展诸如“醉美人间四月天，孔雀公主杨丽萍带您邂逅潘祥记万亩花海”直播活动①。该活动获得了消费者、自媒体、官方媒体的大量关注与报道。类似的推广活动，一般具有投入相对小、影响力大等特点，尤其适合中小企业开展品牌传播推广。

第四，基于“意见领袖”的网络影响力和在线社交媒体的传播功能，开发“意见领袖”周围消费者，比如他们的“粉丝”，对品牌的响应与认知。最后，进一步依靠“意见领袖”周围消费者的影响，以及在线社交媒体的层层传播功能，开发最广泛的大众消费者对品牌的注意和响应。

移动互联时代，已经有很多领先的企业和品牌，基于品牌塑造的互联网逻辑，很好地贯彻了品牌导向发展模式，进行了成功的品牌塑造和传播。其他的广大中小企业，可以学习这里分析的路径，再参考一些成功企业的案例，制定并实施适合自己的、具有高“性价比”的品牌导向发展道路，培育并塑造强势品牌。

11.5 移动互联时代的品牌生态圈战略

11.5.1 品牌生态圈思想

品牌生态圈是以开放性平台品牌为基础，大量超越产业边界的商业组织与资源连接在一起，共同进行价值创造，彼此形成相互依赖、相互协调和互惠循环的结构化社区关系；不断演化出新的能力和价值，最终实现多方共赢的生态圈集合价值（何佳讯，2017）。品牌生态圈，是数字

---

① 醉美人间四月天，孔雀公主杨丽萍带您邂逅潘祥记万亩花海［EB/OL］. 潘祥记官网，2018-4-23.

化时代，品牌扩大地盘和发展品牌资产的基本途径（卢泰宏，2020）。

早在 1993 年，穆尔（Moore）提出了“商业生态系统”（business ecosystem）的生态圈战略思想；1996 年出版的《竞争的衰亡》，主张“必须共同进化”商业战略（卢泰宏，2020）。上述思想的实践，只有在数字化时代才有可能。实际上，谷歌、亚马逊、阿里巴巴已成功实施商业生态圈战略。马云曾指出：我们从来就不是一个简单的 B2C 公司，我们是一个拥有数百万成员的商业生态系统，包括商家、软件服务商和物流伙伴（曾鸣，2018）。

11.5.2 内在理论基础：共生商业模式

“共生”一词最早起源于生物学领域，1877 年德国植物生理学家弗兰克（Albert Bernhard Frank）首次使用词语“symbiosis”（共生）来描述地衣中真菌与藻类的互惠共生关系。随后，德国真菌学家德贝里（Anton de Bery）在 1879 年首次将共生定义为：共生是一起生活，它暗示了生物体某种程度的永久性的物质联系。可以比较通俗地将共生理解为，为了适应生存，两个或两个以上的个体间建立起来的一种生命纽带关系。随着共生理论的不断发展，源自生物学领域的“共生”思想也逐渐被运用到社会学、物理学、经济学等领域。尤其是在互联网深入发展之后，全球逐渐进入了万物互联状态。大家已经普遍接受共生思想，认为共生是人类社会的基本存在形式。

商业模式就其最基本的意义而言，是指做生意的方法，是一个公司赖以生存的模式，一种能够为企业带来收益的模式。商业模式规定了公司在价值链中的位置，并指导其如何赚钱（Rappa，2004）。共生商业模式就是传统商业模式概念的进一步扩大，它研究的对象不再是单个的企业，而是所有的经济活动参与者。共生商业模式就是共生单元之间为了适应生存需要，主动或被动建立起来的一种长期的、稳定的、双赢的状态；这种模式具有多样融合性、无边界性、系统性、联动性和双生效益性。在这种模式下，共生共赢取代竞争成为主要的生存手段，作为共生单元的企业选择性地加入，或以自己为中心建立一个共生系统，来参与系统之间的博弈。

11.5.3 案例分析

本章节以大米品牌"十月稻田"与"京东"平台的合作，探讨品牌生态圈战略如何落地。之所以选择该案例，是因为该案例的典型性，具体体现在以下几个方面：

第一，"京东"和"十月稻田"两大企业，符合当前我国大多数数字经济和实体经济中企业所面临的现状。"京东"作为我国线上零售巨头之一，在大数据、供应链、人工智能等方面取得了令人认可的成就，掌握着技术的主动权，是当前数字经济的典型代表企业。"十月稻田"作为一个新品牌，代表了我国大多数有待提升建设的品牌。

第二，"京东"和"十月稻田"深度合作背景具有典型性。"京东"和"十月稻田"的合作发生在共生思想已经被普遍接受的数字时代。互利共生而非捕食共生，主导着两者的合作。在当前中国，平台企业通常作为共生商业圈的中心点，向外无边界辐射，几乎所有的企业已经主动或者被动地加入到共生圈中。共生商业模式下互利共生的生存方式，已经受到企业的广泛重视和认同。

第三，"京东"和"十月稻田"的共生效益具有典型性。两者的合作已经取得了可观的共生效益，"京东"依靠"十月稻田"的入驻，获取了巨大的利润收益。"十月稻田"则依靠"京东"的宣传效应、流量引入以及运营管理等优势，从一个名不见经传的小品牌发展到了全国知名的大米品牌。且随着两者共生关系不断升级，双方将在深度合作方面做出进一步的努力，两者共生的成功经验，对其他品牌生态圈战略的落地具有借鉴意义。

“十月稻田”和“京东”的合作始于2010年。那时候，成立之初的“十月稻田”还只是一家集农产品收购、包装、种植销售为一体的初加工企业。在各个城市进行批发零售，是“十月稻田”的最初运营形式，利润微薄。同行对此习以为常，但是“十月稻田”的创始人王兵夫妇，却始终认为这种销售模式太过被动和不稳定。于是一直希望寻找机会突破常态①。2010年是我国电商行业风起云涌的一年，此时恰逢京东首次扩大商品类目，王兵夫妇敏锐地捕捉到了线上经济的红利。当机立断与“京东”展开合作，当同行业的其他企业还在观望的时候，“十月稻田”成了“京东”扩大商品类目后的首批合作企业之一。

在没有任何知名度的情况下，“十月稻田”的第一款大米在“京东”小试牛刀的促销活动后，一天之内就卖出了上千袋，一月不到就卖出了30万袋。这一战绩让王兵夫妇看到了线上经济的巨大商机。于是继续激流勇进，试图进一步投资与京东合作。他们不仅在北京组建了专业的运营团队，还在2011年先后注册了“柴火大院”和“十月稻田”大米商标品牌。在当时我国传统农产品还几乎没有属于自己品牌的时候，“十月稻田”就正式走上了品牌化道路。2013年，为了提高双方的合作效率，“十月稻田”直接将大米放进“京东”的仓储基地，由“京东”负责配送和收款，极大地提高了物流的时效性和客户体验。自此，“十月稻田”和“京东”的共生关系开始产生作用。依靠“京东”巨大的获客能力、超强的营销能力以及全国的物流布局，“十月稻田”的品牌发展驶入了快车道。

2014年5月，“十月稻田”和“京东”的共生再次升级。“十月稻田”打破之前的单纯入驻模式转为“京东”自营模式。为了适应需求的进一步扩大，“十月稻田”在供应链和物流链两端都进行了优化。在供应链方面为了保障产品供应的质和量，在种植、施肥、田间管理等方面，

① 资料来源：十月稻田官网。

由公司的水稻种植专家和农技师进行全程指导与监控。确保“十月稻田”“柴火大院”有机产品绿色安全，并以免费提供稻种与农户签订回收合同的方式，扩大土地签约面积。“十月稻田”依靠“京东”平台提供的流量、营销数据、运营管理等，不断助推产品销售和品牌成长。终于在众多的传统农产品企业中脱颖而出，成为同类产品中的高端品牌。同时，“京东”也通过十月稻田的发展壮大从中获取了利润，并且通过多样性增加了平台生态系统的生命力。

2019 年 12 月 31 日，“京东超市”和“十月稻田”签署了战略合作协议①，双方的共生关系上升到一个新的阶段。未来双方将在精准营销、数据共享、供应链协同三方面展开深度合作。“京东超市”将向“十月稻田”提供相关的销售、营销数据支持。同时“十月稻田”为“京东超市”用户打造更多独家定制款新产品，满足消费者多样化的需求。“十月稻田”也将与京东 TC 物流运输解决方案深度合作，提高供应链效率的同时，进一步提升消费者购物体验。与此同时，双方将共同推进实现“十月稻田”2020 年跨入“京东超市”10 亿元俱乐部，努力实现未来三年京东独家定制款产品销售额增长 500% 的战略目标②。

2020 年 12 月 8 日，京东企业业务与农业品牌十月稻田签署合作协议，双方将进一步深化企业市场合作，共建 B 端专属商品供应链，打造最快 48 小时完成从商品定制到粮食加工的粮食商品采购服务，满足企业客户差异化、多元化的采购需求。

经过 10 多年合作，“十月稻田”与“京东”之间的关系已经由开始简单的入驻、到初步合作、再到现在的共生共赢。两者的深度融合，体现了小企业/小品牌如何积极主动融入平台企业，发展壮大品牌资产的品牌生态圈战略。

截至 2022 年 6 月 17 日，“十月稻田”京东自营旗舰店已有“粉丝”

---

①② 京东超市与十月稻田战略合作，未来三年定制商品销售额增长 500% [EB/OL]. 光明网，2020-1-2.

1509.8 万人。品牌知名度得到极大提升。另外，典型产品“稻花香”大米售价达到约 9 元/斤，品牌溢价已建立起来。要知道“盘锦大米”的平均售价只有约 3.5 元/斤①。

根据京东的 POP 模式（platform open plan）②，自营旗舰店的所有权归“京东”。在 POP 模式下，虽然优质的“十月稻田”大米为“京东”贡献了巨额利润，但两者的共生合作，帮“十月稻田”赢得了品牌知名度、美誉度、品牌溢价等积极品牌资产。

例如，“十月稻田”官方旗舰店（所有权归“十月稻田”品牌方），两者的合作，给“十月稻田”自己的旗舰店也带来积极效应。首先是粉丝量也达到了 77.8 万人③。京东平台为“十月稻田”京东自营旗舰店引入的“流量”（1500 多万的粉丝），一定程度上溢出到了“十月稻田”京东平台的官方旗舰店。另外，在“十月稻田”自己的官方旗舰店上，产品价格和京东自营旗舰店价格保持一致，实现了高的品牌溢价。最后两者的合作，让十月稻田收获了广泛的积极口碑，通过两个旗舰店上用户的高评价分可以看出来。

11.5.4 案例小结

依附于“京东”的品牌生态圈，“十月稻田”品牌获得了长足发展。无论是品牌知名度、美誉度，还是客户忠诚度（品牌资产的三个关键维度）都得到极大提升。两者的合作，给其他企业的启示：

第一，积极地融入平台企业（如京东、天猫），是中小企业打造品牌的一种极具有性价比的战略。前提是产品一定要优质。实际上，众多企业具有优质的产品，比如 10.2 章节总结的辽宁地区具有众多优质的产品。

---

① 资料来源：十月稻田官网。

② 京东自营/POP/SOP/FBP/FCS，傻傻分不清楚？京东入驻模式全介绍［EB/OL］. 搜狐网，2022-7-7.

③ 资料来源：十月稻田官网。

如果能积极主动融入平台企业的生态圈，就可能像“十月稻田”一样，打造强势品牌。事实上，辽宁省朝阳市的杂粮品牌“硃碌科”（代表产品是黄小米），也依托京东平台获得长足发展。截至 2022 年 6 月 17 日，“硃碌科”京东自营旗舰店粉丝数 24.4 万人。代表产品“硃碌科 JOY 有机红谷小米”“硃碌科朝阳绿色认证黄小米”的“用户评价数量”均超过 50 万条、好评度超过 99%，售价也达到了约 10 元/斤的高价。

第二，依托平台企业的品牌生态圈战略，对中小企业而言，本质上，是一种拿短期利润换取长期品牌资产的品牌建设路径。平台企业之所以愿意让小企业加入，是看中了小企业优质的产品和优质产品背后的潜在利润。对于中小企业而言，应该抱着长远的眼光去看待这一表面的“利益损失”。虽然损失了短期的利润，但是通过跟平台企业的合作，通过平台企业引入流量，小企业的不知名品牌，会在发展的过程中快速收获平台赋予的流量、知名度、口碑乃至品牌溢价。“十月稻田”“硃碌科”等都实现了拿“短期利润”换取“长期品牌资产”的目的。

第12章

贯彻品牌导向：地方政府的助推角色

本章从地方政府的角度，探讨政府部门如何发挥助推作用，促进企业贯彻品牌导向发展模式、培育强势品牌，同时促进地方经济高质量发展。

鉴于浙江省在助推企业贯彻品牌导向发展模式、培育强势品牌方面，已经制定诸多实际政策和制度，做出许多有效工作，已经走在了全国各省份的前面。因此，本章以浙江省为例，考察地方政府如何发挥助推角色，促进企业重视品牌、培育品牌、走上依托品牌构建竞争优势的发展道路。①

12.1 引　言

中央政府层面出台的系列战略、颁布的系列文件、实施的举措（如

① 本章所有数据、资料来自：“品字标”团体标准研制流程及要求上线［EB/OL］. 浙江省标准化研究院，2020－1－21.

2017年开始将每年的5月10日设立“中国品牌日”，央视出台品牌强国工程），已经明确表达了重视品牌建设，通过品牌建设引领供给侧结构性改革、提升经济高质量发展的期望。

在中央政府战略和系列文件的指引下，浙江省政府近年来制定了诸多具体政策和文件，如“浙江省发挥品牌引领作用推动供需结构升级工作实施方案”“浙江省委省政府发布制造业高质量发展30条意见”；做出了诸多实际行动，如成立“浙江省品牌建设联合会”，依托该组织开展“浙江制造”标准建设、“品字标”工程建设。浙江省与省内企业开展有效联动，呈现政府鼓励、引导与监督，帮助企业培育并保护品牌的良好态势；在鼓励企业贯彻品牌导向发展模式，走上依托品牌构建竞争优势的发展道路上，迈出了坚实的步伐。浙江省为其他地方政府积极发挥政府助推角色提供了“浙江标杆”。

浙江省政府以标准化战略为导向，制定出“标准化+浙江制造”的“品字标”品牌建设方案。在浙江省品牌建设联合会的运作下，企业通过提升产品质量、提档已有标准，从而创建品牌。坚持以市场为导向、以政府助推为动力，浙江省品牌建设联合会，联合浙江省市场监督管理局、浙江省标准化研究院以及“浙里检”平台，进行产品标准的制定与审批，旨在给予自主创新、质量突出的产品更高的标准认定；搭建政府采购云平台“浙江制造”精品馆、天猫平台“浙江制造”精品馆，旨在为“品字标”产品提供政府权威背书，通过政府公信力保证让消费者买得放心、买得安心。

接下来，具体梳理浙江省在助推企业贯彻品牌导向发展模式、培育品牌上的诸多政策、举措、流程等，供其他地方政府参考。

12.2　组织机构：成立“浙江省品牌建设联合会”

从政府的角度，促进企业重视品牌、贯彻品牌导向发展模式，落实到具体工作上，首先需要有明确的组织机构。对此，浙江省在省委省政府的领导下，在省政府相关职能机构的支持下，在原浙江省浙江制造品牌建设促进会的基础上，于2016年组建成立了“浙江省品牌建设联合会”（以下简称“品联会”）。根据其官网的介绍，该协会是浙江省的一批行业领先企业、高等院校、科研院所、检测和认证机构，共同发起成立的第三方社会组织。

该协会的主要宗旨是：“制标准、提质量、施认证、建标杆、树品牌、促转型”。开展“品字标”品牌建设工程，是该协会的主要工作。具体地，“开展‘浙江制造’质量理论研究、标准制定与宣传、产品认证与监督、品牌培育与保护、宣传推广等工作，不断提升‘浙江制造’品牌的市场知名度与美誉度。”

自2016年成立以来，“品联会”将省内资源整合，通过政府部门的主推、各个组织机构各司其职，营造良好的品牌培育氛围，企业在政府的引导下积极发挥主导作用。品联会持续贯彻产品标准制定与宣传工作、积极鼓励企业构建品牌并对品牌进行保护、为企业进行正面的品牌宣传推广，发挥了促进区域经济发展的重要职能。

需要指出的是，正如企业强势品牌的塑造需要企业战略领导者（CEO、总经理等）发挥关键领导作用一样，浙江省主要领导在鼓励省内企业重视品牌培育、积极参与“品字标”工程建设上，发挥积极的领导和引导作用。如在2020年3月16日，“浙江省委书记在全省制造业高质量发展大会上的讲话”，就明确指出“以品牌引领质量提升，深化品牌大省建设，打响‘品字标’区域公共品牌，加强知识产权保护运用。”再比如，2020年4月21日，“浙江省市场监督管理局领导调研滨江‘品字标’企业”。

没有主要领导的重视，“浙江省品牌建设联合会”难以在不同部门（市场监督管理局、标准化研究院、科研院所等）的协同下有效成立，也难以跨职能地有效开展标准制定、品牌建设工程。

12.3　主要抓手：产品标准制定与贯彻

组织机构成立之后，浙江省近年来依托“浙江省品牌建设联合会”开展的第一项主要工作，就是开展相关“浙江制造”相关标准的制定。

12.3.1　产品标准制定流程

产品相关标准制定流程如图12－1所示。在标准制定方面，“品联会”不同于只以经济利益为核心考量的企业，综合考虑相关方利益，达到多方满意的基础上制定具备：合规性（符合相关法律法规、产业政策以及强制性标准要求）、经济性（指标设置不增加或者少量增加企业成本，不产生新的风险或潜在问题）、可操作性（有检测机构和检测方法，可验证、可核实、可追溯）、先进性（核心技术指标水平达到“国内一流、国际先进”）、必要性（改善消费体验、提升用户满意度为目的，聚焦产品核心质量特性）的“五性”相关标准。

具体的标准制定分为立项、启动、研讨、征求意见、审评、发布六个阶段。在立项这一阶段，在“品联会”秘书处公开征集标准建议时，由相关机构提出标准立项建议，秘书处审查立项建议的完整性及是否与已有标准重复，无误后批量组织答辩会审（形式可以“线上”也可“线下”，每月召开1次），对通过答辩的项目，发布立项计划并在官网予以公示。

启动、即通过答辩的立项计划进入研制阶段。在研制阶段需要牵头制定单位或主要负责起草单位组织研制工作组，在此工作组中，应包含同行、上下游的利益相关方、认证机构等多方共同参与。主要起草单位需要组织生产、销售、研发等流程中的人员参与，其中需包含至少一位

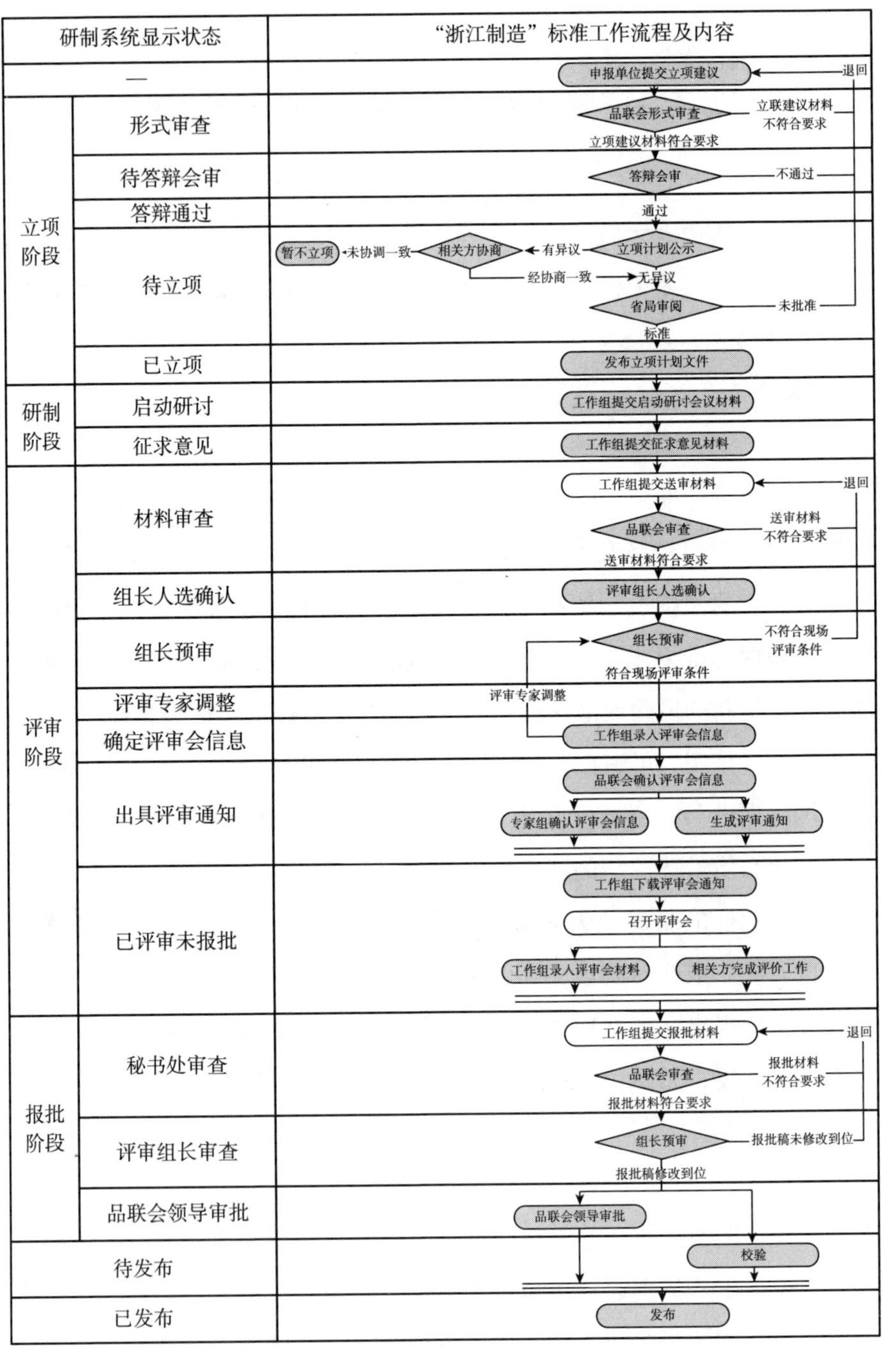

图 12－1 “浙江制造”标准研制流程及内容

资料来源：“品字标”团体标准研制流程及要求上线[EB/OL]. 浙江省标准化研究院，2020－1－21.

高管。研制工作组和主要起草单位需共同组织项目启动会，以标志项目研制工作的启动。

进入研讨阶段，研制工作组以及主要起草单位需要以会议研讨的方式对照国内外已有标准考察产品核心质量特性、对质量要求指标的创新或更改做出合理解释，并确定基本技术要求，从而拟定标准草案及标准编制说明。

研讨阶段结束，项目将进入征求意见的阶段。在此阶段，牵头制定标准的单位或主要起草单位，组织向社会各界公开进行征集意见，期限在30天以上。其中认证机构、检验检测机构和重要下游用户的意见必不可少。由起草单位进行意见的梳理交至工作组进行分析处理，工作组需要对采纳的意见，出具处理结果说明，最终形成标准送审稿。

评审分两步循序进行。首先，工作组需要依照是否符合标准内容的合规性、可操作性、先进性、必要性、经济性的要求，对送审的标准稿进行自查。其次，向“品联会”的秘书处提出标准评审申请并推荐评审专家。秘书处收到申请并进行审查通过后，从“品联会”核心专家推荐评审专家组长，交由秘书长审批。秘书长对组长人选进行调整和审批之后，由评审专家组组长对送审稿进行审阅。待审查通过后，由核心专家成立评审专家组。由秘书处将评审专家名单反馈工作组，再由工作组确定评审时间，经“品联会”批准后，秘书处出具标准评审通知。

接下来，进入评审阶段，根据秘书处在网站上公示的评审通知，各个利益相关方参加评审会议。由专家评审组对审查标准稿提出评审意见，当遇到意见不统一时，通过表决的方式解决，专家组的3/4成员同意即为通过。通过评审的标准，工作组需在一个月根据专家提出的意见进行更改，形成标准报批表。

标准形成的最后阶段——发布阶段。在此阶段，工作组需要向“品联会”的秘书处提交标准报批稿，经秘书处审查和评审专家组长确认意见修改完成后，将标准稿全文发布于“品联会”的官方网站，供社会各界进行阅读。浙江省“品联会”鼓励企业自主参与“浙江制造”标准的制定并使用这一标准，并发布自我声明。在标准颁布后，主起草单位仍需时刻关注法律、法规的变化及时对标准提出修订建议。

另外，针对标准研制的不同阶段，在“品联会”的主导下，还成立了具体工作标准或细则，比如在立项阶段，制定《“浙江制造”标准立项论证细则》，在研制阶段制定了《“浙江制造”标准研制细则（试行）》，在评审阶段和报批阶段制定了《“浙江制造”标准审评和批准发布细则》，都可以在“品联会”的官网上具体查看到详细内容。

12.3.2　政府的深度贯彻

产品标准从立项至发布的全部过程背后，都有浙江省政府的深度贯彻与积极的企业激励政策的支持。众多省内城市政府部门将“浙江制造”品牌建设工作经费纳入政府支出，将推进品牌建设工作划分为市政府的重点工作之一。以浙江省余姚市为例，为了推进品牌建设工作，为当地主持制定“浙江制造”标准的企业奖励5万元，为获得“浙江制造”品牌的企业提供10万元的奖金；同时此类企业具有市里企业奖的优先评奖资格，以及政府在技术开发、市场拓展等方面的优待①。

浙江省品牌联合会在标准制定时，明确提出鼓励企业进行公开的自我声明，就意味着企业需要公布产品的标准内容，以便于发挥市场监督的作用。“品字标”获得授权的方式分为两种，一种是自我声明，即企业签发的产品自主认证。另一种是对产品进行第三方认证，即通过第三方的认定机构根据已有标准对产品进行测试，合格即可获得认证标志。无论是通过何种方式获得认证的企业，消费者与质监局等相关机构都可从“品联会”的官方网站，获得质量标准的全部信息。在“品联会”官方网站的“品牌管理”模块下设的浙江制造标准中，可查询到所有“品字标”

① 资料来源：中共余姚市委、余姚市政府《关于加快“中国制造2025浙江行动”试点示范市建设助推智能经济发展的若干意见》文件。

的标准发布详情，以及标准制定计划发布的通知（内含每次申报的标准名称、各起草单位和牵头组织制定单位详细内容）。

从标准的立项到制定乃至公开，全部可公开可见并供社会各界监督，并郑重声明在“品字标”标准申请的全过程不收取任何费用，让真正优秀的企业勇于申报标准，为企业外部成员展示产品的优势，这是政府引领企业踏出品牌塑造的第一步。

同时各项标准内容的呈现，为敢于创新和企图超越的企业提供了标杆。促进各行业的企业追求深度的自主研发，追求在技术、质量上的更高标准，成为行业的“领头羊”。在此种良性竞争态势下，淘汰通过价格战来获取短期利益的企业狭隘发展思维，倡导通过产品创新和技术革新引领行业发展的新思维。鼓励行业中的各个企业成为推动行业发展、打造国际先进质量产品的“领头羊”。在市场选择与政府推动下，让不同水平的同一类产品划分出相应等级，供消费者根据需求进行选择，激励企业在改革和创新中谋求发展，给予真正的好产品得以展示的平台，为企业打造品牌提供健康的软环境。

12.4　重点内容：公共品牌与企业品牌培育及保护

除了相关标准的制定，“浙江省品牌建设联合会”开展的第二项主要工作，就是帮助企业培育强势品牌。这一步主要包括两项内容：一是打造“品字标”区域公共品牌，奠定为企业品牌开展权威背书的平台影响力和信誉基础；二是依托“品字码”申报工程，积极引领、鼓励、培育企业开展品牌建设。

12.4.1　“品字标”公共品牌建设

在2014年，浙江省就提出“实施标准强省、质量强省、品牌强省战略，打造‘浙江制造’品牌”；2014 年 9 月《关于打造“浙江制造”品牌的意见》正式发布。2016 年 5 月正式发布《“浙江制造”品牌建设三年行动计划（2016—2018）》。在一系列政府战略、文件、政策的引领下，浙江省品牌联合会自 2016 年起开始具体运行“品字标”品牌建设项目。具体以标准为质量提升的驱动力和保障，倾力打造“浙江制造”的品牌，并设计“品字标”为“浙江制造”的品牌标志（见图 12 – 2），提出“世界品质、浙江制造”的主口号和“浙江好产品，认准品字标”的副口号。

图 12 – 2 “品字标”品牌标志

“品联会”试图将“品字标”打造为区域（浙江省）认证机构的品牌，为获得“品字标”的企业和产品进行权威背书。在经过“品字标”认证的产品名称前，会附带品字标的标志。产品的市场认可度同时决定着国内外消费者对“品字标”的信任程度。“品字标”的背书权威度与“品字标”产品的市场美誉度和知名度是密不可分、相辅相成的。因此，想要带动地方企业的发展，需要切实抓企业产品质量、技术革新能力，优先培育领头企业品牌，从而带动区域其他企业与“品字标”品牌的共同成长。

12.4.2 依托“品字码”工程培育企业品牌

为了鼓励企业提升标准、打造品牌，浙江省在“品联会”的运作下，具体开展了“品字码”申报与建设工程。政府从选取、宣传、培育等方面，帮助省内的企业培育与塑造品牌。企业申请“品字码”的流程总结如图 12－3 所示。

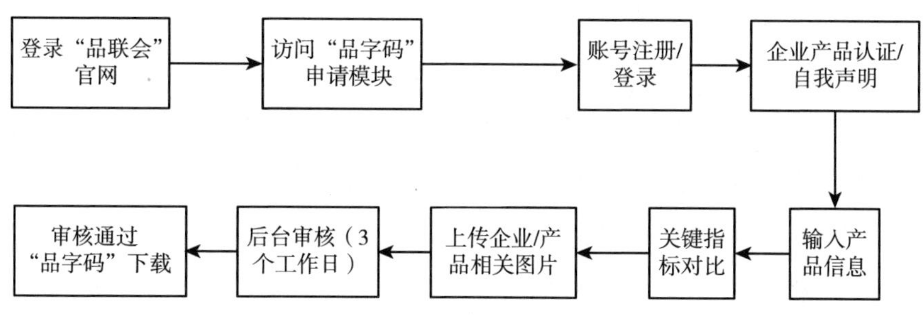

图 12－3　浙江省“品字码”申报流程

品牌的培育是以筛选好的产品为起点的。浙江省内各市政府通过摸底排查，在优势行业及优秀企业中，选取产品过关、技术过硬的产品生产企业，为其制定品牌梯度目标后进行培育。为所培育的企业和行业制定相关的质量提升计划，同时整合该类企业信息建立企业数据库，以便于精准地进行帮扶与监督。在企业满足“品字标”基本条件时，地方政府采取好中择优的方式，努力动员当地优秀企业和优秀产品进入“品字标”标准研制目录，为“品字标”标准贡献企业力量。

“品联会”和地方政府的帮扶，也是企业品牌培育重要的一步。面对众多企业并无品牌意识或是对品牌构建无从下手的情况，“品联会”与地方政府协力帮扶。“品联会”定期组织品牌训练营，培养企业的品牌思维。通过授课、交流的方式，帮助企业解决品牌构建过程中可能出现的问题，并存档于“腾讯视频”，供各企业进行学习。同时地方政府也积极响应，请各地品牌相关的专家走进企业，帮助企业深度解析品牌创建过程中存在的问题并提出解决方案。同时地方政府根据已经构建的企业数据库，派专人定点帮助企业进行标准制定以及申报标准等工作，尽全力鼓励并帮助企业向“品字标”标准靠近。

“品字标”的宣传工作分为两个阶段。前一阶段的宣传对象为企业，在行业协会、企业等地进行“品字标”标准的宣传活动，动员企业积极地参与到标准研制和申报的工作中来，激励企业提升质量以获得高标准的肯定，从而创造良好的品牌创建氛围。

后一阶段的宣传对象为入选“品字标”目录的企业。“品联会”利用线上和线下的各种可用途径，帮助入选“品字标”目录的企业进行宣传。线上的展示主要集中于浙江品牌联合会的官方网站，以及天猫平台“浙江制造”精品馆，对产品的质量标准、认证方式、品牌故事等进行详尽的介绍。

同时，“品联会”还开通了微信公众号，围绕“品字标”入选企业的故事、标准制定，品字标入选对企业的积极影响等，撰写微信软文，依托微信公众号进行推广。打造质量高、技术过硬的标杆企业，供其他企业学习。公众号的“线上展厅”，使得消费者能够直接获取优秀企业和产品的线上商城链接，让真正的好产品通过政府背书的形式，成为消费者的首选。

拥有线上展厅还远远不够，很多优秀企业的产品仅限于视觉感受，无法直击消费者内心。由此，“品联会”还成立线下展览厅。在线下展厅中，参观者在了解产品质量的基础上，获得更多与企业交互的机会，可以体验挥手即开的“老板”油烟机，体验负离子材料成品的与众不同；等等。通过线上与线下结合的方式，全方面展示真正的优品、优企的标准，给予消费者质量保障的同时，激发其对民族品牌、民族企业的信心。同时给予企业创新、攻克各项难关以追求更高标准的决心。

2019 年 9 月 1 日至 30 日，在浙江省相关部门的推动下，中央电视台 CCTV – 1、CCTV – 13《新闻 30 分》栏目插播“品字标”品牌公益广告。另外，浙江省品牌联合会还联合浙江省电视台开启《有请“品字标”》节目的录制，通过电视节目的方式使得消费者有机会了解“品字标”，购买“品字标”认证的产品，相信“品字标”的标准，并承认“品字标”及“品字标”企业的品牌。

12.4.3 品牌保护

在目前的法律法规监管下，仍然有许多企业、手工作坊模仿高品质

产品外形，以次充好扰乱市场秩序的现象发生。因此完善的品牌保护机制，以及相关部门的严格监管，是保证企业放心塑造品牌的基础。浙江省品牌联合会借助浙江省市场监督管理局等多方力量，努力为浙江省优秀企业提供知识产权保护，加大力度净化市场，为“浙江制造”品牌打下良好市场氛围基础。

“品字码”的推出，在很大程度上杜绝了“形似、质量次”的产品破坏好产品形象的情况。“品联会”鼓励企业申请“品字码”，一个“品字标”精品、一张“品字标”证书、一个“品字码”的“一品一证一码”措施的实施，一方面极大程度为消费者辨认商品提供便利，另一方面最大程度地保护了企业的品牌形象。“品字码”印于“品字标”承认商品的包装，通过扫描此码可以清楚获得产品的各项信息，其中包括质量标准、生产厂家等，保证消费者购买到的是货真价实的企业正品。

浙江省各级政府部门，还加大对假冒伪劣产品的惩处力度，推进保护高质量高标准的优品的知识产权工作。网络监管部门以及各实体单位重拳出击，净化区域市场环境。此举为精于研发、重视质量的企业打下强心剂，使越来越多的企业摒弃钻法律漏洞的想法，踏踏实实在产品攻关上下功夫，在良性竞争中引领行业进步。

12.5　积极成效

作为“一带一路”建设的排头兵，浙江省政府组织省内企业进行产品革新，力求提高产品质量博得消费者青睐，从而培养顾客黏性，构建民族品牌。

浙江省品牌联合会与政府各部门通力合作，鼓励并帮助企业进行产品标准的制定，使得已经具有超过目前行业标准的企业进行更高标准的制定。例如，万事利丝绸数码印花有限公司，制造的两面同花色印花丝市的双面丝精度比国际标准高出多个等级，获得“品字标”新标准，在G20峰会上展示时被线上线下的消费者“秒杀”。这一质量过硬的产品赢得市场认可后，企业原本闲置的生产线满负荷运转，销量相比以前提升50%。此外，消费者愿意为优品支付更高的价格。

标准的诞生激励企业敢于展示自己的优品、制定更高标准，以此更加贴近目标消费者的需求。企业依照标准生产优质的产品、消费者愿意为优品买单并主动传播产品的积极口碑。口口相传提升品牌的美誉度与知名度，企业也因此获得更高的产品溢价。同时标准也有标杆激励的作用，对于那些有创新思维的企业，会在产品质量以及附加功能方面进行革新，以谋求更高的标准制定。整个行业在良性竞争下不断推陈出新，制造出国内一流、国际先进的产品并形成品牌，在与舶来品的竞争中也开始占有一席之地。无论是在国内的销售还是通过“一带一路”建设销往他国，都是促进地方区域经济发展的高速引擎。

实际上，根据浙江省品牌建设联合会“品字标品牌宣传册”的介绍：“2018年浙江省‘品字标’企业的主营业务收入约6328亿元，出口交货值1135亿元，增幅达到11%以上，利润总额671亿元，增幅超过16%。2019年上半年，浙江省‘品字标’企业主营业务收入约2841亿元，利润总额343亿元，增幅为9.4%，体现了‘优质优价’的品牌赋能。”

浙江省通过“浙江制造标准建设”“品字标”区域公共品牌建设、“品字码”企业品牌建设“三位一体”的举措，在鼓励本省企业贯彻品牌导向发展模式、塑造强势品牌上迈出了坚实的步伐，并且已经初步取得实际的成效。随着相关标准、公共品牌、企业品牌建设工作的持续推进，相信其会在高质量发展、品牌塑造的全新道路上迈上一个更高的台阶。

浙江省的战略、政策、举措和做出的工作，也为全国其他省份和直辖市积极发挥政府助推角色，引领并切实帮助本地区企业贯彻品牌导向发展模式、培育强势品牌树立了榜样。如果全国其他省、直辖市都能结合本地区实际，进行对标学习与贯彻，将极大地促进中国企业贯彻品牌导向发展模式、培育一批中国强势品牌，促进中国企业走上依托品牌构建竞争优势的高质量发展道路。

第13章

促进企业贯彻品牌导向发展模式的对策建议

贯彻品牌导向发展模式的核心主体是企业，主要内容是重视品牌、将品牌放在企业战略的核心位置，走上依托品牌构建竞争优势、获取超额利润的发展道路。企业微观层面的品牌导向发展模式贯彻，还将在宏观层面支撑质量强国战略目标的实现：促进供给侧结构深度优化、促进中国制造向“中国品牌”和中国创造转变、促进人民升级需要的满足。

与此同时，贯彻品牌导向发展模式、培育与塑造强势品牌，在当前中国经济转型的市场环境下，还面临诸多宏观和微观层面的障碍。本章的目的是从宏观市场环境与微观企业视角，提出促进企业贯彻品牌导向发展模式的对策建议。

13.1 完善声誉机制、打造优胜劣汰的市场环境

如果声誉机制的有效性获得显著提升，再加上政府主导的法律机制，二者有机联动，将使掺假造假、低质生产的企业更容易获得“坏声誉”

的惩罚。与之对应，将使追求高质量、强势品牌塑造的企业更容易获得“好声誉”的激励，并进一步促进其在顾客吸引、市场份额、超额利润上获得正向激励。

那么，应该如何完善市场声誉机制？结合5.2章节的研究结论，应该充分发挥社交媒体赋能下消费者线上惩罚的积极作用。

传统市场环境下，声誉机制所需的权力和信息要件的不完备，导致声誉机制不能有效发挥作用。声誉好的企业得不到市场足够的激励，声誉差的企业得不到足够严厉的惩罚或者被淘汰。在社交媒体发达的情境下，消费者线上惩罚、社交媒体赋能以及二者的交互作用，让“权力要件”更容易满足：某个企业的造假或低劣生产行为一旦被揭露，会招致危机化的绩效或法律后果。

另外，社交媒体赋能还能让声誉机制的“信息要件”更容易得到满足。相比传统媒介环境，社交媒体发达情境下的企业造假信息更容易被揭露和传播。这都会极大地提升声誉机制的有效性：声誉好的企业获得充分的市场激励，声誉不好的企业被严厉惩戒或淘汰。

如果声誉机制的有效性获得显著提升，再加上政府主导的法律机制，二者有效联动，将更容易让假冒伪劣、低劣生产的企业遭遇“坏声誉”的惩罚；与之对应，更容易让重视品牌，追求高质量生产的企业得到“好声誉”的激励。声誉机制完备情形下，声誉机制和法律机制有效联动，抑制低劣行为（劣汰）、促进高质量/品牌塑造行为（优胜）的逻辑（见图13－1）。

在社交媒体发达，并且声誉机制的时间、权力和信息要件完备，声誉机制有效运行的情形下，重视品牌塑造、追求“高标准/高质量生产”的企业，如果秉承“市场导向”（即根据目标顾客的需要和欲望进行研发、设计与生产），将收获“好声誉”，这将进一步使企业在消费者购买欲望、产品/品牌形象、口碑、品牌忠诚度等方面获得积极反馈，进而让企业收获卓越绩效，实现可持续发展。

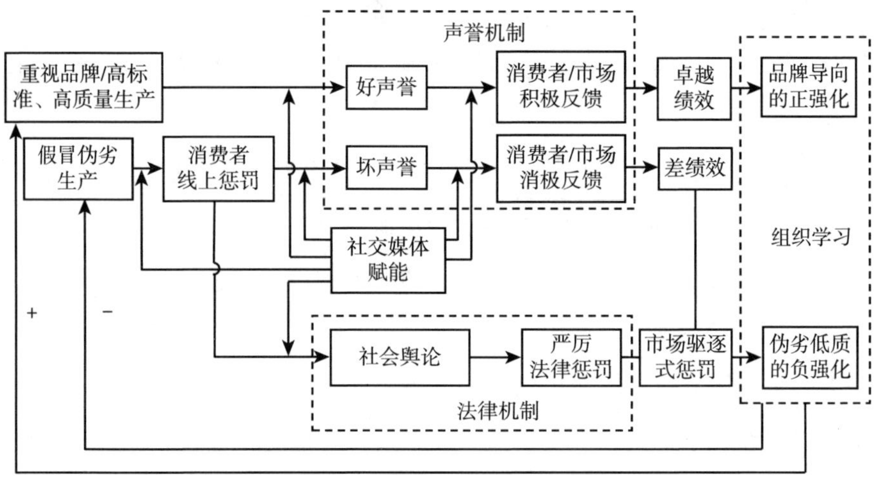

图 13－1　社交媒体赋能、声誉机制完善与优胜劣汰市场环境构建

反之，出于短期“暴利”等诱因，进行“假冒伪劣生产”的企业，在声誉机制完善的情况下会招致消费者的严厉惩罚（如负面口碑传播、抵制），由此破坏其声誉。坏声誉的企业，类似地会在消费者购买、产品/品牌形象、口碑等方面遭受消极反馈，由此使企业遭遇差绩效。如果企业的造假非常严重，通过消费者线上惩罚造成了强烈的社会舆论，还会让企业遭受来自政府监管部门的重点执法和严厉法律惩罚。对于被感知为严重的企业产品造假，会因为糟糕的消费者/市场消极反馈和严厉的法律惩罚，最终叠加为“市场驱逐式的惩罚”。

无论是对于造假或低劣生产的当事企业还是旁观企业，通过一个或多个周期（如以一年为一个周期）的经历或观察，会习得如下心理映像：“重视品牌/高标准高质量生产——好声誉——消费者/市场积极反馈——卓越绩效”；“低质生产——坏声誉——消费者/市场消极反馈——差绩效”；以及“严重假冒伪劣——坏声誉＋强烈社会舆论——消费者/市场消极反馈＋严厉法律惩罚——破产/倒闭”；即深刻地获得崇尚品牌导向、高标准/高质量生产经营的正向强化，以及伪劣低质经营的负强化，则会在后续周期的经营中，强化品牌与质量意识，追求高标准/高质量的生产经营、追求品牌培育与塑造。

发挥声誉机制的广泛治理、配合以法律机制的重点惩戒，是未来一段时期我国营造重视品牌、追求高质量高标准生产氛围的重要工作。社交媒体的快速发展为声誉机制的完善创造了有利条件。为了进一步提升声誉机制的有效性，需要鼓励/保护社会公众依托社交媒体的真实惩罚，同时打击/抑制虚假惩罚行为。

一方面，社会公众依托社交媒体发起或参与的“真实”线上惩罚行为，如造假行为曝光、产品/品牌抵制、负面口碑传播等，应该得到鼓励和保护。要让造假企业，尤其是让恶劣的、影响广泛的造假企业，遭受重大声誉和绩效损失。对此，需要完善对实施真实惩罚行为社会公众的法律保护，创造有利于公众积极“惩恶”的制度环境。

另一方面，任何主体发起或参与的“虚假”或夸大的线上惩罚行为，如恶意的“谣言”“中伤”等，应该被有效地识别、打击和遏制。尤其是虚假的“谣言”不能被有效传播。当然，企业的“小错误”或客观原因引致的错误，也不能被无限放大。对此，需要在现有关于“谣言”“虚假言论”等管控法律法规的基础上，构建企业产品/服务质量相关网络舆论的甄别机制，及时甄别并遏制虚假的、夸大的在线惩罚行为。

一旦建立了完善的声誉机制，崇尚品牌导向、追求高质量生产经营的企业，更可能在市场上收获好声誉（好口碑），低质量或假冒伪劣生产的企业则会慢慢遭遇坏声誉（坏口碑），声誉机制的优胜劣汰作用会有效发挥。需要法律机制予以配合的是，对声誉差的企业进行“重点执法”，促使其快速改正或淘汰。

13.2　培育品牌导向战略思维

当前主流营销管理的基本理念，还是倡导“顾客导向”，即企业应以顾客（市场）为中心，根据顾客的需要，去开发相应的产品和服务，并通过整合营销的方式，为顾客提供价值、满意，以及培育同顾客的长期关系。

顾客导向在指导企业短期内满足顾客需求、更好地吸引与保留顾客方面，是科学的。但是从长期的企业品牌塑造与可持续发展的角度看，顾客导向是有明显弊端的。顾客导向的主要弊端体现在，会使企业过度关注外部的“顾客需要和欲望”，整个企业的发展与管理，被外部的顾客需要与欲望“牵着鼻子走”，这是一种典型的由外至里（outside-in）的管理范式。这在外部市场环境相对稳定的时期，没有什么大问题。但是在市场环境不稳定、消费者需求不断发生变化的环境下，顾客导向的弊端就会凸显出来——被顾客需要与欲望“牵着鼻子走”的发展范式，会导致企业缺乏清晰、一致、长久的产品/品牌识别或品牌价值主张，这不利于企业强势品牌的塑造。

因此，为了培育与塑造强势品牌、构建企业可持续竞争优势的基础，结合第 2 章的研究结论，现代企业应该树立品牌导向的发展战略思维；即战略上重视品牌在构建竞争优势和获取超额利润上的重要作用，策略上重视品牌培育与塑造。现代企业的管理者需要意识到，品牌是企业最重要、最核心的战略资产，塑造强势品牌对企业获得超额利润、对于企业的可持续发展，具有至关重要的战略意义。因此，打造强势品牌成为现代企业最重要的管理目标之一。在外部市场环境不稳定的条件下，企业追求“顾客导向”，不断迎合顾客需要与欲望，不利于企业强势品牌的塑造。

现代战略品牌管理理论认为，强势品牌的塑造，需要企业结合自身优势和企业文化理念，通过持续的资源投入与整合营销沟通，塑造长期、一致、可靠的品牌识别（brand identity）。品牌识别就是品牌渴望创造和维持的一组独特的功能和心理联想；是品牌战略制定者期望创建或维持的目标。通俗地讲，品牌识别可以理解为品牌的身份。这些品牌通过长久的战略资源投入和整合营销沟通，向顾客传达了清晰、一致、可靠的品牌识别。

强势品牌的打造，需要企业围绕一个或几个核心价值主张点（品牌识别点或突出的品牌身份特征），持续、长久地投入资源进行塑造和宣传。而顾客导向倡导的管理范式，则是不断地迎合顾客需要和欲望。顾客需要和欲望改变了，企业的价值主张（品牌识别）也需要跟着改变，因为满足顾客需要和欲望是企业的第一要务。这意味着，在市场环境不稳定的时期（顾客需要和欲望不断变化），顾客导向引领的企业，品牌识别、核心价值主张会不断随着消费者需求和欲望的变化而变化。这显然不利于企业打造长期、一致、可靠的品牌识别（或品牌身份），不利于企业构建强势品牌。

为此，为了贯彻品牌导向发展模式，培育强势品牌，应该树立品牌导向战略思维。企业内部应该根据自身产品优势、资源优势或者独特文化理念，构建明确的品牌识别，然后结合顾客需要和欲望，塑造企业的品牌价值主张。品牌导向范式强调，企业的管理活动应该围绕品牌识别的打造而展开，在品牌的框架范围内满足顾客的需要和欲望。品牌导向本质上反映了基于企业视角的品牌观念，这一观念将品牌作为公司最重要的战略资产，视品牌为企业竞争优势最重要的来源。

品牌导向反映了一种由内至外的发展范式。以品牌为导向的企业，首先根据自身内在的优势以及高层管理者或创业者的理念，塑造品牌识别和品牌价值主张，即搞清楚相比竞争品牌，企业产品品牌的独特卖点是什么、能够为顾客提供什么样的独特价值；在此基础上满足顾客需要和欲望。之后，企业的管理活动围绕品牌识别和价值主张的强化、持续深入人心而展开，这可以理解为强势品牌的塑造过程。最终目标是在市场上打造强势品牌，依托品牌构建企业的核心竞争优势。

品牌导向强调通过持续的品牌识别塑造，去改变消费者的习惯与需求偏好，引领他们的需求。品牌导向的公司不断塑造公司品牌、传递价值与象征意义，引领顾客需求。想要培育强势品牌的企业，必须先树立品牌导向战略思维。

13.3 培育企业战略领导能力

战略领导能力是高层领导者（主要指 CEO、董事长或总裁）描绘愿景、开拓创新、激励培育员工、监控运营以及与下属进行有效沟通的能力，目标是使企业具备必要的战略弹性、创造必要的战略变革以适应不断变化的竞争环境，最终使企业获得持续的竞争优势和卓越绩效。高水平的战略领导能力，指的是战略领导者能够开发令人鼓舞的愿景、将这一愿景有效地传达给下属，并根据愿景制定战略；然后有效地鼓舞、激励下属，使其持续发挥最大潜能，最终带领下属一起实现战略目标和愿景。

在中国，打造具有全球影响力的品牌已经成为政府（尤其是中央政府）高度重视的事情。2016 年 4 月和 6 月，国务院办公厅相继发布了《贯彻实施质量发展纲要 2016 年行动计划》《国务院办公厅关于推动供需结构升级的意见》两份文件。两份文件均明确提出了品牌建设对于产品质量提升、供给侧结构性改革与升级的重要“引领作用”。第二份文件开头直接指出：“品牌是企业乃至国家竞争力的综合体现，代表着供给结构和需求结构的升级方向”。

政府的战略决策最终需要落脚到企业执行层面，才能实现期望的目标。为了培育与塑造具有影响力的品牌，企业层面的第一要务，就是要培育战略领导能力。第 5 章的实证研究揭示，企业高层管理者的战略领导能力能够决定企业的品牌导向程度。另外，正如品牌管理领域知名学者何佳讯在卡普费雷尔所著《战略品牌管理》（第五版）的推荐序里所言，“从中国企业的普遍情况来看，品牌战略要在企业真正落地生根，建立领导地位，通常无法由市场营销部门操作实现，而是要由企业高管亲自领导发起，否则就无法在整个企业层面建立品牌战略。”

事实上，分析中国具有较强国际影响力的品牌，比如海尔、华为、阿里巴巴，“它们的共同之处在于企业领袖在公司品牌建立和发展中贡献卓越，赋予了公司品牌的灵魂，并体现在顶层战略、公司治理、管理模式、研发和创新等这些看起来不属于市场营销范畴的方面”（何佳讯，2020）。

因此，为了贯彻品牌导向发展模式，培育与塑造具有影响力的品牌、贯彻品牌导向战略，企业的中高层管理者应该在树立品牌导向战略思维的基础上，提升品牌战略领导能力。具体地，应该开发鼓舞人心的品牌愿景，并传达给员工，激励其发挥最大潜能；还要根据品牌愿景制定企业发展战略，带领员工实现企业的品牌目标和愿景；领导者要把品牌导向思维理解为企业发展的一种战略，将品牌作为资源和战略的中心；在日常运营中，要向员工培训、传达清晰、一致的品牌理念，促使员工做出品牌支持行为。之后再由内至外，逐步塑造清晰、一致、稳定的品牌识别和形象。

13.4　破解中小企业品牌化障碍的具体建议

13.4.1　企业资源障碍的应对策略

相对于实力雄厚的大型企业，中小企业普遍面临各类资源不足的问题，这也是其开展品牌建设的重要障碍。但需要指出的是，结合第6章的研究结论，品牌建设不是专属于大型企业，面临资源障碍的中小企业也可以通过具有性价比的方式开展品牌建设。面临资源障碍的中小企业，可以通过如下低成本且有效的营销推广方式，打造品牌，构建品牌与顾客之间的积极关系。

13.4.1.1 充分利用新媒体营销传播渠道

很多中小企业营销观念薄弱，营销模式传统落后。在当今的移动互联网时代，单一陈旧的品牌推广渠道，已经不能适应和满足当下的企业发展需求。随着生活节奏的加快，移动互联网高速发展带来的信息爆炸，消费者被海量的各类商业信息包围，越来越难以集中注意力持续关注某一事物，消费者的消遣、娱乐、购物方式，也随着互联网的发展变得日益多样化。在这样的背景下，“短视频时代”“网红直播时代”应运而生。

这样的环境不只是更好满足当代消费者的生活与娱乐，也为中小企业开展品牌建设提供了新的沟通渠道。以短视频营销推广为例，这一推广模式以简短的视频内容，突出产品或品牌的特点，形式新颖、视频个性化，更好地迎合年轻群体的心理特点。

另外，在“网红经济”快速发展的背景下，“网络红人”因为其自身拥有庞大的粉丝群体，能够获得大量的社会关注，并且创造巨大的经济效益。这些“网红博主”来自各个领域，通过微博、抖音等视频平台与企业合作，利用其粉丝效应推广产品与品牌，为企业“带货”以及获取收益。同时，相较于传统的电视媒体传播渠道，网红代言、短视频推广等新兴传播方式，具有成本相对低、实施简单、传播力强等优点。

中小企业运用新媒体传播渠道，开展品牌塑造与传播的具体方式可以是，第一，结合自身品牌与产品的独特“卖点”和形象，寻求与其品牌特征相契合的短视频达人、网络红人、自媒体 Vlog 创作者等，与其开展有效合作。通过短视频、社交媒体直播等方式，有效传播品牌识别和形象，打造品牌的市场认知和影响力。比如，辽宁省农业资源丰富，农业物产众多，相关产品的生产经营企业（一般为中小企业），就可以与“三农”领域自媒体创作者合作，借助创作者自身农业标签和形象，强化消费者对产品和品牌的认知与信赖。

第二，中小企业还可以在各大公共社交媒体（如微博、微信、今日头条）创建自己的官方账号，成立品牌运营专人团队，负责各大社交平台账号的维护与品牌传播工作。中小企业要充分利用这些平台，定期发布品牌、产品相关的推广视频或软文内容，传播品牌识别与形象。此外，中小企业还可以自主依托社交媒体，发起相关品牌推广活动，比如一些理念较为先进的中小企业开展“抖音挑战赛”等，通过这样的活动构建消费者对品牌的认知与情感。

移动互联时代，一些中小企业已经成功利用新媒体营销推广，快速发展具有一定市场认知度与影响力的品牌。比如，“喜茶”从一家广东江边里小巷的茶饮店，发展到连锁店遍布全国的茶饮品牌，离不开新媒体营销推广渠道的助力。充分利用各类移动互联网社交平台，“喜茶”这一品牌不断出现在消费者的视野中。同时，“喜茶”年轻化的产品形象，符合新媒体社交平台年轻人群的喜好，也提高了平台用户对其品牌的关注度。“喜茶”抖音大赛，更是激发了消费者“不喝就落伍”的想法，在短视频平台的点击率和曝光率激增。新媒体营销推广渠道，降低了中小企业品牌塑造与推广的成本。有效利用这些新兴渠道，会有助于解决中小企业品牌营销手段单一、互联网营销推广不足、缺少被社会认知的渠道等品牌化障碍。

13.4.1.2　充分利用线上电商渠道开展品牌推广

比如，“硃碌科”是辽宁省朝阳市的杂粮品牌，其在京东电商平台的旗舰店有25.2万的“粉丝”关注量（截至2023年6月13日）[①]。到2021年6月28日，“线上销售硃碌科黄小米已累计超过700万公斤”[②]。品牌的成功塑造离不开值得信赖的产品，更离不开与京东平台的合作营销推

---

① 资料来源：“硃碌科”京东旗舰店查询获得。

② 资料来源：建平这家电商火了！不到30小时卖出50多吨小米［EB/OL］. 搜狐网，2021－6－28.

广。“硃碌科”品牌与京东平台联名推出了一系列“京东 JOY 联名款”杂粮产品。同时，有机红谷小米等热销产品，加入了京东的溯源体系，在每一袋产品包装上都贴有溯源二维码，消费者可以通过京东 App 扫描二维码了解产品批次号、种植基地、加工工厂及国家有机证书等溯源信息。

与大型电商平台的有效合作与推广，将是中小企业开展品牌塑造与推广的有效且具有性价比的策略。

13. 4. 1. 3 推动中小企业集群化发展

针对广大中小企业，为了破解品牌塑造的资源障碍，还需要政府部门积极推动相关产业和企业的集群化发展。为中小企业降低成本，一定程度上能够缓解中小企业资源匮乏的难题。优势品牌的打造与规模经济密不可分，中小企业生产规模小，单件产品生产成本高。中小企业实现产业集群化发展，能够提高社会生产效率。在政府的引导下，合理规划产业集群，可以帮助中小企业有效降低生产经营成本，腾出资金开展品牌培育与塑造。

13. 4. 2 品牌专业知识障碍的应对策略

大型企业对优秀人才的吸引力远远强于中小企业，大型企业能够为专业人才提供更优厚的福利。这客观上导致中小企业员工学历水平不高、品牌建设专业人才短缺等问题。第 3 章的研究表明，中小企业面临的品牌专业知识障碍程度更高。针对品牌专业知识障碍，中小企业应该重视专业人才的培养及关于品牌建设知识和技能的员工培训。

中小企业需要围绕企业的品牌战略，制定本企业的人力资源规划，在招聘及甄选环节，重视品牌相关专业人才的聘用。在培训环节，应该充分与高校合作，培养品牌建设专业人才及培养品牌管理专业团队。另外，在绩效评估与薪酬环节，应该积极制定长期导向的绩效评估指标，

避免评估指标主要指向短期利润和销售量等短期指标。关注短期指标，会使员工忽视对企业长期发展有利的品牌相关指标和工作。

此外，政府相关部门对此可以发挥积极作用，比如定期举办面向中小企业的品牌建设研讨会、论坛、讲座，以及品牌建设专业知识学习班等。邀请品牌研究领域资深专家、知名品牌企业家、大学营销专业教授，为中小企业讲授品牌建设与管理专业知识。通过品牌专业知识的培训，一定程度上解决中小企业品牌建设人才不足且缺少学习途径的困境。

13.4.3　管理者观念障碍的应对策略

针对管理者观念障碍，需要中小企业管理者及时转变陈旧观念，培养品牌战略意识。要认识到，中小企业也可以开展品牌建设，走上依托品牌建设构建竞争优势的发展道路。当前的移动互联时代，社交媒体的兴起，为中小企业开展品牌建设提供了诸多新的路径和传播渠道。中小企业也可以依托这些新渠道，以非常具有性价比的方式开展品牌建设。

比如，2015 年才创立的鲜花电商 B2C 平台——“花点时间”，依托线上分销和传播渠道开展经营与品牌建设，现在已经成为国内鲜花市场，具有较高市场认知和影响力的品牌。再比如，2015 年才创立的“乐纯”酸奶，起步于北京三里屯一个只有 35 平方米的小工厂，创业两年之内销售便突破了 10 亿元①；现在广泛进驻米其林餐厅、世界各大五星级酒店、各大高级进口超市。在创业时，创业者就秉承品牌导向的发展模式，重视品牌建设与塑造，依托品牌架构企业战略与组织结构，据此在酸奶市场上构建了竞争优势。然而，这一切的业绩和优势，离不开移动互联网，尤其是离不开基于移动互联网的新兴线上传播渠道的支撑。

所以，中小企业的管理者需要从落后的生产观念、产品观念，向以

---

① 张思萱，周宁，韩小汀，等．从一盒酸奶到食品王国：乐纯的精益创业之路［J］．清华管理评论，2021，90（4）：109－117.

顾客为中心，通过品牌塑造引领和满足顾客需要的经营理念转变。首先应该重视对市场和消费者需求的研究和理解，从顾客需要出发设计产品、包装产品。一些中小企业往往在一项产品获得好的市场反响后，便停滞不前，不再对产品开展进一步的研发，继续创新。比如，“双喜”作为沈阳市曾经的知名品牌，生产了中国第一台高压锅，并且出口国外，曾经品牌也享誉全国。然而，现在已经被“苏泊尔”“美的”等后起之秀赶超。主要原因是管理者还停留在产品观念，认为产品质量好就能满足市场需求，陈旧观念使其失去了品牌塑造的可能与发展的机会。

管理者观念障碍的克服，除了自身意识到品牌对企业长期发展的重要性外，也离不开政府的引导。地方政府部门应该积极响应国家品牌战略的号召，承担起帮助中小企业转变观念、树立品牌意识的责任。比如出台鼓励中小企业品牌塑造的支持政策，再比如定期举办中小企业品牌建设交流会、品牌建设专业知识讲座、举办类似“品牌强国”盛典等活动。通过政府部门的引导举措，让中小企业管理者认识到品牌和品牌战略的重要性。

13.4.4 名利型创业动机障碍的应对策略

秉承名利型创业动机的创业者，在经营中“老板”意识强，更关注短期利益的实现。名利型创业动机障碍的克服，需要中小企业创业者或创业团队，由名利型动机向成就型创业动机转变。

创业者应该认识到能够实现长久经营、百年不衰的企业，都是具有长远眼光，不局限于眼前短期利益的企业。长期战略资产（如品牌）需要投入大量的人力、物力和时间去培育。“百年老店”持续经营，离不开创业者的专注和投入，仅仅关注短期收益，会使中小企业忽视提高自主创新能力、阻碍企业技术更新和研发投入。尽管短期内，秉承名利型创业动机的创业者，可能会抓住一个或几个“商机”赢得市场青睐，企业

产品短期内受到消费者的追捧；但长期来看，缺乏持续技术研发投入和创新的产品和服务，一定会被竞争者模仿，而使企业失去竞争优势。这也是为什么中小企业存续寿命非常短的重要原因。

中小企业创业者应该重视企业长期资产培育，经营过程中关注长期导向的评价指标。改变只关注短期收益的行为。重视品牌培育，关注长期导向的经营指标，持续投入资源于技术创新与产品研发，中小企业才可能走上可持续发展之路。秉承长期导向，摒弃名利型的创业动机，创业者才可能实现企业长期发展和自我价值，而不是昙花一现。

当然，高校商科的专业教育，尤其是“创业管理”课程或专业的教育，有助于创业者创业动机的转变。在当前大力推广“创新创业”的大背景下，通过进一步提升创新创业教育水平，扩展创新创业教育覆盖范围，有助于扭转创业者的名利型创业动机，克服创业动机的障碍。

13.5　宏观政策建议

13.5.1　给予“品牌建设”如同“技术创新”一样的政策支持

“微笑曲线理论”以及企业实践已经说明，强势品牌贡献的附加值与技术创新一样高。因而各级政府部门，需要破除品牌相关的“思想观念短板”，应该从战略上认知到，跟“技术创新”一样，“品牌塑造”同样是企业“竞争优势”和“超额利润”的重要来源。从宏观经济发展的角度，“品牌建设”在促进经济高质量发展上，具有与“技术创新”同样的作用。因而，政府应该像支持企业“技术创新”一样，支持和鼓励企业的品牌塑造。具体可参考《高新技术企业认定管理办法》等政策，出台支持与奖励企业，尤其是中小企业品牌塑造的政策。

事实上，近年来经济发展较快的省份，品牌建设工作做得都非常出色。一直比较优秀的如浙江省，仅宁波市就有诸如“奥克斯”“得力”“方太”“公牛”“雅戈尔”“太平鸟”“杉杉”“海天”等强势品牌。近年来，发展较快的如河南省，有“宇通客车”“三全”“双汇”“王守义”“好想你”“卫龙”“思念”等强势品牌。“奥克斯”一家企业2018年的产值就达到860亿元；“双汇”2018年则达到489亿元①。

经济相对欠发达的省份，重视品牌建设、促进企业贯彻品牌导向的发展模式，是促进经济转型、寻求高质量发展的重要依托。以辽宁省为例，《2019中国品牌500强》榜单中，辽宁省只有“华晨汽车”（排名第166）和“桃李面包”（排名第357）两个品牌上榜。事实上，辽宁省并不缺好产品，仅以“中国国家地理标志产品”为例，辽宁省就有85个。比如桓仁冰酒、岫岩玉、阜新玛瑙雕、盘锦大米、盘锦河蟹。另外，辽宁省还有一些历史上非常优秀的老字号品牌（如“八王寺”“老龙口”），仅“中华老字号”辽宁省就有34家。除此之外，法库的瓷砖、营口的钢琴、丹东的手表、葫芦岛的泳装，等等，都具有良好的发展基础。然而，众多辽宁省“好产品”由于缺乏强势品牌，导致在市场上缺乏竞争力，市场份额有限，企业利润也非常有限。针对辽宁省各类“好产品”，如果能培育一批强势品牌，将极大助力辽宁省经济转型和高质量发展目标的实现。

具体可以设想一下，辽宁省如果能培育一批强势品牌，将为辽宁省经济高质量发展带来何种积极影响。以“盘锦大米”为例，根据公开资料，盘锦大米年产量约70万吨，产值约49亿元，折算之后平均约3.5元一斤②。经营盘锦大米的企业，如果能培育一个或几个强势品牌，再结合盘锦大米本身的优质特点，价格完全可以卖到10元/斤以上。结合当前消费升级的大背景，只要能够培育让消费者产生积极心理联想的强势品牌，“盘锦大米”完全可以实现这一点。实际上，据新浪网的公开报道，

① 双汇489亿、思念69亿、花花牛13亿……2019河南民营食企属他们最强［EB/OL］. 网易，2019-9-13.

② 稻田养蟹“第一人”的稻蟹双收梦［EB/OL］. 中国新闻网，2020-8-5.

2015年部分中国游客赴日本购买的大米，实际上是“盘锦大米”，但价格是中国市场售价的25倍①。如果价格能翻3倍，仅“盘锦大米”的产值就能增长到目前的3倍以上，增加100亿元产值②。再扩展到辽宁省85个“国家地理标志产品”，以及其他传统优势制造行业的产品。如果都能培育一个或几个强势品牌，保守估计，一年能让“辽宁制造”的产值增加1000亿元。对照2019年的GDP总量（2.49万亿元），那将为辽宁省的GDP年增长率再贡献约4个百分点③。更关键的是，强势品牌的市场影响力是持续和长久的。

13.5.2　强化政府主导下的品牌战略相关培训

要让企业贯彻品牌导向发展模式，首先需要让企业高层管理者，在“思想观念”上树立依托“品牌”构建竞争优势的发展观念。以辽宁省为例，政府下设相关机构，如辽宁省生产力促进中心、辽宁省社会科学界联合会、中共辽宁省委党校，可专门围绕“品牌战略”“品牌建设”等议题，对企业高管人员持续开展专题培训。培育高管人员品牌战略意识、提升品牌管理专业知识水平。

13.5.3　树立先进典型、打造学习标杆

贯彻品牌导向发展模式，重视品牌建设，浙江省、上海市、广东省等地区已经走在了前面。根据第13章的分析，浙江省已经在组织管理结构（浙江省品牌建设联合会）、品牌相关标准制定、“浙江制造”认证申请、“品字标”（浙江好产品）申请、相关政策制度制定、“品字标”产

① 中国游客天价购买日本大米 实为辽宁盘锦出口［EB/OL］．中国经济网，2015－2－28.
② 资料来源：根据“估计价格增量”乘以盘锦大米2019年“实际产量”估算获得。
③ 辽宁省2019年GDP数据来源于国家统计局，4%增量根据1000亿元除以2.49万亿获得。

品线上展示等品牌管理相关工作上，迈出去了一大步。这些相关标准、政策、制度、工作流程、认证、申请等工作的落实，将大力促进浙江省内相关企业的品牌培育与塑造。可以说，在鼓励企业贯彻品牌导向发展模式，鼓励企业重视与培育品牌方面，浙江已经远远走在了前面。

从中央政府的层面，可以考虑将浙江的做法作为先进的典型或标杆，供其他省份参考学习。从其他地方政府的层面，则需要学习浙江经验和做法。以辽宁省为例，新一轮的东北振兴和高质量发展，贯彻品牌导向发展模式，重视企业的品牌培育与塑造工作，显得格外重要。因此，尤其需要深入学习浙江经验，成立省级品牌建设联合会或促进会等机构。然后针对辽宁省占有优势的产品，比如中国地理标志产品，传统制造业优势产品，依托省级品牌建设联合会树立“辽宁制造”品牌，制定“辽宁制造”标准，并开展“辽宁制造”认证。积极助力辽宁省企业的品牌塑造。

13.5.4 重视品牌管理专业设置与人才培养

站在政府的角度，还应该重视高等院校品牌管理相关专业的设置，重视品牌管理专业人才的培养。在现行的高等院校专业设置体系下，品牌管理只是“市场营销”专业下面的一门课程或者一个研究方向。专业设置上缺乏品牌管理专业，人才培育上也缺乏品牌管理专业的本科生、研究生的培养。

为了强化中国企业的品牌培育与塑造工作，需要高度重视品牌管理专业人才的培养。在市场制度环境日益完善、市场竞争日益激烈，传统竞争优势难以获取的未来市场环境中，品牌培育与塑造将日益重要。品牌管理专业人才的缺失，将严重阻碍企业的品牌建设，宏观层面也将阻碍中国强势品牌的塑造。在我们前期关于企业品牌培育障碍的研究中（详见第5章5.1节）也发现，众多中小企业的管理者已经具有一定的品牌战略意识，希望走上通过品牌塑造构建竞争优势的发展道路，但是企业缺乏品牌管理能力和人才。一些管理者试图借助外部力量（比如广告公司），发现外部力量在品牌管理上也“不专业”。

可以预测，随着国家层面对品牌战略的重视，随着强势品牌塑造对企业构建竞争优势重要性的日益凸显，在未来的5~10年甚至20年，中国企业对品牌管理专业人才的需求将大大增加。我国高校目前的工商管理类专业体系设置和人才培养，不能够满足企业未来对品牌专业管理人才的需求。因此，现在亟须在政府部门的引领下，增加“品牌管理”专业设置，重视品牌专业本科生、研究生的培养。

13.6 给辽宁省的建议：突破思想观念短板，塑造辽宁强势品牌

笔者作为工作在辽宁省的研究人员，最后专门针对辽宁地区企业树立品牌导向，塑造强势品牌提出一点建议。

13.6.1 强势品牌是地区经济高质量发展的标志

国际知名品牌研究学者库马尔和斯廷坎普在著作《品牌突围》中指出：“从历史上看，一个没有多个全球品牌的国家是无法发展成为发达经济体的。”类似地，一个没有多个全国性强势品牌的地区、是不能称之为发达地区的。一个地区经济高质量发展的标志，是有一批强势企业品牌作为支撑。

从单个企业视角，强势品牌承载了高质量产品和高品质服务的承诺，还承载了消费的情感与象征价值，是企业赢得消费者信任的关键，也是企业构建长期竞争优势的有力支撑。强势品牌有助于企业拓展新的业务，

寻求新的增长点；有助于企业在整个供应链上谋求主导地位；还有助于企业不断吸引和维系优秀的员工。简言之，培育强势品牌是一个企业由大到强的必经之路，培育一批强势品牌是一个地区经济转向高质量发展阶段的标志。

13.6.2 辽宁省不缺好产品、缺强势品牌

2021 年 10 月下旬，通过走访调研“新松机器人”“东软医疗”“老边饺子”“龙山泉啤酒”“沈阳国际软件园”“北方实验室（沈阳）股份有限公司”“风驰软件”以及“辽商总会”等企业和机构；再加上前期对“八王寺汽水”“盘锦大米”“法库瓷都”“葫芦岛泳装”，以及辽宁获得“中国地理标志产品”称号的农副产品的研究。我们形成一个共识：辽宁省不缺好产品，甚至不缺好技术，辽宁省急缺强势品牌。

无论是“老字号”如“老边饺子”“八王寺汽水”，“新字号”如“新松机器人”“风驰软件”，还是农业领域的“原字号”如“盘锦大米”“丹东草莓”，辽宁省都有顶尖的产品。然而在“中华全国工商业联合会”发布的《2021 中国民营企业 500 强榜单》中，辽宁省只有 4 家企业入围。另外根据“中国品牌价值研究院”发布的《2021 年中国最具价值品牌 100 强》榜单，辽宁省只有“万达”和“盼盼”2 个品牌入围。依托强势品牌塑造，做大做强辽宁省好产品、好企业势在必行！

13.6.3 管理者“思想观念短板”是掣肘辽宁省强势品牌塑造的主要障碍

通过深入调研，我们发现，掣肘辽宁省强势品牌塑造的主要障碍，是辽宁省民营企业“掌舵者”（或“老板”）普遍存在的品牌塑造“思想观念短板”。其主要表现为：一是企业经营使命上，存在“小富即安”的

思想，为社会做“大事业”的使命感不强；导致企业做大做强的“内生动力”不足。二是企业经营的战略思维上，品牌战略意识不足，缺乏通过强势品牌塑造构建企业长期竞争优势的战略理念。由于存在“小富即安”思想、做大做强“内生动力”不足，导致“老板们”没有动力去做培育长期竞争优势的投资——塑造强势品牌。然而，国际上“Interbrand全球最佳品牌榜百强”，国内“中国最具价值品牌100强”，哪家不是通过强势品牌塑造成为国际或地区的行业霸主？三是企业管理的专业知识上，无论是品牌管理、公司治理，还是其他管理职能方面，都缺乏现代化管理专业知识。导致的结果是：部分企业“想做品牌但不知道该怎么做”，部分老板“想依托资本做大、但又害怕被资本给吃掉”，还有部分老板“想做市场宣传，但不知道从何下手”……

13.6.4　培育“接班人”、突破辽宁品牌塑造的思想观念短板

国内品牌研究权威学者之一，华东师范大学何佳讯教授提出的“中国企业品牌战略从顶层设计开始”的思想，明确指出企业“掌舵者”的思维决定企业的品牌战略。只有“掌舵者”具有品牌战略思维，企业才可能真正重视并实施品牌发展战略，依托品牌构建竞争优势。

作为“创业一代”的辽宁省诸多民营企业老板们的思想观念中，普遍缺乏品牌战略思维，缺乏依托强势品牌塑造成就一番伟业的使命感。想要通过有限的培训或讲座改变他们的思想观念比较困难。站在政府部门的视角，想要突破辽宁省企业品牌塑造的思想观念短板，着力培养辽宁省民企的“接班人”可能是一条可行路径。相比上一辈创业者，“接班人”相对年轻，思想活跃。通过政府高校联合的系列培训，可以有效培育他们的品牌导向战略思维、企业使命感与愿景，以及现代企业管理知识体系。凭此可能在不久的将来，突破辽宁省民营企业品牌塑造的思想观念短板，促进辽宁省塑造一批强势品牌，最终助力辽宁省经济高质量发展目标的实现。

参考文献

[1] 艾·里斯，杰克·特劳特．定位：争夺用户心智的战争［M］．顾均辉，译．北京：机械工业出版社，2019.

[2] 安贺新，李喆．中华老字号顾客体验管理问题研究［J］．管理世界，2013（2）：182－183.

[3] 彼得·德鲁克．管理的实践［M］．齐若兰，译．北京：机械工业出版社，2009.

[4] C. W. 帕克，黛博拉·麦金尼斯，安德烈亚斯·艾森格里奇．品牌崇拜［M］．周志民、张宁，译．北京：华夏出版社，2019.

[5] 曹琳．地理标志产品的品牌化机制与策略研究［D］．济南：山东大学，2012.

[6] 陈绘，魏梦姣．“老字号”品牌形象设计的创新模式探索［J］．东南大学学报（哲学社会科学版），2014（6）：75－79.

[7] 陈洁光，黄月圆，严登峰．中国的品牌命名——十类中国产品品牌名称的语言学分析［J］．南开管理评论，2003（2）：47－54.

[8] 陈瑞，陈辉辉，郑毓煌．怀旧对享乐品和实用品消费决策的影响［J］．南开管理评论，2017，20（6）：140－149.

[9] 陈世清．什么是供给侧改革?［N］．求是网，2016－01－04. http：//www. qstheory. cn/laigao/2016－01/04/c_1117654493. htm.

[10] 崔保军．食品行业产品伤害危机的社会危害与政府治理机制更新［J］．华东理工大学学报（社会科学版），2015，30（1）：37－47.

[11] 崔世俊. 内蒙古羊肉地理品牌问题研究 [D]. 呼和浩特: 内蒙古农业大学, 2012.

[12] 戴维·阿克, 王宁子. 品牌大师 [M]. 陈倩, 译. 北京: 中信出版集团, 2019.

[13] 杜创, 蔡洪滨. 差异产品市场上的声誉锦标赛 [J]. 经济研究, 2010, 45 (7): 130 - 140.

[14] 杜丹清. 互联网助推消费升级的动力机制研究 [J]. 经济学家, 2017 (3): 48 - 54.

[15] 方正, 杨洋, 江明华, 李蔚, 李珊. 可辩解型产品伤害危机应对策略对品牌资产的影响研究: 调节变量和中介变量的作用 [J]. 南开管理评论, 2011, 14 (4): 69 - 79.

[16] 方正, 杨洋, 李蔚, 蔡静. 产品伤害危机溢出效应的发生条件和应对策略研究——预判和应对其它品牌引发的产品伤害危机 [J]. 南开管理评论, 2013, 16 (6): 19 - 27.

[17] 菲利普·科特勒, 瓦得马·弗沃德, 等. 要素品牌战略: B2B2C 的差异化竞争之道 [M]. 上海: 复旦大学出版社, 2010.

[18] 费威. 探寻我国农产品区域品牌标准化建设有效路径 [N]. 经济日报, 2020 - 03 - 16 (012).

[19] 冯胜利. 论汉语的"韵律词"[J]. 中国社会科学, 1996 (1): 161 - 176.

[20] 高日光, 孙健敏, 周备. 中国大学生创业动机的模型建构与测量研究 [J]. 中国人口科学, 2009 (1): 68 - 75.

[21] 葛志荣. 大力实施品牌战略, 努力建设质量强国——学习李克强总理《政府工作报告》的体会 [J]. 中国品牌, 2017 (4): 34 - 35.

[22] 郭斌. 我国彩电产业的价格竞争、价格战与产业绩效 [J]. 中国工业经济, 2001 (7): 55 - 60.

[23] 郭欣. 中华老字号的品牌复兴策略探析 [J]. 企业经济, 2009

(9)：58－60.

［24］郭彦．怀旧文化构成维度对老字号品牌资产的影响机理及传承策略［D］．东华大学博士学位论文，2017.

［25］何佳讯，才源源，秦翕嫣．中国文化背景下消费者代际品牌资产的结构与测量——基于双向影响的视角［J］．管理世界，2011（10）：70－83.

［26］何佳讯．长期品牌管理［M］．上海：格致出版社，2016.

［27］何佳讯，李耀．品牌活化原理与决策方法探窥——兼谈我国老字号品牌的振兴［J］．北京工商大学学报（社会科学版），2006，21（6）：50－55.

［28］何佳讯．品牌的逻辑［M］．北京：机械工业出版社，2017.

［29］何佳讯，秦翕嫣，杨清云，王莹．创新还是怀旧？长期品牌管理“悖论”与老品牌市场细分取向——一项来自中国三城市的实证研究［J］．管理世界，2007（11）：96－107.

［30］何佳讯．消费行为代际影响与品牌资产传承研究述评［J］．外国经济与管理，2007（5）：47－53.

［31］何佳讯．战略品牌管理［M］．北京：中国人民大学出版社，2021.

［32］胡晓红．家庭沟通模式对儿童消费行为的影响综述［J］．学术研究，2006（10）：48－52.

［33］胡颖廉．国家食品安全战略基本框架［J］．中国软科学，2016(9)：18－27.

［34］胡颖廉，慕玲．超越监管看安全：国家药品安全治理体系构建［J］．中国行政管理，2017（6）：115－120.

［35］胡正明，王亚卓．农产品区域品牌形成与成长路径研究［J］．江西财经大学学报，2010（6）：64－68.

［36］黄磊，吴朝彦．B2B品牌导向对品牌绩效的影响机制研究：供

应商资源投入的关键作用［J］. 管理评论，2017，29（9）：181－192.

［37］黄磊，吴朝彦. 供应商组织知识对品牌导向的影响——基于产业制造行业数据的实证检验［J］. 企业经济，2018（11）：84－91.

［38］黄速建，肖红军，王欣. 论国有企业高质量发展［J］. 中国工业经济，2018（10）：19－41.

［39］黄月圆，陈洁光，卫志强. 汉语品名的语言特性［J］. 语言文字应用，2003（3）：81－89.

［40］黄月圆，陈洁光. 中国商品品牌命名的规则和特点［J］. 南开管理评论，2002（1）：68－71.

［41］凯文·莱恩·凯勒. 战略品牌管理［M］. 吴水龙，何云，译. 北京：中国人民大学出版社，2014.

［42］凯文·莱恩·凯勒. 战略品牌管理（第3版）［M］. 卢泰宏，吴水龙，译. 北京：中国人民大学出版社，2009.

［43］雷宇. 声誉机制的信任基础：危机与重建［J］. 管理评论，2016，28（8）：225－237.

［44］李大垒，仲伟周. 农民合作社、农产品区域品牌与乡村振兴［J］. 深圳大学学报（人文社会科学版），2019，36（6）：118－125.

［45］李飞，李翔. 世界最有价值品牌中文名称命名分析［J］. 中国工业经济，2004（12）：98－104.

［46］李飞. 中华老字号品牌的生命周期研究［J］. 北京工商大学学报（社会科学版），2015，30（4）：28－34.

［47］李海霞. 商业品牌参照下的少林文化品牌化研究［D］. 济南：山东大学，2009.

［48］李建军. 基于农业产业链的农产品品牌建设模式研究［J］. 上海对外经贸大学学报，2015，22（5）：14－23.

［49］李杰. 品牌审美与管理［M］. 北京：机械工业出版社，2014.

［50］李新春，陈斌. 企业群体性败德行为与管制失效——对产品质

量安全与监管的制度分析［J］. 经济研究，2013，48（10）：98－111.

［51］李英禹，胡春娟，郭鑫. 黑龙江绿色食品品牌建设障碍因素研究［J］. 商业研究，2011（7）：47－52.

［52］梁天宝. 广东农产品地理品牌发展障碍分析［J］. 区域经济，2009（9）：76－77.

［53］刘金花，刘洁，吉晓光. 基于原产地效应的地理标志农产品品牌建设研究［J］. 农业经济与管理，2016（2）：74－79.

［54］刘巨钦，田雯霞. 老字号企业品牌文化创新研究［J］. 商业研究，2012（5）：64－68.

［55］刘力钢，等. 颠覆传统战略管理思维和逻辑的时代［M］. 北京：经济管理出版社，2020.

［56］刘枚莲，徐丽芳. 价格判断和感知质量对消费者购买意愿影响研究［J］. 会计与经济研究，2019，33（1）：103－115.

［57］刘伟江，刘扬，张朝辉. 电子商务环境下基于信任的购买行为模型［J］. 经济与管理研究，2005（9）：70－73.

［58］卢泰宏，高辉. 品牌老化与品牌激活研究述评［J］. 外国经济与管理，2007，29（2）：17－23.

［59］卢泰宏. 品牌思想简史［M］. 北京：机械工业出版社，2020.

［60］罗伯特·西奥迪尼. 先发影响力［M］. 闾佳，译. 北京：北京联合出版公司，2017.

［61］木兰姐. 打爆口碑［M］. 北京：机械工业出版社，2021.

［62］尼尔马利亚·库马尔，扬－本尼迪克特·斯廷坎普. 品牌突围［M］. 北京：中国财富出版社，2013.

［63］潘成云，陈新仁. 中国企业品牌命名的社会心理分析［J］. 商业研究，2009（12）：66－70.

［64］彭博，晁钢令. 中国传统老字号品牌激活研究［J］. 现代管理科学，2012（3）：90－92.

［65］青平，张莹，涂铭，张勇，陈通．网络意见领袖动员方式对网络集群行为参与的影响研究——基于产品伤害危机背景下的实验研究［J］．管理世界，2016（7）：109－120.

［66］让·诺埃尔·卡普费雷尔．战略品牌管理（第5版）［M］．何佳讯，等，译．北京：中国人民大学出版社，2020.

［67］任泽平，马家进，罗志恒．2019中国民营经济报告［R］．［2019－10－14］，http：//www.lianmenhu.com/blockchain－14130－1.

［68］施翼为．中小民营企业实施品牌战略的障碍及对策［J］．中国市场，2008（48）：46－47.

［69］施振荣．再造宏碁［M］．上海：上海远东出版社，1996.

［70］孙海法，伍晓奕．企业高层管理团队研究的进展［J］．管理科学学报，2003，6（4）：82－89.

［71］孙慧中．建设质量强国之路——提品质，入民心［J］．品牌与标准化，2016（7）：8－11.

［72］唐孜彦．消费者品牌意识与零售商自有品牌感知质量和购买意愿的关系研究［D］．成都：西南财经大学，2008.

［73］陶骏，李善文．“中华老字号”品牌复兴：品牌延伸及反馈［J］．经济管理，2012（2）：97－106.

［74］田广，刘拉雅，刘瑜．汕头老字号餐饮品牌发展轨迹与问题——基于一项工商民族志的调查研究［J］．民族论坛，2015（9）：36－45.

［75］汪金爱，宗芳宇．国外高阶梯队理论研究新进展：揭开人口学背景黑箱［J］．管理学报，2001，8（8）：1247－1254.

［76］王本法．阿特金森的成就动机期望×价值模式评述［J］．山东师大学报（社会科学版），2000（1）：69－71.

［77］王伟光．结构性过剩经济中的企业竞争行为——以彩电企业“价格联盟”的终结和价格战再起为例［J］．管理世界，2001（1）：170－177.

［78］王文龙．中国地理标志农产品品牌竞争力提升研究［J］．财经

问题研究，2016（8）：80－86.

[79] 王兴标，谷斌．基于信任的移动社交电子商务购买意愿影响因素［J］．中国流通经济，2020，34（4）：21－31.

[80] 魏崇红．老字号品牌振兴策略研究——以山东省为例［J］．理论学刊，2018（2）：160－169.

[81] 魏华，汪涛，冯文婷，丁倩．文字品牌标识正斜对消费者知觉和态度的影响［J］．管理评论，2018，30（2）：136－145.

[82] 温忠麟，张雷，侯杰泰，刘红云．中介效应检验程序及其应用［J］．心理学报，2004，36（5）：614－620.

[83] 吴水龙，卢泰宏，苏雯．"老字号"品牌命名研究——基于商务部首批老字号名单的分析［J］．管理学报，2010，7（12）：1799－1804.

[84] 吴元元．信息基础、声誉机制与执法优化——食品安全治理的新视野［J］．中国社会科学，2012（6）：115－133.

[85] 西尔维·拉弗雷．现代品牌管理［M］．周志民，等，译．北京：中国人民大学出版社，2012.

[86] 徐伟，王平，王新新，宋思根．老字号真实性的测量与影响研究［J］．管理学报，2015（9）：1286－1293.

[87] 许敏玉，王小蕊．中华老字号品牌发展瓶颈及对策［J］．企业经济，2012（1）：60－62.

[88] 许衍凤，范秀成，朱千林．基于文化契合度的老字号品牌延伸对品牌忠诚的影响研究［J］．北京工商大学学报（社会科学版），2018（2）：62－72.

[89] 闫春，赵巧艳．市场导向的广西"老字号"品牌激活研究：一个企业人类学的视角［J］．杭州师范大学学报（社会科学版），2015，37（4）：119－127.

[90] 晏双生，章仁俊．企业资源基础理论与企业能力基础理论辨析及其逻辑演进［J］．科技进步与对策，2005（5）：125－128.

[91] 扬-本尼迪克特·斯廷坎普. 全球品牌战略 [M]. 北京：清华大学出版社，2019.

[92] 杨桂菊. 战略创业视角的老字号企业持续成长路径——基于恒源祥的探索性案例分析 [J]. 经济管理，2013 (5)：52-62.

[93] 杨梦泓，刘尊礼. 品牌意识对奢侈品购买意愿的影响——品牌熟悉度的调节作用 [J]. 上海管理科学，2017，39 (6)：45-50.

[94] 杨肖丽，薄乐，牟恩东. 农产品区域公共品牌培育：运行机制与实现路径 [J]. 农业经济，2020 (1)：125-127.

[95] 姚圣娟. 关于振兴中华老字号的思考 [J]. 华东经济管理，2008，22 (1)：112-116.

[96] 余光胜. 企业发展的知识分析（第一版）[M]. 上海：上海财经大学出版社，2000.

[97] 喻建中. 农业品牌化和地理标识保护策略——以"麻阳柑桔"注册商标为例 [J]. 经济地理，2008，28 (6)：995-998.

[98] 袁佳春. O2O购物环境下消费者感知质量对购买行为的影响研究 [D]. 长春：吉林大学，2017.

[99] 袁少锋. 科学营销：理念与方法 [M]. 北京：经济管理出版社，2020.

[100] 曾鸣. 智能商业 [M]. 北京：中信出版社，2018.

[101] 曾照英，王重鸣. 关于我国创业者创业动机的调查分析 [J]. 科技管理研究，2009，29 (9)：285-287.

[102] 张维迎. 法律制度的信誉基础 [J]. 经济研究，2002 (1)：3-13.

[103] 张文彤，董伟. SPSS统计分析高级教程（第2版）[M]. 北京：高等教育出版社，2013.

[104] 张艳. 怀旧倾向对老龄消费者品牌偏好的影响——以中华老字号品牌为例 [J]. 财经问题研究，2013 (10)：123-128.

［105］张宇，祁雪燕，王信东．北京老字号品牌策略研究［J］．企业经济，2015（6）：140－144.

［106］张耘堂，李东．原产地形象对农产品电商品牌化的影响路径研究［J］．中国软科学，2016（5）：43－54.

［107］郑伯埙，黄敏萍．实地研究中的案例研究//陈晓萍，徐淑英，樊景立．组织与管理研究的实证方法［M］．北京：北京大学出版社，2008：199－226.

［108］郑春东，罗旭，唐建生．天津老字号品牌发展现状调查与振兴之见解［J］．现代财经－天津财经大学学报，2009（12）：51－55.

［109］郑毓煌．营销：人人都需要的一门课［M］．北京：机械工业出版社，2016.

［110］支树平．建设质量强国的基本遵循——学习贯彻习近平同志关于质量问题的重要论述［N］．人民日报，2016－2－16.

［111］“制造质量强国战略研究”课题组．制造质量强国战略［J］．中国工程科学，2015，17（7）：24－28.

［112］中国社会科学院工业经济研究所“质量强国”研究课题组．中国经济转型中质量强国战略框架体系［J］．财经智库，2017，2（5）：23－40.

［113］朱梅．品牌绩效影响因素和评价方法研究［D］．东华大学博士学位论文，2007.

［114］Aaker D A. Building strong brands［M］. Simon and Schuster, 2012.

［115］Aaker D A. Managing Brand Equity［M］. New York: The Free Press, 1991.

［116］Aaker D A. Measuring brand equity across products and markets［J］. California Management Review, 1996, 38（3）: 102－120.

［117］Alvesson M, Berg P O. Corporate culture and organizational symbolism: An overview [M]. Berlin: Walter de Gruyter, 1992.

[118] Anderson J C, Gerbing D W. Structural equation modeling in practice: A review and recommended two-step approach [J]. Psychological Bulletin, 1988, 103 (3): 411 -423.

[119] Arora S, Kalro A D, Sharma D. A comprehensive framework of brand name classification [J]. Journal of Brand Management, 2015, 22 (2): 79 -116.

[120] Aurand T W, Gorchels L, Bishop T R. Human resource management's role in internal branding: an opportunity for cross-functional brand message synergy [J]. Journal of Product & Brand Management, 2005, 14 (3): 163 -169.

[121] Azizi S, Ghytasivand F. and Fakharmanesh S. Impact of brand orientation, internal marketing and job satisfaction on the internal brand equity: the case of iranian's food and pharmaceutical companies [J]. International Review of Management and Marketing, 2012, 2 (2): 122 -129.

[122] Backhaus K, Steiner M, Lügger K. To invest, or not to invest, in brands? Drivers of brand relevance in B2B markets [J]. Industrial Marketing Management, 2011, 40 (7): 1082 -1092.

[123] Balmer J M T. Corporate identity and the advent of corporate marketing [J]. Journal of Marketing Management, 1998, 14 (8): 963 -996.

[124] Balmer J M T, Gray E R. Corporate brands: What are they? What of them? [J]. European Journal of Marketing, 2003, 37 (7/8): 972 -997.

[125] Barney J B. Firm resource and sustained competitive advantage [J]. Journal of Management, 1991 (17): 99 -120.

[126] Barney J, Wright M, Ketchen Jr D J. The resource-based view of the firm: Ten years after 1991 [J]. Journal of Management, 2001, 27 (6): 625 -641.

[127] Baumgarth C. and Schmidt M. How strong is the business-to-business brand in the workforce? an empirically-tested model of "internal brand equity" in a business-to-business setting [J]. Industrial Marketing Management, 2010, 39 (8): 1250-1260.

[128] Baumgarth C, Binckebanck L. Sales force impact on B-to-B brand equity: conceptual framework and empirical test [J]. Journal of Product & Brand Management, 2011, 20 (6): 487-498.

[129] Baumgarth C. Brand orientation of museums: Model and empirical results [J]. International Journal of Arts Management, 2009, 11 (3): 30-85.

[130] Baumgarth C. "Living the brand": brand orientation in the business-to-business sector [J]. European Journal of Marketing, 2010.

[131] Baumgarth C, Merrilees B, Urde M. Brand orientation: past, present, and future [J]. Journal of Marketing Management, 2013, 29 (9-10): 973-980.

[132] Baumgarth C, Schmidt M. How strong is the business-to-business brand in the workforce? An empirically-tested model of 'internal brand equity' in a business-to-business setting [J]. Industrial Marketing Management, 2010, 39: 1250-1260.

[133] Becker J. & Hombury C. Market-oriented management: a system-based perspective [J]. Journal of Market Focused Management, 1999 (4): 462-469.

[134] Bergh D D, Aguinis H, Heavey C, Ketchen D J, Boyd B K, Su P, & Joo H. Using meta-analytic structural equation modeling to advance strategic management research: Guidelines and an empirical illustration via the strategic leadership-performance relationship [J]. Strategic Management Journal, 2016, 37 (3): 477-497.

[135] Biedenbach G, Bengtsson M, Wincent J. Brand equity in the

professional service context: Analyzing the impact of employee role behavior and customer-employee rapport [J]. Industrial Marketing Management, 2011, 40 (7): 1093 -1102.

[136] Biedenbach G, Hultén P, Tarnovskaya V. B2B brand equity: investigating the effects of human capital and relational trust [J]. Journal of Business & Industrial Marketing, 2018, 34 (1): 1 -11.

[137] Blackett T. Brand and trademark evaluation-what's happening now? [J]. Marketing Intelligence & Planning, 1993, 11 (11): 28 -30.

[138] Boso N, Carter P S. and Annan J. When is brand orientation a useful strategic posture? [J]. Journal of Brand Management, 2016, 23 (4): 363 -382.

[139] Bourgeois L J. "On the measurement of organizational slack" [J]. Academy of Management Review, 1981, 16 (1): 29 -39.

[140] Brakus J J, Schmitt B H, Zarantonello L. Brand experience: what is it? How is it measured? Does it affect loyalty? [J]. Journal of Marketing, 2009, 73 (3): 52 -68.

[141] Bravo R, Fraj E, Martínez E. Intergenerational influences on the dimensions of young customer-based brand equity [J]. Young Consumers, 2007, 8 (1): 58 -64.

[142] Bridson K. and Evans J. The secret to a fashion advantage is brand orientation [J]. International Journal of Retail & Distribution Management, 2004, 32 (8): 403 -411.

[143] Bridson K, Evans J, Mavondo F. , et al. Retail brand orientation, positional advantage and rganizational performance [J]. The International Review of Retail, Distribution and Consumer Research, 2013, 23 (3): 245 -264.

[144] Brown S, Kozinets R V, Sherry Jr J F. Teaching old brands new

tricks：Retro branding and the revival of brand meaning [J]. Journal of Marketing，2003，67 (3)：19 –33.

[145] Burmann C. & Zeplin S. Building brand commitment：A behavioural approach to internal brand management [J]. Journal of Brand Management，12 (4)：279 –300.

[146] Capon N，Berthon P，Hulbert J M.，et al. Brand custodianship：a new primer for senior managers [J]. European Management Journal，2001，19 (3)：215 –227.

[147] Chan A K，Huang Y. Chinese brand naming：A linguistic analysis of the brands of ten product categories [J]. Journal of Product & Brand Management，2001，10 (2)：103 –119.

[148] Chan A K K，Huang Y Y. Brand naming in China：a linguistic approach [J]. Marketing Intelligence & Planning，1997，15 (5)：227 –234.

[149] Chan A K K. Localization in international branding：A preliminary investigation on Chinese names of foreign brands in Hong Kong [J]. International Journal of Advertising，1990，9 (1)：81 –91.

[150] Chaudhuri A，Holbrook M B. The chain of effects from brand trust and brand affect to brand performance：the role of brand loyalty [J]. Journal of Marketing，2001，65 (2)：81 –93.

[151] Chen X，& Farh J L. The effectiveness of transactional and transformational leader behaviors in chinese organizations：evidence from Taiwan. AOM Conference paper，1999，Chicago.

[152] Collins J. and Porras J. Built To Last [M]. London：Century Business Books，1998.

[153] Collis D J. Research note：how valuable are organizational capabilities [J]. Strategic Management Journal，1994，15：143 –152.

[154] Cui Y. Rewriting in English-Chinese translation of brand names：

The establishment of images [J]. Babel, 2017, 63 (2): 251 -270.

[155] Cyert R M. & March J G. A behavioral theory of the firm [M]. Englewood Cliffs, N. J: Prentice-hall, 1963.

[156] Danneels E. Organizational antecedents of second-order competences [J]. Strategic Management Journal, 2008, 29 (5): 519 -543.

[157] Davis S M. & Dunn M. Building the brand-driven business: Operationalize your brand to drive profitable growth [M]. San Francisco, CA: Jossey-Bass, 2002.

[158] Day G S. Creating a market-driven organization [J]. Sloan Management Review, 1999, 41 (1): 11 -22.

[159] Day G S. The capabilities of market-driven organizations [J]. Journal of Marketing, 1994, 58 (6): 37 -52.

[160] DeChernatony L. & Cottam S. Internal brand factors driving successful financial service brands [J]. European Journal of Marketing, 2006, 40 (5 /6): 611 -633.

[161] DeChernatony L. & Segal-Horn S. Building on services' characteristics to develop successful services brands [J]. Journal of Marketing Management, 2001, 17 (7 /8): 45 -670.

[162] Deng S, Dart J. Measuring market orientation: A multi-factor, multi-item approach [J]. Journal of Marketing Management, 1994, 10 (8): 725 -742.

[163] Deshpandé R, Farley J U, Webster Jr F E. Corporate culture, customer orientation, and innovativeness in Japanese firms: A quadradanalysis [J]. Journal of Marketing, 1993, 57 (1): 23 -37.

[164] Drucker A. Marketing: how to grasp the phenomenon [J]. Perspectives on Marketing Management, 1954 (4): 149 -170.

[165] Elsäßer M, Wirtz B W. Rational and emotional factors of customer

satisfaction and brand loyalty in a business-to-business setting [J]. Journal of Business & Industrial Marketing, 2017, 32 (1): 138 – 152.

[166] Epp A M, Price L L. Family identity: a framework of identity interplay in consumption practices [J]. Journal of Consumer Research, 2008, 35 (1): 50 – 70.

[167] Evans J, Bridson K. & Rentschler R. Drivers, impediments and manifestations of brand orientation: An international museum study [J]. European Journal of Marketing, 2012, 46 (11/12): 1457 – 1475.

[168] Ewing M T. & Napoli J. Developing and validating a multidimensional nonprofit brand orientation scale [J]. Journal of Business Research. 2005, 58 (6): 841 – 853.

[169] Feddersen T J, Gilligan T W. Saints and Markets: Activists and the Supply of Credence Goods [J]. Journal of Economics & Management Strategy, 2001, 10 (1): 149 – 171.

[170] Fillis I. Barriers to rganizationalation: an investigation of the craft microenterprise [J]. European Journal of Marketing, 2002, 36 (7/8): 912 – 927.

[171] Fornell C, Larcker D F. Evaluating structural equation models with unobservable variables and measurement error [J]. Journal of Marketing Research, 1981, 18 (1): 39 – 50.

[172] Francis S, Burns L D. Effect of consumer socialization on clothing shopping attitudes, clothing acquisition, and clothing satisfaction [J]. Clothing and Textiles Research Journal, 1992, 10 (4): 35 – 39.

[173] Frosch R A. The customer for R&D is always wrong! [J]. Research Technology Management, 1996, 39 (6): 22 – 25.

[174] Galunic D C. & Eisenhardt K M. Renewing the strategy-structure-performance paradigm [J]. Research in organizational behavior, 1994, 16:

215 -255.

[175] Gatignon H, Xuereb J M. Strategic orientation of the firm and new product performance [J]. Journal of Marketing Research, 1997, 34 (1): 77 -90.

[176] Glynn M S. The moderating effect of brand strength in manufacturer-reseller relationships [J]. Industrial Marketing Management, 2010, 39 (8): 1226 -1233.

[177] Grace D, O'cass A. Examining the effects of service brand communications on brand evaluation [J]. Journal of Product & Brand Management, 2005, 14 (2): 106 -116.

[178] Gray B, Matear S, Boshoff C, et al. Developing a better measure of market orientation [J]. European Journal of Marketing, 1998, 32 (9/10): 884 -903.

[179] Greenbank P. Objective Setting in the Micro-Business [J]. International Journal of Entrepreneurial Behaviour & Research, 2001 (7): 108 -127.

[180] Grégoire Y, Salle A, Tripp T M. Managing social media crises with your customers: The good, the bad, and the ugly [J]. Business Horizons, 2015, 58 (2): 173 -182.

[181] Gromark J, Melin F. The underlying dimensions of brand orientation and its impact on financial performance [J]. Journal of Brand Management, 2011, 18 (6): 394 -410.

[182] Gunasti K, Ross Jr W T. How and when alphanumeric brand names affect consumer preferences [J]. Journal of Marketing Research, 2010, 47 (6): 1177 -1192.

[183] Gyrd-Jones R I, Helm C, Munk J. Exploring the impact of silos in achieving brand orientation [J]. Journal of Marketing Management, 2013, 29 (9 -10): 1056 -1078.

[184] Hall D J, Saias M A. Strategy follows structure! [J]. Strategic Management Journal, 1980, 1 (2): 149 - 163.

[185] Hambrick D C. and Mason P A. Upper echelons: the organization as a reflection of its top managers [J]. Academy of Management Review, 1984, 9 (2): 193 - 206.

[186] Hamel G. and Prahalad C K. Strategic intent [J]. Harvard Business Review, 1989, 67 (3): 63 - 76.

[187] Hamel G. & Prahalad C K. The core competence of the corporation [J]. Harvard Business Review, 1990, 68 (3): 79 - 91.

[188] Han J K, Kim N, Srivastava R K. Market orientation and organizational performance: Is innovation a missing link? [J]. Journal of Marketing, 1998, 62 (4): 30 - 45.

[189] Hankinson G. Managing destination brands: Establishing a theoretical foundation [J]. Journal of Marketing Management, 2009, 25 (1/2): 97 - 115.

[190] Hankinson G. The measurement of brand orientation, its performance impact, and the role of leadership in the context of destination branding: an exploratory study [J]. Journal of Marketing Management, 2012, 28 (7 - 8): 974 - 999.

[191] Hankinson P. Brand orientation in the charity sector: A framework for discussion and research [J]. International Journal of Nonprofit and VoluntarySectorMarketing, 2001, 6 (3): 231 - 242.

[192] Hankinson P. The impact of brand orientation on managerial practice: A quantitative study of the UK's Top 500 fundraising managers [J]. International Journal of Nonprofit and Voluntary Sector Marketing, 2002, 7 (1): 30 - 44.

[193] Harris L C. Cultural obstacles to marketorientation [J]. Journal of

Marketing Practice: Applied Marketing Science, 1996, 4 (2): 35 - 52.

[194] Hatch M J, Schultz M. Relations between organizational culture, identity and image [J]. European Journal of Marketing, 1997, 31 (5/6): 356 - 365.

[195] Herrmann P, Nadkarni S. Managing strategic change: The duality of CEO personality [J]. Strategic Management Journal, 2014, 35 (9): 1318 - 1342.

[196] Hirvonen S, Laukkanen T. Brand orientation in small firms: An empirical test of the impact on brand performance [J]. Journal of Strategic Marketing, 2014, 22 (1): 41 - 58.

[197] Homburg C, Klarmann M, Schmitt J. Brand awareness in business markets: when is it related to firm performance? [J]. International Journal of Research in Marketing, 2010, 27 (3): 201 - 212.

[198] Huang Y. & Tsai Y. Antecedents and consequences of brand-oriented companies [J]. European Journal of Marketing, 2013 (47): 2020 - 2041.

[199] Huang Y Y, Chan A K. Chinese brand naming: from general principles to specific rules [J]. International Journal of Advertising, 1997, 16 (4): 320 - 335.

[200] Hult G T M, Ketchen D J. Does market orientation matter? A test of the relationship between positional advantage and performance [J]. Strategic Management Journal, 2001, 22 (9): 899 - 906.

[201] Ind N. Inside out: How employees build value [J]. Journal of Brand Management, 2003, 10 (6): 393 - 402.

[202] Jaworski B J. & Kohli A K. Market orientation: Antecedents and consequences [J]. Journal of Marketing, 1993, 57 (3): 53 - 70.

[203] Kapferer J N. Strategic brand management: New approaches to creating and evaluating brand equity [M]. New York: The Free Press, 1992.

[204] Kashmiri S, Mahajan V. Values That Shape Marketing Decisions: Influence of Chief Executive Officers' Political Ideologies on Innovation Propensity, Shareholder Value, and Risk [J]. Journal of Marketing Research, 2017, 54 (2): 260 -278.

[205] Keel A, Nataraajan R. Celebrity Endorsements and Beyond: New Avenues for Celebrity Branding [J] Psychology & Marketing, 2012, 29 (9): 690 -703.

[206] Keller K L. Conceptualizing, measuring, and managing customer-based brand equity [J]. Journal of Marketing, 1993, 57 (1): 1 -22.

[207] Keller K L, Parameswaran M G, Jacob I. 2011. StrategicBrand Management: Building, Measuring, and Managing Brand Equity [M]. Pearson Education India.

[208] Keller K L. Strategic brand management: Building measuring, and managing brand equity (3rd ed.)[M]. Prentice Hall, Upper Saddle River, NJ, 2008.

[209] Kim S. What's Worse in Times of Product-Harm Crisis? Negative Corporate Ability or Negative CSR Reputation? [J]. Journal of Business Ethics, 2014, 123 (1): 157 -170.

[210] King C, Grace D. Exploring managers' perspectives of the impact of brand management strategies on employee roles within a service firm [J]. Journal of Services Marketing, 2006, 20 (6): 369 -380.

[211] Kirca A H, Jayachandran S, Bearden W O. Market orientation: A meta-analytic review and assessment of its antecedents and impact on performance [J]. Journal of Marketing, 2005, 69 (2): 24 -41.

[212] Kogut B. & Zander U. "Knowledge of the firm, combinative capabilities, and the replication of technology" [J]. Organization Science, 1992, 3 (3): 383 -397.

[213] Kohli A K. & Jaworski B J. Market orientation: The construct, research propositions and managerial implications [J]. Journal of Marketing, 1990, 54 (2): 1-18.

[214] Kotler P, Armstrong G. 1997. Marketing: An Introduction (4th Edition) [M]. New Jersey Prentice Hall, 1998.

[215] Kuhn K A L, Alpert F, Pope N K L. An application of Keller's brand equity model in a B2B context [J]. Qualitative Market Research: An International Journal, 2008.

[216] Kumar V, Jones E, Venkatesan R, et al. Is market orientation a source of sustainable competitive advantage or simply the cost of competing? [J]. Journal of Marketing, 2011, 75 (1): 16-30.

[217] Laforet S. Effects of organisational culture on brand portfolio performance [J]. Journal of Marketing Communications, 2017, 23 (1): 92-110.

[218] Laforet S. Managing Brands: A Contemporary Perspective [M]. London: McGraw-Hill Education, 2010.

[219] Laukkanen T, Tuominen S, Reijonen H. and Hirvonen S. Does market orientation pay off without brand orientation? a study of small business entrepreneurs [J]. Journal of Marketing Management, 2016, 32 (7-8): 673-694.

[220] Leek S, Christodoulides G. A framework of brand value in B2B markets: The contributing role of functional and emotional components [J]. Industrial Marketing Management, 2012, 41 (1): 106-114.

[221] Leek S, Christodoulides G. A literature review and future agenda for B2B branding: Challenges of branding in a B2B context [J]. Industrial marketing management, 2011, 40 (6): 830-837.

[222] Lee W J, et al. Unpacking brand management superiority: Examining the interplay of brand management capability, brand orientation andfor-

malisation [J]. European Journal of Marketing, 2017, 51 (1): 177 - 199.

[223] Lee W J, O'Cass A. and Sok P. Unpacking brand management superiority: examining the interplay of brand management capability, brand orientation and formalization [J]. European Journal of Marketing, 2017, 51 (1): 177 - 199.

[224] Leischnig A, Enke M. Brand stability as a signaling phenomenon——An empirical investigation in industrial markets [J]. Industrial Marketing Management, 2011, 40 (7): 1116 - 1122.

[225] Leonidou L C. Empirical research on export barriers: review, assessment, and synthesis [J]. Journal of International Marketing, 1995, 3 (1): 29 - 43.

[226] Levitt T. Marketing myopia. 1960 [J]. Harvard Business Review, 2004, 82 (7/8): 138 - 149.

[227] Liu G, Ko W W. & Chapleo C. Managing employee attention and internal branding [J]. Journal of Business Research, 2017, 79: 1 - 11.

[228] Li Y, Zhao Y, Tan J, et al. Moderating effects of entrepreneurial orientation on market orientation-performance linkage: Evidence from Chinese small firms [J]. Journal of small business management, 2008, 46 (1): 113 - 133.

[229] Lueg J E, Ponder N, Beatty S E, et al. Teenagers' use of alternative shopping channels: A consumer socialization perspective [J]. Journal of Retailing, 2006, 82 (2): 137 - 153.

[230] Mandrik C A, Fern E F, Bao Y. Intergenerational influence: Roles of conformity to peers and communication effectiveness [J]. Psychology & Marketing, 2005, 22 (10): 813 - 832.

[231] Mandrik C, Bao Y, Wang S. A cross-national study of intergenerational influence: US and PRC [J]. Journal of Consumer Marketing, 2018,

35 (1): 91 -104.

[232] Marshall A. Principles of economics: An introductory volume [M]. London: Macmillan, 1961.

[233] McClelland D C. Studies in Motivation [M]. NY: Appleton-Century-Crofts, 1955.

[234] McEvily S K. & Chakravarthy B. The persistence of knowledge-Mcbased advantage: an empirical test for product performance and technological knowledge [J]. Strategic management journal, 2002, 23 (4): 285 -305.

[235] McGrath R G, Tsai M H, Venkataraman S. , et al. Innovation, competitive advantage and rent: a model and test [J]. Management Science, 1996, 42 (3): 389 -403.

[236] Menguc B, Auh S. A test of strategic orientation formation versus strategic orientation implementation: The influence of TMT functional diversity and inter-functional coordination [J]. Journal of Marketing Theory and Practice, 2005, 13 (2): 4 -19.

[237] Messikomer E E. Marketing changes the corporate culture: a company study [J]. Journal of Business & Industrial Marketing, 1987, 2 (4): 53 -58.

[238] Mintzberg H, Ahlstrand B. and Lampel J. Strategy Safari: A Guided Tour through the Wilds of Strategic Management [M]. New York: The Free Press, 2001.

[239] Mintzberg H, Ahlstrand B, Lampel J. Strategy safari: A guided tour through the wilds of strategic management [M]. New York: The Free Press, 2001.

[240] Moore E S, Lutz W R J. Passing the torch: intergenerational influences as a source of brand equity [J]. Journal of Marketing, 2002, 66

(2)：17 –37.

[241] Moore E S, Wilkie W L, Alder J A. Lighting the torch：How do intergenerational influences develop? [J]. Advances in consumer research. Association for Consumer Research, 2001, 28：287 –293.

[242] Moore-Shay E S, Lutz R J. Intergenerational influences in the formation of consumer attitudes and beliefs about the marketplace：mothers and daughters [J]. Advances in Consumer Research, 1988, 15：461 –467.

[243] Mosmans A. Brand strategy：Creating concepts that drive the business [J]. Journal of Brand Management, 1996, 3 (3)：156 –165.

[244] Murray H A. Explorations in Personality. A clinical and experimental study of fifty men of college age, New York (Oxford University Press) [J]. 1938.

[245] Napoli J. The impact of nonprofit brand orientation onorganisationalperformance [J]. Journal of Marketing Management, 2006, 22 (7 –8)：673 –694.

[246] Narver J C. & Slater S F. The effect of a market orientation on business profitability [J]. The Journal of Marketing, 1990, 54 (4)：20 –35.

[247] Narver J, Slater. The effects of a market orientation on business profitability [J] . Journal of Marketing, 1990, 54 (10)：20 –35.

[248] Nicholls. Motivation In：H. E. Mitzled. Encyclopedia of education research (15ed.) [M]. New York：Macmillian, 1982：1256 –1263.

[249] Nonaka I. Toward middle-up-down management：accelerating information creation [J]. Sloan Management Review, 1998, 29 (3)：9 –18.

[250] O'Cass A, Ngo L V. Market orientation versus innovative culture：two routes to superior brand performance [J]. European Journal of Marketing, 2007, 41 (7/8)：868 –887.

[251] Ohnemus L. B2B branding：a financial burden for shareholders?

[J]. Business Horizons, 2009, 52 (2): 159 - 166.

[252] Olson P. & D. Bosserman. Attributes of the entrepreneurial type [J]. Business Horizons, 1984, 5 (6): 53 - 56.

[253] Opoku R A, Abratt R, Bendixen M, Pitt L. Communicating brand personality: Are the web sites doing the talking for food SMEs? [J]. Qualitative Market Research: An International Journal, 2007, 10 (4): 362 - 374.

[254] Ozdemir S, Gupta S, Foroudi P, et al. Corporate branding and value creation for initiating and managing relationships in B2B markets [J]. Qualitative Market Research: An International Journal, 2020.

[255] Papasolomou I, Vrontis D. Building corporate branding through internal marketing: The case of the UK retail bank industry [J]. Journal of product & brand management, 2006, 15 (1): 37 - 47.

[256] Peñaloza L. The commodification of the American West: Marketers' production of cultural meanings at the trade show [J]. Journal of Marketing, 2000, 64 (4): 82 - 109.

[257] Penrose E. The Theory of the Growth of the Firm [J]. Journal of the Operational Research Society, 2015, 2 (3): 192 - 193.

[258] Perez M E, Padgett D, Burgers W. Intergenerational influence on brand preferences [J]. Journal of Product & Brand Management, 2011, 20 (1): 5 - 13.

[259] Porter, Michael. Competitive Advantage: Creating and Sustaining Superior Performance [M]. New York: Free Press, 1985.

[260] Punjaisri K. , Evanschitzky, H. and Wilson, A. Internal branding: an enabler of employees' brand-supporting behaviours [J]. Journal of Service Management, 2009, 20 (2): 209 - 226.

[261] Ramaswami S N. & Yang Y. Perceived barriers to exporting and export assistance requirements [J]. International Perspectives on Trade Promo-

tion and Assistance, 1990: 187 - 206.

[262] Rappa M A. The utility business model and the future of computing services [J]. IBM Systems Journal, 2004, 43 (1): 32 - 42.

[263] Ravasi D, Rindova V, Etter M. and Cornelissen J. The formation of organizational reputation [J]. Academy of Management Annals, 2018, 12 (2): 574 - 599.

[264] Reid M, Luxton S. and Mavondo F. The relationship between integrated marketing communication, market orientation, and brand orientation [J]. Journal of Advertising, 2005, 34 (4): 11 - 23.

[265] Reijonen H, Laukkanen T, Komppula R, et al. Are growing SMEs more market-oriented and brand-oriented?[J]. Journal of Small Business Management, 2012, 50 (4): 699 - 716.

[266] Renko M, Carsrud A, Brännback M. The effect of a market orientation, entrepreneurial orientation, and technological capability on innovativeness: A study of young biotechnology ventures in the United States and in Scandinavia [J]. Journal of Small Business Management, 2009, 47 (3): 331 - 369.

[267] Rubinstein H. "Brand first" management [J]. Journal of Marketing Management, 1996, 12 (4): 269 - 280.

[268] Schein E H. Organisational culture and leadership [M]. San Francisco: Jossey-Bass, 1992.

[269] Schmitt B H, Zhang S. Selecting the right brand name: an examination of tacit and explicit linguistic knowledge in name translations [J]. Journal of Brand Management, 2012, 19 (8): 655 - 665.

[270] Schwartz H, Davis S M. Matching corporate culture and business strategy [J]. Organizational Dynamics, 1981, 10 (1): 30 - 48.

[271] Shah R H, Mittal B. Toward a theory of intergenerational influ-

ence in consumer behavior: an exploratory essay [J]. ACR North American Advances, 1997.

[272] Shapiro B R, Rangan V K, Sviokla J J. Staple yourself to an order [J]. Harvard Business Review, 2004, 82 (7-8): 162-171.

[273] Shapiro B. What the Hell is Market Oriented [J]. Harvard Business Review, 1988 (12): 119-125.

[274] Shrum L J, Lowrey T M, Luna D, et al. Sound symbolism effects across languages: Implications for global brand names [J]. International Journal of Research in Marketing, 2012, 29 (3): 275-279.

[275] Singh J V. Performance, slack and risk taking in organizational decision making [J]. Academy of Management Journal, 1986, 29 (3): 562-585.

[276] Slater S F, Narver J C. Customer-led and market-oriented: Let's not confuse the two [J]. Strategic Management Journal, 1998, 19 (10): 1001-1006.

[277] Slater S F, Narver J C. Market orientation and the learning organization [J]. Journal of Marketing, 1995, 59 (3): 63-74.

[278] Slater S F, Narver J C. The positive effect of a market orientation on business profitability: a balanced replication [J]. Journal of Business Research, 2000, 48 (1): 69-73.

[279] Tajeddini K. & Ratten V. The moderating effect of brand orientation on inter-firm market orientation and performance [J]. Journal of Strategic Marketing, 2017: 1-31.

[280] Tajeddini K, Ratten V. The moderating effect of brand orientation on inter-firm market orientation and performance [J]. Journal of Strategic Marketing, 2017, forthcoming.

[281] Tauber E M. Brand Leverage: Strategy for Growth in a Cost-control World [J]. Journal of Advertising Research, 1988, 28 (4): 26-30.

[282] Teng L, Laroche M. Building and testing models of consumer purchase intention in competitive and multicultural environments [J]. Journal of Business Research, 2007, 60 (3): 260 – 268.

[283] Tripp T M, Grégoire Y. When Unhappy Customers Strike Back on the Internet [J]. MIT Sloan Management Review, 2011, 52 (3): 37 – 44.

[284] Urde M, Baumgarth C. and Merrilees B. Brand orientation and market orientation—from alternatives to synergy [J]. Journal of Business Research, 2013.

[285] Urde M. Brand orientation: A mindset for building brand into strategic resource [J] . Journal of Marketing Management, 1999, 15 (1/3): 117 – 133.

[286] Urde M. Brand orientation—A strategy for survival [J]. Journal of Consumer Marketing, 1994, 11 (3): 18 – 32.

[287] Urde M. Core value-based corporate brand building [J]. European Journal of Marketing, 2003, 37 (7/8): 1017 – 1040.

[288] VanHeerde H, Helsen K. & Dekimpe M G. The impact of a product-harm crisis on marketing effectiveness [J]. Marketing Science, 2007, 26 (2): 230 – 245.

[289] Viardot E. Branding in B2B: the value of consumer goods brands in industrial markets [J]. Journal of Business & Industrial Marketing, 2017, 32 (3): 337 – 346.

[290] Viswanathan M, Childers T L, Moore E S. The measurement of intergenerational communication and influence on consumption: Development, validation, and cross-cultural comparison of the IGEN scale [J]. Journal of the Academy of Marketing Science, 2000, 28 (3): 406 – 424.

[291] Walker E. & A. Brown. What Success Factors Are Important to Small Business Owners? [J]. International Small Business Journal, 2004

(22): 577 -594.

[292] Wallace E, Buil I, De Chernatony L. Brand orientation and brand values in retail banking [J]. Journal of Marketing Management, 2013, 29 (9 -10): 1007 -1029.

[293] Wang H, Tsui A S. and Xin K R. CEO leadership behaviors, organizational performance, and employees' attitudes [J]. The Leadership Quarterly, 2011, 22 (1): 92 -105.

[294] Weiner B. An attributional theory of achievement motivation and emotion [J]. Psychological Review. 1985, 92 (4): 548 -573.

[295] Wernerfelt B. A Resource-based view of the firm [J]. Strategic Management Journal, 1984 (5): 171 -180.

[296] Wong H Y. and Merrilees B. A brand orientation typology for SMEs: a case research approach [J]. Journal of Product & Brand Management, 2005, 14 (3): 155 -162.

[297] Wong H Y. and Merrilees B. Closing the marketing strategy to performance gap: the role of brand orientation [J]. Journal of Strategic Marketing, 2007, 15 (5): 387 -402.

[298] Wong H Y. and Merrilees B. The performance benefits of being brand-orientated [J]. Journal of Product and Brand Management, 2008, 17 (6): 372 -383.

[299] Woodson L G, Childers T L, Winn P R. Intergenerational influences in the purchase of auto insurance [C] //Marketing looking outward: 1976 business proceedings. Chicago: American Marketing Association, 1976: 43 -49.

[300] Xu J, Shim S, Lotz S, et al. Ethnic identity, socialization factors, and culture-specific consumption behavior [J]. Psychology & Marketing, 2004, 21 (2): 93 -112.

[301] Zablah A R, Brown B P, Donthu N. The relative importance of brands in modified rebuy purchase situations [J]. International Journal of Research in Marketing, 2010, 27 (3): 248 -260.

[302] Zhang J, Jiang Y, Shabbir R, Zhu M. How brand orientation impacts b2b service brand equity? an empirical study among Chinese firms [J]. Journal of Business & Industrial Marketing, 2016, 31 (1): 83 -98.

[303] Zhang S, Schmitt B H. Creating local brands in multilingual international markets [J]. Journal of Marketing Research, 2001, 38 (3): 313 -325.

[304] Zhang X A, Cao Q, Grigoriou N. (2011). Consciousness of social face: The development and validation of a scale measuring desire to gain face versus fear of losing face [J]. The Journal of Social Psychology, 151 (2): 129 -149.

[305] Zhou K Z, Li C B. How does strategic orientation matter in Chinese firms? [J]. Asia Pacific Journal of Management, 2007, 24 (4): 447 -466.

[306] Zhou K Z, Yim C K, Tse D K. The effects of strategic orientations on technology-and market-based breakthrough innovations [J]. Journal of Marketing, 2005, 69 (2): 42 -60.